Transformation of Export-oriented Economic Development Mode in China

A Perspective of Human Capital Dynamic Matching

中国外向型经济发展方式转变

人力资本动态匹配的视角

李 静◎著

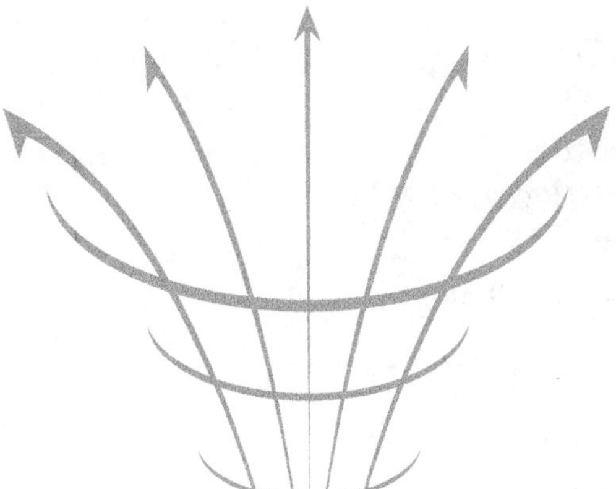

中国经济出版社
CHINA ECONOMIC PUBLISHING HOUSE
北 京

图书在版编目(CIP)数据

中国外向型经济发展方式转变：人力资本动态匹配的视角/李静著.
北京：中国经济出版社，2017.8
ISBN 978-7-5136-4755-7

Ⅰ.①中… Ⅱ.①李… Ⅲ.①外向型经济—经济发展—发展方式—研究—中国 Ⅳ.①F127

中国版本图书馆 CIP 数据核字(2017)第 139131 号

责任编辑　郭国玺
责任印制　马小宾
封面设计　久品轩工作室

出版发行　中国经济出版社
印 刷 者　北京九州迅驰传媒文化有限公司
经 销 者　各地新华书店
开　　本　710mm×1000mm　1/16
印　　张　14.5
字　　数　210 千字
版　　次　2017 年 8 月第 1 版
印　　次　2017 年 8 月第 1 次
定　　价　58.00 元
广告经营许可证　京西工商广字第 8179 号

中国经济出版社 **网址** www.economyph.com **社址** 北京市西城区百万庄北街 3 号 **邮编** 100037

目录 Contents

第一章　导　论

第一节　选题背景与研究意义

一、选题背景

自改革开放以来，以出口导向和引进外资为主要特征的外向型经济在拉动中国经济实现持续高速增长、增加就业、促进产业结构转型、提升我国产业国际竞争力等方面做出了巨大贡献。但是多数学者研究认为，尽管中国的外贸发展模式遵循了比较优势原则，也体现了规模经济的作用，但是这种发展路径也伴随着诸如资源消耗严重、环境污染严重、贸易摩擦严重以及外贸依存度过高和增长与福利不对称等负面问题。

当前，中国对外开放中逐步形成的劳动密集型出口优势行业经济模式的演进路径和现实格局都表明，中国出口产品大都处于国际分工价值链低端、产品附加值低并造成价值单方面向外转移的困境。同时，借鉴所有发达国家基本上都是以培育和发展资本和技术密集型产业而获得国际竞争力的事实，这都内在地要求转变外向型经济发展方式以培育和建立新型外向型经济发展模式。转变外向型经济发展方式的实质，并不是要放弃外向型经济而通过单方面扩大内需来促进增长，而是要对我国现有的外向型经济结构进行调整，使之形成"开放型经济发展新优势"。在我们所处的时代，经济全球化步伐正在悄然加速推进。2008 年秋，由美国次贷危机引发的全球性金融与经济危机迫使各国经济进入了新一轮调整的机遇期，国际分工格局也正在悄然地发生改变。经济全球化表现为一国在开放其国内市场的同时，逐步融入新型国际分工和国际竞争的过程。所谓"新型国际分工"，不是指传统的基于产业间贸易的分工，而是指基于同一产业(或产品)内部同一产业链条上的不同环节的分工。在这样一种新型的国际分工框架下，对于中国来说，转变现有的外向型经济模式意味着提升国际竞争力以参与国际竞争，最终目的是为了促成本国出口产业跃升到国际产业链高端上以获取高附加值。

二、研究意义

本书在全面考察当前中国外向型经济发展方式及其演进过程基础上，通过分析中国对外开放中逐步形成的劳动密集型出口优势行业经济模式的路径和现实格局为切入点，进一步深入剖析这种模式和格局导致中国出口产品大都处于国际分工价值链低端并造成价值单方面向外转移的机制。同时，结合借鉴所有发达国家基本上都是以培育和发展资本和技术密集型产业而获得国际竞争力的现实，本书重点从培育和资本、技术密集型产业相匹配的专业人力资本的角度，基于产业全球价值链跃迁、动态比较优势转化、外向型产业结构升级、动态规模经济和产业国际竞争力提升五个维度，把一个问题从紧密一致的五个方面对促成对现有外向型发展模式转变机理进行综合研究，为建立新型外向型经济发展模式的政策建议提供理论依据和数据参考。

第二节　研究内容和研究方法

一、研究内容

本书的主要研究内容如下：

(1) 通过构建了一个多维度刻画外向型经济发展的综合指标体系，从静态和动态的角度对中国外向型产业演变的特征化事实进行了细致描述，并基于产业特征考察了我国外向型经济发展面临的困境。

(2) 在前人研究的基础上构建了一般均衡理论模型，系统地阐述了产业人力资本、产业人力资本在各个部门间的匹配对产业垂直专业化水平、产业在国际产业价值链的位置以及产业技术进步的影响。研究结果表明：如果产业整体人力资本水平提高并且人力资本在产业不同部门之间能够达到合理匹配，那么，这不仅有助于产业全球价值链的跃迁，而且能够实现产业技术水平的长期进步，从而最终能够实现我国外向型经济发展方式的转变。

（3）结合时间趋势特征、人力资本结构特征和行业特征来考察人力资本结构与产业比较优势动态演变的内在联系。研究发现，低技能劳动力相对规模一般来说只存在静态比较优势，而高技能劳动力相对水平则具有动态比较优势。这表明，人力资本结构决定了一个国家中长期的竞争力。过去，我们依赖低技能劳动力的成本竞争模式，使得我国一些产业具有短期的国际竞争优势，但是，过多依靠低技能劳动力成本优势获得产业竞争力，容易让给我们产业始终围绕低附加值产业上，从而产生"比较优势陷阱"。同时，在本书的模型中也表明，相对低技能劳动力规模优势只可能在短期收到一时之效，要想获得持久的比较优势，需要人力资本结构不断优化，提高高技能劳动力的占比。低技能劳动力已经不能和产业结构升级相匹配，实现产业比较优势的动态演变，人力资本结构需要与之动态匹配，才能实现产业结构的不断升级。

同时，本书把人力资本的外部性从静态外延特征扩展到动态外延特征，分析了在人力资本累积中进一步产生人力资本自身升级，并由此引致进一步更大程度的外部性所能够有效降低产品的生产成本，提高研发部门的效率，从而能在长期培育产业动态比较优势，促使产业不断向更高级的产业升级和国际竞争力大幅度提升的机制。

（4）基于适宜技术理论和偏向性技术选择理论，通过构建理论模型，系统分析了人力资本匹配、偏向性技术选择与产业升级之间的内在联系。我们得出的结论是：一个产业的技术选择需要同这个产业的人力资本水平相匹配，同时，也和该产业以及整个经济的人均产出、技术进步水平相关，并且只有当二者合理匹配时才具有促进产业结构的转化和升级的基础条件。同时，当产业采用偏向性技术进步时，有助于克服"比较优势陷阱”，实现出口贸易的动态升级。因此，只有选择和偏向性的技术相匹配的人力资本水平时才能形成产业的动态比较优势。因此，人力资本水平、技术选择和产业升级之间其实是一个不断匹配的动态过程。只有当他们之间不断匹配、相互引领，才能形成产业的动态比较优势和出口贸易的动态升级，并且引致人力资本水平的不断提高和技术的长期进步。

同时，本书还构建了“自我实现”发展方式模型，和“被牵牛鼻子”发展方式进行比较。“自我实现”发展方式意味着产业本身可以树立一个技术目标，即存在一个潜在的技术水平。在这个潜在技术目标的牵引下，通过对初始人力资本的选择和最优的研发投入，也将引致人力资本进一步升级和技术水平的跳跃式进步。这体现了产业升级过程中有目标的自我选择和没有目标的被动模仿之间的差异。有目标的自我选择是产业史无前例的自主创新过程，尽管需要经历人力资本和研发之间的不断相互作用，不断试错的试验阶段，但是，能够实现人力资本的升级和技术的跳跃式进步，从根本意义上实现外向型经济发展方式的发生转变。

（5）本书立足于产业视角，围绕规模经济这一核心思想，在区分内部规模经济与外部规模经济的基础上，构建了一个具有类似于学习曲线和研发的动态规模经济特征模型。本书研究发现，人力资本的要素功能及外部性也具有类似的动态规模经济效应。除此之外，人力资本的外部性所产生知识溢出效应，也能产生动态外部规模经济，因此，人力资本的动态内部规模经济和动态外部规模经济共同促进产业国际竞争力的提升。

（6）在综合以上研究成果的基础上，提出有关建立我国新型外向型经济发展模式的“一揽子”政策建议。

二、研究方法

在研究方法上，本书主要是以理论模型分析和计量实证检验为主，并辅之以逻辑演绎的分析方法。

（1）理论模型分析是基础，为本书的研究提供较为准确的表达，而计量实证分析则为理论部分的结论予以支持和检验。

（2）在相关章节的内容分析上，本书也采用逻辑演绎的方法，比如将适宜技术理论和偏向性技术选择理论结合起来探讨人力资本、技术选择和外向型产业升级问题时，由于分析的问题涉及多个方面，因此，本书在理论模型的基础上，辅以逻辑演绎的方法对研究问题进行了较为详细的刻画。

（3）本书的理论模型构建主要以经典文献为基础，结合本书的研究目的，转变研究角度从而对经典模型的假设和变量进行适当的改造，构建适合本书需要的理论模型。

（4）在实证分析上，本书采用静态和动态面板数据分析方法、投入产出分析方法和系统分析方法，以求对现实经济问题实现尽可能精确的拟合。

第三节 可能创新点

第一，多维度分析

本书基于产业全球价值链跃迁、动态比较优势转化、外向型产业结构升级、动态规模经济和产业国际竞争力提升多个维度，从不同侧面系统考察了我国外向型经济发展方式及其转变。与之前单一维度研究文献相比，本书的研究更加全面和准确。同时，本书也构建了一个多维度的用来刻画外向型经济发展指标体系，从静态和动态的角度对中国外向型产业演变进行细致的描述。

第二，从静态外延性扩展到动态外延性

本书结合时间趋势特征、人力资本特征和行业特征来考察人力资本本身的自我积累和自我升级所体现的“惯性特征”以及与产业比较优势动态演变的内在联系。除了作为生产要素之外，本书把人力资本的外部性从静态外延特征扩展到动态外延特征。高科技人员和高素质的劳动者在相互交流和相互作用过程中影响研发效率和生产效率，同时，也会对一般普通劳动者产生“示范”作用，潜移默化地影响一般普通劳动者的技能水平，这是人力资本外部性的静态外延性所具有的含义。但同时，人力资本在生产过程中也会逐步提升自己的水平，在人力资本累积中进一步引致自身升级，并由此引致进一步更大程度的外部性，这是人力资本外部性的动态外延性所具有的含义。因此，人力资本随着时间不断累积和升级并由此产生的更大程度外部性能够共同有效降低产品的生产成本，提高研发部门的效率，从而长期培育产业动态比较优势，促使产业不断升级和国际竞争力的大幅度提升，最终在国际经济竞争中占据优势地位。

第三，将适宜技术理论和偏向性技术选择理论结合起来探讨人力资本、技术选择和外向型产业升级问题

本书首次将适宜技术理论和偏向性技术选择理论结合起来探讨人力资本、技术选择和外向型产业升级问题。适宜技术理论认为，先进的技术必须要有相应的人力资本与之匹配，而偏向性技术选择理论则认为，发展中国家的产业采用偏向相对丰裕要素的技术进步，此举可能会落入“比较优势陷阱”。但在完成资本的初始积累后，鼓励产业采取偏向原本稀缺要素的技术进步，则能克服“比较优势陷阱”，实现出口贸易的动态升级。基于此，当一个产业采用偏向性技术进步时，根据适宜技术理论，则需要对人力资本水平提出新的要求，比如，对现有的人力资本进行投资和引进更高水平的人才。采用偏向性技术进步意味着满足新知识和技能的需要，因此，产业的升级内在需要偏向性技术进步，而不同的技术选择需要与之相匹配的人力资本水平对应，这反过来就要求人力资本水平的不断提高和升级。考虑到以上的分析，适宜技术理论需要被赋予一个新的含义：它在本质上就是人力资本水平、技术选择和产业升级之间不断匹配的动态过程。

第四，构建了“自我实现”发展方式模型

本书构建了“自我实现”发展方式模型，并且和“被牵牛鼻子”发展方式进行比较，“自我实现”发展方式模型意味着产业本身可以竖立一个技术目标，即存在一个潜在的技术水平，在这个潜在技术目标的牵引下，通过对初始人力资本的选择和最优的研发投入，引致人力资本的进一步升级和技术水平的跳跃式进步。这体现了产业升级过程中有目标的自我选择和没有目标的被动模仿之间的差异。有目标的自我选择是产业史无前例的自主创新过程，尽管需要经历人力资本和研发之间的不断相互作用与不断试错的试验阶段，但是能够实现人力资本的升级和技术的跳跃式进步，从根本意

义上实现外向型经济发展方式发生转变。

第五，在区分内部规模经济与外部规模经济的基础上，考察了人力资本动态规模经济特征

本书立足于产业视角，围绕规模经济这一核心思想，在区分内部规模经济与外部规模经济的基础上，构建了一个人力资本具有类似于学习曲线和研发的动态规模经济特征模型。本书研究发现，人力资本的要素功能及其外部性也具有类似的动态规模经济效应。除此之外，人力资本的外部性所产生知识溢出效应，也能产生动态外部规模经济，因此，人力资本的动态内部规模经济和动态外部规模经济共同促进产业竞争力的提升。

第二章　相关研究文献回顾

第一节　关于人力资本理论文献

一、人力资本理论发展回溯

人力资本最早是 Schultz 在 1960 年发表的题为“论人力资本投资”的演说中率先提出，之后，Schultz(1961)和 Becker(1964)进一步系统地界定了人力资本的概念，把人力资本定义为反映在劳动者身上的技术水平，主要包括劳动者的个人能力、基本技能和知识存量水平。经历较长时间之后，OECD 对这一概念进行了修订，指出人力资本是“个人拥有的能给个人、社会乃至整个经济体带来福祉的能力、素养、知识和技能”(OECD，2001)。自此，当人力资本概念提出以后，与人力资本相关的理论也得到不断的发展，关于人力资本研究也被引入到关于增长、收入分配等问题当中。与此同时，在对人口控制、人口质量以及人口的流动和迁移等各领域的研究中，人力资本也作为重要的影响因素被引入其中。但是，人力资本思想的起源最早可以追溯到亚当·斯密时期。亚当·斯密在《国富论》中提到：具有特殊职业技能的人，其花费的教育时间比一般人多，因此，他们所得到的工资收入就应高于一般劳动者的工资，用以补偿其教育成本。他把教育和培训支出等同于可以获取利润的物质资本投资，指出工人通过教育获得的技能提高能够促进经济的增长。随后，熊彼特在其所著的《经济发展理论》一书中提出了著名的“创新理论”，他认为在资本主义社会，“企业家”的创新行为是经济增长的关键。而其定义的“企业家”不仅要求有过人的勇气和胆识，而且要不断创新并追逐超额利润，其实就是一种特殊形式的人力资本。

此后，不论哈罗德、多马等人研究的以“物质资本决定论”为主导的古典增长理论的发展，还是新古典增长理论发展初期索洛的“外生技术进步决定论”，都没有明确将资本要素细分出人力资本的概念。直到 1962 年，丹尼森在其所著的《美国经济增长因素和我们面临的选择》一书中，通过计量分析指出，正规教育年限对经济增长有重要的贡献。他明确将劳动生产要素区分为劳动数量和劳动质量两个方面；同时，对引起劳动质量变化的因素进行了界定，包括正常工作时间的缩短、正规受教育年限的增长以及由年龄、性别构成所带来的劳动质量的变化等。舒尔茨在 1969 年“论人力资本投资”中明确对人力资本和物质资本进行了区分，这在极大程度上推动了人力资本理论的发展。而舒尔茨(1986)中指出，专业人力资本可以实现收益递增，从而实现经济的持续增长；同时，人力资本的外部性特征可以引发竞争性均衡存在。这一观点更是直接推进了新增长理论的发展。

在以后的新增长理论的发展中，人力资本就成为和物质资本一样影响增长的要素，同时，和知识存量一样被内生的引入增长模型当中。如 Romer(1986)用受教育年限测度人力资本，他指出，人力资本不仅具有要素功能，同时还能引发资本、劳动等其他生产要素产生收益递增。这也符合了新增长理论关于人力资本外部性的假说。该“递增收益增长模型”表示为：$Y_i = F(k_i, k, x_i)$其中，k_i 为专业化知识投入，k 为一般知识投入，x_i 是资本、劳动等其他要素的总和。模型中假定 k 会产生规模经济，而 k_i 则会引起要素收益递增。Lucas(1988)运用更加微观、更加个量的分析方法将人力资本纳入增长模型中，文中将劳动力分为初始纯原始劳动以及技能型人力资本，将人力资本的来源界定为两种形式：学校教育和边干边学，只有后者才会产生外部效应。尽管他对人力资本的清晰界定和划分对人力资本理论的发展有很大的推动作用，但面临的一个主要局限为人力资本的测度问题。

二、人力资本的测度

关于人力资本理论的研究，其中一个很重要的主题就是人力资本水平的测度。人力资本的测度方式主要有以下几种：第一种是成本法。基于成本法测度人力资本的思想是个体人力资本存量的大小应该等于累积人力资本而支出的各种费用的总和。具体测算方式为使用永续盘存法估算人力资本(Machlup，1962；Eisner，1985，1989；Kendrick，1994)。国内也有很多学者通过这一方法来估算人力资本，如梁昭(2000)、侯风云等(2007)、钱雪亚(2008)、焦斌龙(2010)等。张帆(2000)以及钱雪亚和刘杰(2004)从总投资的角度出发，用成本法估算了中国的人力资本水平。成本法的不足体现在：需要大量的数据，同时具有较强的主观性。第二种方法是收入法，即从人力资本产出的角度出发用人力资本收益的贴现来测度人力资本。该观点认为，人力资本的信息蕴含在所获得的工资当中，高的工资水平就意味着高的人力资本水平。Jorgenson 和 Fraumeni(1989)使得基于收益估算人力资本的方法得以完善，在此基础上，Ervik 等(2003)、Liu 和 Greaker(2009)、Chiripanhura(2010)、Christian(2011)等均使用了类似收入法估算人力资本水平。同时，也有一些学者对这一方法进行了改进，如 Mulligan 和 Sala-I-Martin(1995)、Laroche 和 Mérette(2000)通过构建参数方式(将劳动力收入和教育结合)对人力资本进行估算，简称 LINK(Labor-Income-Based Human Capital)方法。这一方法是基于教育是人力资本积累重要来源的假设，也即没有接收任何教育为单位人力资本，通过估算使得不同经济体在不同时刻的人力资本存量比较成为可能。但由于收入的波动性较强，同时还会受分配制度的影响，人力资本估算的精确度受到质疑。国内学者用收入法测算人力资本的文献较少，李海峥等(2010)基于 Jorgenson 和 Fraumeni(1989)的估算方法，使用“中国城镇住户调查”和“中国健康和营养调查”数据对我国 1985—2007 各年人力资本进行测算；王德劲和向蓉美(2006)、朱平芳和徐大丰(2007)对 LINK 方法进行拓展，他们假设经济体中的单位人力资本没有受过任何教育，也没有工作经历。这种方法估算的人力资本公式为：

$$h_e = [w(h)/w^*(1)]^{1/(2\beta)}$$

$w(h)$表示人力资本为 h 的劳动者获得的工资水平，$w^*(1)$表示为单位人力资本的效率工资，β 为人力资本的产出弹性。还有一种考虑了预期因素的测度人力资本的方法——终生收入法，用预期的个人终生收入的贴现来代替收入法里的收入指标。这样有助于考察教育、培训等回报率的变化对人力资本的影响，分析人力资本发生变化的原因。Jorgenson 和 Fraumeni (1992) 和李海峥和梁玲(2010)使用了这种方法估算人力资本，人力资本存量计算公式为：

$$MI(y) = \sum_s \sum_a \sum_e mi_{y,s,a,e} L_{y,s,a,e}$$

其中，mi 代表预期未来终生劳动收入，L 为人口数，y 表示年数，s 表示性别，a 表示年龄，e 表示受教育程度；$MI(y)$ 为一个国家总人口的预期未来终生收入。这里只包括市场收入 $mi_{y,s,a,e}$。如果考虑非市场终生收入 $nmi_{y,s,a,e}$，则人力资本测算公式为：

$$MI(y) = \sum_s \sum_a \sum_e (mi_{y,s,a,e} + nmi_{y,s,a,e}) L_{y,s,a,e}$$

第三种方法是指标法，Barro 和 Lee(1993)提出，用反映人力资本特征(如教育、健康、工作经验等)的一些指标来测度人力资本水平。因使用较多的是平均受教育年限、非文盲率等指标，因此也称为教育成果法。这一方法只测度了人力资本的某一方面，如受教育年限，忽略了教育质量和收益问题，但由于直观简洁、数据容易获取，便于跨国间人力资本水平的比较，因此使用这一方法的学者较多。比如，Barro 和 Lee(2000)，Nehru、Swanson 和 Dubey(1995)，Vandenbussche、Aghion 和 Meghir(2006)以及 Soukiazis 和 Antunes(2012)都用平均受教育年限作为人力资本主要特征来测度人力资本水平。国内学者，比如，蔡昉等(1999，2002)、王美艳(2005)、严善平(2006)和洪银兴(2009)等也用平均受教育年限作为人力资本水平替代指标。也有一些学者用受教育年限总和测度人力资本，包括 Lau、Dean、Jannison 和 Louat(1991)、王小鲁等(2000)、王金营(2001)、胡铵钢(2002)以及岳书敬(2008)等。还有一些学者用相对数指标来反映，如"成人识字率"(Romer，1989；Azariadis & Drazen，1990；蔡昉等，2000)，"入学率"(Levine 和 Renelt，1992；赖明勇，2002；李平 2008)，"师生比"(Card 和 Krueger，1992)，"大学学历及以上比重"(Abel 和 Gabe，2008)，"高中及以上人员占总人口比重"和"大学及以上人员占总人口比重”(Fleisher，Haizheng Li 和 Minqiang Zhao，2010)以及“每百万 25 岁及以上人口发表的论文数”和“每百万 25 岁及以上人口拥有的专利数”(Soukiazis 和 Antunes，2012)。用教育年限法估算的人力资本存量表示为：

$$H = \sum h_i L_j ; h_j = \exp(\phi(E_j))$$

其中，H 为人力资本存量水平，E_j、L_j、h_j 分别表示经济体中第 j 类劳动者的受教育年限、劳动力总数人均人力资本水平。测度人力资本的其他方法，如余额法(World Bank，2005)和欧洲人力资本指数法。余额法是首先对未来可能的消费流进行假设，并将消费流的净贴现值作为各个国家总财富的估计量，再用永续盘存法估算“创造资产”的价值，用租金现值法估算“自然资本”的价值，然后从估算的总财富中减去创造资产和自然资本的价值，余额即为对人力资本(含社会资本)价值的估算。该方法的缺陷是所估算的人力资本中包含社会资本。欧洲人力资本指数是由里斯本理事会构建的、用以测度欧盟各成员国的人力资本水平。这一指数包括“人力资本禀赋”指数(用正规教育支出、在职培训支出和家庭用于子女教育的支出等人力资本积累投入来反映)、“人力资本利用指数”(用总人口拥有的人力资本存量的相对水平来反映)和“人力资本生产率指数”(用劳动就业人口拥有的人力资本存量形成的总产出相对水平反映)等若干个分指数。欧洲人力资本指数关注的是人力资本投资，与成本法相比，虽然两个指标形式设定不同，但基本思想却是一致的。

三、人力资本的作用机制

人力资本会对经济增长产生促进作用的结论，在经济学界已经达成共识。然而，人力资本在多大程度上推大了增长，却并没有一致的结论。Mankiw(1992)和龙翠红(2008)测算了人力资源对增长的贡献，并得出人力资本对增长的促进作用是显著的。也有学者对这一观点进行了否定(Fuente 和 Domenech，2006)。对这一问题的研究产生分歧的原因可以归结为以下几个方面：①忽略了对人力资本异质性的考虑。Petrakis 和 Stamatakis(2002)、Vandenbussche 等(2006)以及 Pereira 和 Aubyn(2009)中指出，与发达国家相比，发展中国家的初等教育和中等教育对增长的作用更为明显。②对人力资本对增长的作用机制认同不一致。一些学者与 Lucas 一样，认为人力资本直接对增长产生影响，如 Mankiw，Romer 和 Weil(1992)通过实证分析，得出人力资本对增长的贡献度为三分之一；另一些学者，如 Papageorgiou(1999)认为，人力资本是通过技术模仿或创新等途径间接影响经济增长。国内学者刘智勇、胡永远与易先忠(2008)通过研究也得出了类似的结论，指出中、高等教育对增长的贡献是通过技术创新实现的。③没有考虑变量间的空间依赖性。相关学者认为，人力资本并不局限于对某一特定区域产生影响，也会波及到其他区域(Jeon，2007；Fingleton 和 Lopez-Bzao，2006；Rosenthal 和 Strange，2008)。

就人力资本对经济增长作用的不同机制，我们在此分别做简要的介绍。首先，Lucas 模型中人力资本对增长作用机制的核心是人力资本是作为投入要素直接投入到最终品的生产当中。生产函数形式为：

$$Y_{it} = A_{it} K_{it}^{\alpha} L_{it}^{\beta} H_{it}^{\gamma}$$

其中，Y_{it}表示产出水平；A_{it}、K_{it}、L_{it}、H_{it}分别表示技术水平、物质资本、劳动和人力资本存量；α、β、γ 为个投入要素对产出的贡献度。其次，将人力资本看成是影响生产力的要素，通过影响其他变量来对增长产生作用，典型的即为 Nelson M. Phelps 机制。其生产函数形式为：

$$Y_{it} = A(H_{it}) K_{it}^{\alpha} L_{it}^{\beta}$$

这里影响产出的投入要素为技术水平 A、物质资本存量 K_{it}和劳动 L_{it}，人力资本 H_{it}通过影响技术进而对增长产生影响。最后，就是将这两种机制结合起来，既考虑人力资本对增长的直接影响，又通过对其他变量间接影响经济增长(Lopez Bazo et al.，2004)

就考虑变量间的空间依赖性而言，Cem Ertur 和 Wilfried Koch(2007)的研究证实了产出、物质资本、人力资本和劳动间确实存在显著的空间依赖性。高远东、花拥军(2012)在 Benhabib 和 Spiegel(1994)模型基础上，考察了变量间的空间依赖性对增长的影响。其在 Nelson M. Phelps 机制框架下，将影响技术水平 A 的人力资本分为省内的人力资本水平和“追赶”项，而“追赶”项的设定是由本省的人力资本水平和本省与技术领先省份人均收入的差距决定的，具体形式为：

$$(\log A_{it} - \log A_{it-1}) = c + \mu H_i + \nu H_i(\frac{Y_{\max} - Y_i}{Y_i})$$

其中，$Y_{\max}$即为技术领先省份的人均收入水平，最后一项 $H_i(\frac{Y_{\max}}{Y_i})$为“追赶”项。

当考虑到各省份之间技术水平的空间依赖性，将上式变形为：

$$(\frac{A_{it}}{A_{it-1}}) = \exp[c + \mu H_i + \nu H_i(\frac{Y_{\max} - Y_i}{Y_i})]\prod_{j \neq i}^{N}(\frac{A_{it}}{A_{it-1}})^{\gamma w_{ij}}$$

经过整理，我们得出 Nelson M. Phelps 作用机制下，考虑空间依赖性的经济增长模型：

$$\frac{A_i}{A_{t-1}} = (1 - \gamma W)^{-1}[c + \mu H_i + \nu H_i(\frac{Y_{\max} - Y_i}{Y_i})]$$

其中，$(\mu - \nu)$和 $\nu H_i(\frac{Y_{\max}}{Y_i})$分别为人力资本技术创新和技术模仿作用的度量。

自此，人力资本理论在前人研究的基础上得到进一步发展。Lucas (1988)是人力资本理论发展进程中重要的贡献者之一，其中蕴含的一个重要思想就是人力资本会产生外部效应，而如何测度人力资本溢出程度的大小就成了后续研究的一个很重要的方向。对这一问题的解决主要沿着一下两个思路进行：①Mincerian approach(明瑟方法)。该方法是在微观明瑟方程的基础上，通过对个体教育程度和其他因素的控制，来估计个体所属群体的人力资本水平对其收入的影响。(Rauch，1993；Acemoglu 和 Angrist，2000 以及 Moretti，2004)；②生产函数法。该方法通过对平均人力资本水平对平均收入影响的估计来判断人力资本是否会产生外部效应，如果估计系数显著高于私人收益率，则教育的外部效应就存在(Heckman 和 Klenow，1997；Krueger 和 Lindahl，2001)。

就人力资本对经济增长贡献的研究，一些学者试图从人力资本结构来寻求突破。有些学者将人力资本区分为一般型、创新型和技能型分别进行研究(如胡永远等，2004)；有些则进一步细分为基础型、技能型、知识型和制度型人力资本(陈浩，2007)；Castello 和 Domenech(2002)则单从教育的层面分为高水平教育和低水平教育来对人力资本进行划分；余长林(2006)、杨建芳等(2006)以及王第海(2012)则进一步把人力资本分为教育型人力资本和健康型人力资本。

关于人力资本对区域或跨国收入差距影响的文献，大多是基于 Barro(1991)的分析框架，如 M-R-W(1992)研究发现，人力资本禀赋的差异能解释八成以上跨国收入差距。Klenow 和 Rodrigue-Clare(1997)对这一结论进行抨击，认为 M-R-W(1992)使用的中学入学率指标存在测量误差，其用教育质量和小学入学率水平进行替代，研究发现人力资本对生产率的影响较大。还有学者从分析框架不同着手，认为结论的不同与模型设定有关，如 Benhabib 和 Spiegel(1994)指出在新古典分析框架下，人力资本对增长差距的影响不显著，而在新增长理论框架下，结论却截然相反。陈晓光等(2005)考察了人力资本的向下兼容性，并考察了其对跨国收入差距的影响，认为人力资本是影响跨国收入差距的重要因素。陆铭等(2005)和万广华等(2005)通过对中国区域收入差距的研究发现，资本对区域收入差距影响较大，教育因素虽然会产生影响，但影响较小。

第二节　异质性人力资本与人力资本匹配文献

一、异质性人力资本

异质性人力资本是指在某个发展阶段出现的边际报酬递增形式的人力资本，丁栋虹(2001)概括为专业型人力资本、特殊型人力资本和企业家人力资本三种形式。魏丽萍(2005)则将异质性人力资本界定为个体为了自身发展，通过医疗保健、学校教育和正规培训等途径积累起来的健康、知识和技能等具有边际报酬递增性质的资本总和。异质性人力资本思想的提出最早可以追溯到 Marshall 时期，其指出“企业家不同于一般的人力资本，是具有特殊天才的人。”Schumpeter 认为，“少数极具创新精神的人能将生产和信息要素转化为知识资本，并通过拥有和控制知识资本来实现价值增值；同时，还可以引进先进技术，促使生产要素重新组合，实现更好的生产。"Schultz(1961)也对"劳动力同质"的假说产生怀疑，指出企业家的异质性和专业人力资本对企业的发展有着不可替代的作用。Becker(1964)从微观角度将人力资本分为一般人力资本和特殊人力资本。一般人力资本是指只具备简单的生产技能的劳动力，而特殊人力资本则是与组织资本密切关联。

目前多数学者都倾向于是用边际报酬递增的性质来界定异质性人力资本。主要研究文献包括：Schultz(1961)指出，专业化人力资本能有效促进分工和技术进步，提高企业生产效率，实现边际报酬递增；Becker(1985)认为，专业化人力资本能极大提高劳动效率，实现边际报酬递增，促进经济的长期发展；Romer(1986，1990)指出，与同质性的教育人力资本相比，技术人力资本能使得物质资本边际报酬递增，实现"递增收益的增长模式"。在Lucas(1988)的"人力资本溢出"模型中，人力资本不仅具有收益递增性，还会产生外部性，提高其他生产要素的使用效率，能够实现报酬递增。在这些文献中，专业化人力资本、技术人力资本以及有溢出性质的人力资本都能带来边际报酬递增，也即"异质性人力资本"。国内有些学者通过实证分析对异质性人力资本边际报酬递增的性质进行了检验。比如，按照受教育层次的不同对人力资本进行分类，研究其对技术进步和效率的不同影响(华萍，2005；刘智勇、胡永远，2008)。华萍(2005)研究表明，只有受过大学教育的人力资本对技术进步和效率提高呈现显著的正影响；刘智勇和胡永远(2008)进一步分析指出，人均高等受教育年限即是技术进步的短期原因，也是长期原因，其对技术进步的拉动效应显著大于人均中等受教育年限群体。也有学者从不同人力资本对全要素生产率影响的不同考虑，如彭国华(2007)通过对我国省级面板数据回归发现，人力资本中接受过高等教育的部分才会对全要素生产率产生显著影响；还有学者从对增长和增长差异的角度来进行研究(陈秀山等，2006；魏下海、李树培，2009)。魏下海和李树培(2009)用分位数回归的方法考察了不同层次的人力资本对增长影响的差异，研究发现受教育年限与对增长的促进作用成正比；陈秀山等(2006)

利用省级面板数据分析了异质性人力资本对区域增长差异的贡献度，模型估算结果显示异质性人力资本对区域发展差距的影响比同质性人力资本高2%。

就异质型人力资本中企业家人力资本的研究文献也较多，概括起来主要包括：企业家异质型人力资本的成因分析(Dubini and Aldrich，1991；Ibrahaim and Soufani，2002；Sternberg and Jordan，2005；Henry and Leitch，2005)；企业家人力资本对企业绩效的影响(Buttner和Rosen，1988；Dyke et. al，1992；Hatch和Dyer，2004；Dimov和Shepherd，2005)以及企业家人力资本与其他人力资本的差异(Colombo et. al，2004；Camilo Hernan Mondragon，2007；Ucbasaran et. al，2008)。Ucbasaran等(2008)对此进行了较为深入的探讨，研究指出，普通人力资本主要来源于教育和工作经验，通过教育获取知识、技能等，而工作经验则有利于积累和整合新知识，但是企业家人力资本的不同之处就在于其具有创业经验和个人创新能力。Colombo等(2004)以391家刚成立的意大利高科技公司为研究对象，研究了企业家人力资本与初创公司规模之间的关系，研究结论显示，包含专业知识、行业管理和创业经验的人力资本比只拥有教育和一般工作经验的人力资本更能影响最初公司的规模。

国内很多学者也对企业家异质性人力资本进行较深入的研究，比如，钱士茹等(2007)、江三良(2006)和郁婷(2006)从供给和制度安排的角度考虑影响企业家异质型人力资本的因素。郁婷(2006)指出，企业家人力资本不仅包括智力、情商等由遗传因素决定的特质，还包括后天的投资如培训、“边干边学”等因素；钱士茹等(2007)通过研究学历、政治背景和政策等因素对企业异质性人力资本供给的影响。他们发现，学历、政治背景和政策等因素对企业异质性人力资本供给的影响是存在的。刘萍萍(2006)、缪小明和李淼(2006)就企业异质型人力资本如何影响企业绩效的问题展开了研究。刘萍萍(2006)指出，企业家的能力和生产性努力对企业绩效非常重要。

二、人力资本匹配

根据国内外一些相关研究文献发现，关于人力资本与经济增长之间关系的研究方向正在悄然发生改变。由当初考察人力资本存量在经济增长中的贡献的研究转变为研究人力资本结构和人力资本配置对经济增长的影响，而目前已经涉及关于对人力资本"有效性"和"合适性"进行研究。早期由 Atkinson and Stiglitz(1969)提出的技术"本地化"特征已经表明，技术的"本地化"特征使得其与应用环境的要素条件间存在适宜与否的关系。而在这些要素中，人力资本在消化、吸收先进技术的主体作用更显得尤为重要。其潜在蕴意在于，如果发展中国家选择与其人力资本水平最适宜的技术，发展中国家在技术变迁的成本上就会变得相对低一些。而适宜技术理论正好能够阐释这种关系，适宜技术理论认为，先进的技术必须有相应的人力资本与之匹配(Acemoglu，1998；Basu and Weil，1998)。正如林毅夫(2006)所言，一个国家最适宜的技术结构内生决定了这个国家的要素禀赋结构。对于一个发展中国家而言，选择与其要素禀赋结构或者人力资本水平相一致的技术，那么发展中国家和发达国家之间的全要素生产率的差异就会变小。邹薇、代谦(2003)研究也表明，由于一些发展中国家人力资本水平低下，不具有技术吸收能力，因而，发展中国家不能通过对发达国家先进技术的模仿以实现经济赶超。

就所能检索的文献来看，关于人力资本匹配问题主要是围绕人力资本与技术的匹配所展开的一系列研究，概括为四个方面：技术选择与人力资本匹配关系、人力资本约束下的技术选择与技术差距以及人力资本结构与技术能力的提升。比如 Acemoglu 和 Zilibotti(2001)研究表明，发达国家采用的先进技术是和其高素质的劳动力匹配的，而对于发展中国家而言，其劳动力水平较低，不具有吸收先进技术的能力，从而导致引进的先进技术不能充分利用。随后，Caselli 和 Coleman(2006)在此基础上进一步把劳动力的异质性考虑到其研究框架中，他把劳动力的异质性界定为熟练劳动力单位效率和非熟练劳动力单位效率之比值，进一步考察了技术选择与异质性人力资本匹配问题。

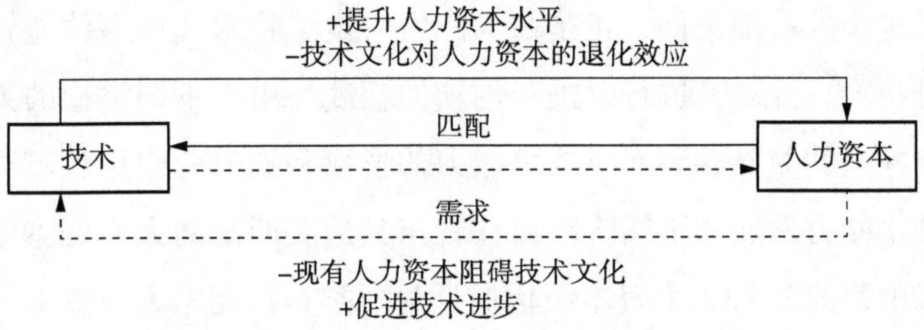

图 2.1　技术选择与人力资本相互作用机理模型

图 2.1 为姜雨(2012)所表达的技术选择与人力资本相互作用的内在机理。图示表明，一方面，人力资本水平的高低决定于技术水平的高低，与此对应，选择的技术也只有和能够消化吸收该技术的人力资本相匹配时，才能最大限度地转变为现实生产力，因此，技术选择与人力资本之间是彼此相互要求的。

技术转移双方的技术差距也是影响技术与人力资本适配与否的重要因素，技术差距的外部环境和人力资本水平的内在约束条件要求技术引进国家做出相应的决策：技术引进或自主创新？Imbriani 和 Reganati(1997)以及 Girma 等(2001)分别对意大利和英国制造业数据实证分析显示，技术差距较大导致技术引进国家无法有效地吸收和消化先进技术，技术溢出效应无法产生。更为重要的是，当技术差距较大时，会影响技术引进国家的人力资本积累，从而减弱其提高技术创新能力的动机。关于考察在技术差距与人力资本约束下的技术选择行为时，姜雨(2012)在其博士论文中做出了较全面的总结：①人力资本吸收能力弱—技术差距大，则不宜引进技术，而要依靠自主创新；②人力资本吸收能力强—技术差距大，可以适宜引进技术来发挥技术后发优势；③人力资本吸收能力强—技术差距小，则适宜依托人力资本进行自主创新。由此可见，技术差距的外部环境和人力资本水平的内在约束条件要求技术引进国家做出合理的决策。

同时需要注意的是，在研究人力资本匹配时，也需要考察人力资本结构与技术能力提升之间的匹配机制。技术选择对于一国经济发展和技术变迁固然重要，但就技术本身而言，真正能够发挥其作用的是技术能力。Chanaron 和 Perrin(1987)研究表明，技术能力的形成和提高是促进技术升级和技术进步的前提条件，正是技术能力决定了技术选择主体能够吸收和消化引进技术，并对其进行改进和创新的程度。由于不同类型的人力资本在知识结构上的差异，因而对技术能力的形成和提升的作用也不同，这就要求在技术能力发展的不同阶段存在着与其适宜匹配的人力资本结构，并且姜雨(2012)把这种人力资本结构概括为三类：技能型人力资本、企业家人力资本和研发型人力资本。他的研究发现，企业家人力资本和研发型人力资本在技术选择获取阶段具有重要作用，而技能型人力资本的作用不显著。企业家人力资本和研发型人力资本本身所具有的知识结构和技术能力将能够选择最适宜的技术引进对象。但在应用引进技术阶段，技能型人力资本的作用就表现得尤为重要和直接，研发型人力资本则处于辅助地位。但在自主创新过程中，研发型人力资本发挥着绝对的主体作用，而技能型人力资本仍然承担着将创新成果转化为现实产品的重要任务。

第三节　关于外向型经济发展方式的研究文献

一、动态比较优势与外向型经济发展方式

(一)动态比较优势理论演进

比较优势思想一直是贸易理论发展的核心内容。David Ricardo 在其 1817 年所著《政治经济学及赋税原理》中提出了比较优势理论。该理论指出各国应根据生产的相对成本差异参与国际分工，出口相对成本低的产品，而进口相对成本高的产品。随后，Heckscher 和 Ohlin 对这一理论进一步发展，Ohlin(1933)完善了 Heckscher 的要素禀赋理论，指出各个国家应根据自身资源禀赋形成的比较优势参与国际分工，生产并出口密集使用其要素禀赋多的产品，而要素稀缺的产品则通过进口来弥补。根据传统的比较优势理论，各个国家依据自身的比较优势参与国际贸易，不仅能使自身实现福利最大化，同时也能使其他国家达到帕累托最优(Robinson，1956；Findlay，1970)。然而，Ricardo、Heckscher 和 Ohlin 提出的比较优势理论都是

从静态的角度出发。随着各国经济的发展，自身的比较优势、专业化分工模式以及贸易模式都会随之而改变，而这种改变形成了后来的动态比较优势理论（Proudman 和 Redding，2000；Landesmann 和 Strehrer，2001；Fisher 和 Kakkar，2002；Redding，2002）。

动态比较优势理论源于20世纪60年代，在肯定了静态比较优势存在的基础上，指出各国比较优势可以通过不完全竞争、规模报酬递增、创新和经验积累等因素来改变和创造。小岛清、筱原三代、赤松要等学者对动态比较优势的发展奠定了理论基础。小岛清于20世纪70年代提出的边际产业理论是从新古典贸易理论出发分析了比较优势转移问题，指出各国应大力发展已经或即将处于比较优势的产业，出口其产品，将趋于比较劣势的产业转移至国外生产。筱原三代随后提出了“动态比较成本”理论，指出各国比较优势可以通过努力创造出来，强调了国家干预的重要性，同时在参与国际分工时，要选择符合本国情况的比较优势产业作为主攻方向。赤松要对落后国家参与国际贸易模型以及如何实现产业升级进行研究，提出了主张“进口—国内生产—出口”贸易模型的雁行理论。该理论强调进口替代，实现“动态产业转移”，也即将本国比较劣势的产业转移至国外，通过参与垂直分工提高效率，实现产业和贸易结构升级。

研究动态比较优势文献将不得不引出 Oniki 和 Uzawa、R. Vernon 以及 Findlay 的经典文献。Oniki 和 Uzawa（1965）在新古典贸易模型中将物质资本积累内生化，同时考虑人口增长，分析由此引发的各国贸易模式和比较优势的动态变化。文中假定参与贸易的两个国家同时生产消费品和资本品，这两种产品的生产都需要投入劳动和资本要素；消费者偏好和生产技术给定；各国劳动供给是外生给定的，而且以固定的速率增长，资本积累率则由本国产出和资本品进口共同决定，则资本积累速度的不同使得资本劳动比发生变化，各国比较优势发生转变，进而引发各国分工和贸易模式的调整。模型得出的长期稳态均衡结论为，资本劳动比由各国的平均储蓄率和技术水平共同决定，平均储蓄率低的国家参与国际贸易时将专业化生产和出口劳动密集型产品，而平均储蓄倾向高的国家则专业化生产资本密集型产品。随后，Vernon（1966）阐释了其产品生命周期理论，其中也包含了动态比较优势的思想。该理论将新产品发展划分为开发期、成熟期和标准期三个阶段，并且在各个阶段，要素密集使用的性质会发生动态变化。在第一个阶段，也即新产品的开发时期、创新时期，这个时期需要大量的研发投入，技术创新国家拥有比较优势，生产并垄断出口新产品，这一时期的产品为技术密集型产品；第二个阶段，当产品工艺技术和生产流程愈发纯熟，该产品的生产就会转移到拥有比较优势的资本要素丰裕国家，这个阶段资本充裕国家大量生产和出口该产品，从而与创新国争夺出口市场，这一时期产品变为资本密集型产品；在最后标准化阶段，各个国家都掌握了生产技术，进而劳动要素成本低的发展中国家就拥有了比较优势，生产并出口该劳动密集型产品，而创新国又开始新一轮的研发创新，由此可见，Vernon 的产品生命周期理论本质上体现了比较优势的动态化。随着动态比较优势理论的不断演进，Findlay（1970）又在其模型中引入了非贸易的资本品，假定可贸易商品均为最终消费品，他研究指出人口增长会引发均衡时的资本劳动比趋于下降，而资本劳动比的变动使得各国比较优势发生动态变化，进而对贸易格局产生影响。同时，他还考察了储蓄率引起要素禀赋变化在短期和长期的差异，研究指出短期储蓄率提高有可能带来资本密集型产品生产的增加或减少，但是从长期来看，会增加对资本密集型产品的生产。

（二）规模经济与动态比较优势

到 20 世纪 80 年代以后，新贸易理论将目光转移到垄断竞争、产品差异以及规模报酬递增等因素对贸易和分工的影响，这种趋势使得学者在一个新的框架下更加细化了对动态比较优势问题的研究。Helpman 和 Krugman（1985）、Grossman 和 Helpman（1989，1990）等对传统比较优势理论进行批判，指出各国比较优势是随着发展变化的，而且这种比较优势的动态演变是可以通过规模经济、产品差异和 R&D 投入等方式进行引导。Krugman（1980）指出，国内市场规模会对本国的比较优势产生影响，之后，Helpman 和 Krugman（1985）分析了一个垄断竞争模型，假定差异产品的数目是由规模报酬和市场规模内生决定，将规模经济引入到比较优势的研究中，指出厂商可以通过规模经济的作用形成自身在国际市场中的比较优势。Tybout(1993)在 Helpman 和 Krugman 研究基础上，进一步指出动态比较优势来源于内部规模报酬递增。

也有学者对规模经济引起比较优势动态演变产生怀疑，认为规模经济并不能对动态比较优势的产生做出充分的解释。Dollar and Wolff(1993)认为，规模经济是动态比较优势来源的结论只是适用于要素禀赋类似的发达国家间的产业内贸易，这种贸易模式体现了高度的专业化，技术差异才是产生动态比较优势的根本原因。Hummels 和 Levinsohn(1993)认为 Helpman (1987)关于产业内贸易模式和国家偏好一致的假定过于苛刻，他们认为距离的远近会影响差异化贸易产品的摩擦成本，距离远国家的消费者偏好差异化的产品，但是高的摩擦成本可能会对贸易产生限制。他们进一步通过回归分析得出 OECD 国家产业内贸易比例占 25.3%，而非 OECD 国家产业内贸易仅占 0.5%，这表明差异化产品、规模经济通过影响产业内贸易进而对比较优势产生影响的解释并不充分。Yang 和 Borland(1991)在交易成本和分工演进的框架下，分析了经济由自给自足向专业化分工的动态演进过程，区别于新古典框架下将规模经济作为动态比较优势的源泉，考察了分工和专业化对动态比较优势的影响，指出分工通过提高了专业化水平，促进人力资本积累，进而产生动态比较优势。

国内也有学者对此进行研究，马颖、陈金锟(2011)基于新贸易理论的分析框架，研究了动态规模经济、市场结构和产业国际竞争力之间的相互关系，研究表明动态规模经济、技术溢出和市场结构共同决定了一国的产业竞争力水平，同时，贸易保护政策也有利于更快地促进产业竞争力的培养。陈飞翔、林善波(2013)利用 Hansen(1999)的门限回归模型，选取我国四大战略性产业面板数据进行回归分析，指出发展中国家在适当的战略性贸易政策的指导下，可以实现规模经济，并促进动态比较优势的演进和产业结构升级。谭裕华、冯邦彦(2008)将动态比较优势的来源分为要素积累、技术创新、公共产品和规模经济四个方面。黄文正(2010)进一步借助相图分析了规模经济和比较优势之间的内在联系(见图 2.2)。假设有 A 和 B 两个国家，在封闭的情况下具有相同的资源禀赋，因此两个国家具有相同斜率的递减的平均生产成本曲线(AA 和 BB)。其经济含义是，在规模经济条件下，平均成本随着产量增加而递减。根据图 2.2 显示，A 国家的生产规模(OA)小于 B 国家的生产规模(OB)，但是，A 国家的平均成本(OE)大于 B 国家的平均成本(OD)，这表明具有规模经济的国家具有比较优势。

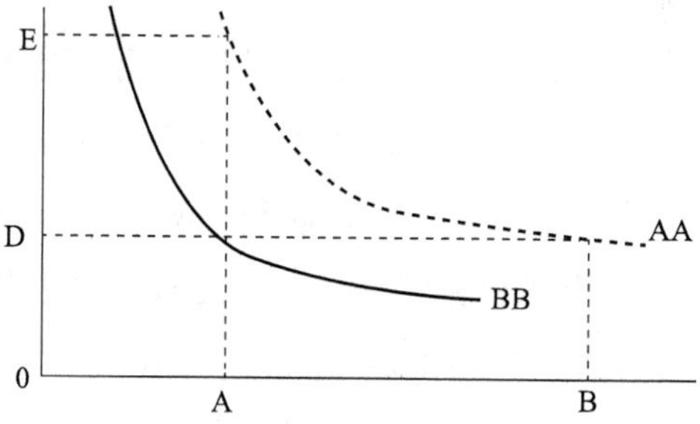

图 2.2　规模经济与比较优势

以上文献主要是基于规模经济角度来考察动态比较优势及其演进过程，进而对外向型经济发展方式的影响。从各自的研究视角来看，规模经济借助与不同的媒介以及规模经济本身(静态规模经济 Krugman，1980)引致了产业动态比较优势的转化，进而对外向型经济发展方式的产生一定的影响。

(三)边干边学、研发与动态比较优势

此后，学者在批判前人研究基础上，从“边干边学”的角度对动态比较优势理论进行拓展。Krugman(1987)考察了“边干边学”对比较优势动态变化的影响，指出贸易分工的专业化模式决定了各国的比较优势，而这种分工模式一旦确定将很难进行调整。因此，各国应着重发展潜在优势产业，通过“边干边学”的方式累积生产经验和技术创新，加强各自的比较优势。同时他还指出，适当的贸易政策和产业倾斜会使比较优势向有利于本国的方向发展。Lucas(1988)以人力资本为切入点，考察了边干边学对动态比较优势演变的影响，指出“边干边学”效应的存在能促进人力资本积累和技术进步，对其他要素产生外溢效应，强化各国的比较优势，最终使得各国专业化生产不同的产品。Young(1991)在 Krugman(1987)的基础上假定

“边干边学”效应存在外部性，也即“边干边学”效应会在各个产业间相互溢出，同时将产品按复杂程度进行划分。该研究发现，产品的复杂程度越高，“边干边学”的溢出效应就越强，同时，即使溢出效应是有界的，也会促使新产品的引入。之后，Lucas(1993)进一步指出各国应充分利用“边干边学”效应促进人力资本积累，实现经济快速增长，从而提升本国的比较优势。但是这一过程需要通过本国不断生产复杂程度较高的产品来实现。

考虑到研发与动态比较优势之间的联系，Grossman 和 Helpman(1989，1990)在 Krugman(1979)、Dixit 和 Norman(1980)的基础上，通过建立产品创新与多国贸易的动态一般均衡(DGE)模型分析了来自研发(R&D)的比较优势与贸易的跨期演进。文中将贸易分为产业内贸易和产业间贸易，前者受 R&D 支出影响，后者取决于各国的资源禀赋，指出研发处于比较劣势的国家可以通过增加 R&D 投入，创造比较优势，进而促进本国经济的长期、持续增长。Grossman 和 Helpman 解决了以往文献没有考虑一般均衡间的影响和驱动产品创新因素的缺陷，明确界定了影响私人研发投入的因素和研发活动的资源需求。由于 R&D 部门的资源流入，导致产品差异化，进而引起各国比较优势的变化。Grossman(1990)还进一步建立了基于内生增长的比较优势动态演变模型，分析了研发投入、贸易模式调整对技术创新的长期影响，指出技术工人丰富而自然资源匮乏的国家如日本，会更偏好对科技含量高的产品进行专业化生产和创新。

(四)人力资本与动态比较优势

R&D 投资、“边干边学”产生的知识积累以及来自外部的技术扩散都可以产生动态比较优势。虽然 Lucas(1988)认为，“边干边学”效应会强化各国在不同产品上的比较优势，但从理论上说，“边干边学”效应随着时间的推移会消耗殆尽(Young，1991、1993)，这表明，边干边学效应对比较优势的动态演变并不会产生长期持续的作用。一些发展中国家采取内向型发展战略的失败也在一定程度上说明了“边干边学”效应不是培育比较优势动态演进的核心因素。

自从 Schultz 在 1960 年提出人力资本概念之后的很长一段时间，贸易理论学家们都没有注意到人力资本在决定比较优势的动态演进和经济长期增长方面的作用，直到 1983 年，Findlay 和 Kierzhowski（1983）才正式将人力资本在决定各国比较优势、技术能力和生产效率方面的特殊作用呈现出来。虽然后来 Grossman 和 Maggi（2000）通过建立关于国家间具有要素禀赋类似的贸易竞争模型，分析了不同人力资本配置对比较优势和贸易模式的影响，但是，他们也仅把人力资本作为一种内生要素所展开的研究（Bond et al，2003）。

国内关于人力资本动态比较优势理论的研究文献也较少，据所能检索的文献来看，仅有很少一部分学者对此进行了比较深入的研究。比如，代谦和别朝霞（2006）借助 Lucas 关于人力资本具有很强的外部性的结论（Lucas，1988），在 Dixit 和 Norman（1980）、Grossman 和 Helpman（1991）以及 Krugman（1987）研究文献基础上，构造了以人力资本为基础的内生技术变迁的国际贸易模型，系统地阐述了人力资本的要素功能及其人力资本的外部性特征对发展中国家比较优势动态演进的作用。他们指出，考虑到适宜技术理论，先进技术需要与之相应的人力资本相匹配（邹薇，代谦，2003），因此，人力资本水平将决定先进技术在生产中的生产率。但更为重要的是，人力资本所具有的外部性特征能够潜移默化对研发效率和生产效率产生作用（Lucas，1988），从而有效降低产品的生产成本和提高研发部门的效率，因此，他们认为，正是这种外部性特征才是发展中国家培育其动态比较优势的核心，并且只有发展中国家实现人力资本水平的不断提高，形成持续的人力资本积累，发展中国家才能使其比较优势向动态方向演变，最终引致产业不断升级和经济的长期增长。

二、外向型经济发展方式下的产业结构升级

Ricardo 基于相对成本的比较优势理论以及 Heckscher 和 Ohlin 基于要素禀赋的比较优势理论的提出都推动了外向型经济理论的发展。比较优势理论指出，参与国际贸易的各个国家应根据生产相对成本的大小或要素禀赋的差异参与国际分工。Ricardo 的比较优势体现在产品的低相对生产成本

上，而H-O理论则将比较优势界定为使用禀赋丰裕要素进行产品生产，各个国家应该根据自己的比较优势进行专业化生产，并且只有这样，各个国家在参与国际竞争时才能获益。此后，Chenery提出了“两缺口”模型，认为发展中国家同时存在储蓄缺口和外汇缺口，这些都会对经济发展产生阻碍，该模型指出解决两缺口带来的不足需要通过引进外资，这为实行外向型经济发展方式的必要性提供了理论依据。以上三个理论也构成了外向型经济发展理论的基础。

二战后，一些学者对发展中国家的成功经验进行研究时提出了“外向型经济”的概念，并且Balassa(1964)最早用“外向型经济”和“内向型经济”对发展中的非石油生产国进行分类。此后，国内学者就外向型经济发展方式进行了一系列研究。比如，柯清美(1995)指出，外向型经济发展方式的转变是我国经济自身发展的需要，也是顺应经济全球一体化的潮流；同时指出，外向型经济发展模式主要是以下三种模式：出口替代性、加工导向型和结构优化型。吴琦右(2002)和左大培(2002)把外向型经济发展模式理解为：以比较优势理论为基础，以国际市场需求为导向，积极参与国际竞争和国际分工所形成的一种向外拓展的开放型经济发展模式。他们的研究得出三点结论：①各个国家在国际市场竞争中应该依据自身的禀赋差异促进资源优化配置，发挥本国经济的优势；②外向型经济的发展方式要求各个国家积极参与国际市场竞争，来自国际市场的压力可以有效促进技术进步和效率提升，同时，充分发挥本国的优势，利用国外先进资源和技术，以出口为主要途径，谋求本国在国际竞争中的发展；③外向型经济发展的最终目的是通过把本国有竞争力的商品打入国际市场，扩大本国的出口，拉动本国的经济发展。吴岐山(2002)论证了发展外向型经济的必要性，指出自改革开放以来，我国充分利用国际资源，不仅拉动就业，改善了民生，还有效地促进了各地经济的发展。也有些学者认为，外向型的经济发展方式并不适合我国。如孙祥敏(2007)指出，我国实行外向型的经济发展模式面临越来越多的阻力，如果想维持经济快速、持续增长，就必须转换发展思路，实行内向型的发展模式。张海荣(2007)明确提出了我国实行外向型经济面临的主要挑战是绿色壁垒，比如，产品不符合国际标准，在国际上受限制以及国外污染、落后产业的大转移等。一些学者基于外向型经济发展思想的基础上提出了新的发展思路。如陆大道(1989)指出，我国经济布局和开放的重点应该放在沿海和沿江地带上，应实行“T”形的发展战略布局，其所阐释的网络开发理论和增长极理论是对外向型经济发展方式很大层面的创新。杨东峰(2006)进一步指出，沿海外向型的发展前瞻，既要充分利用国外资金和技术大力发展我国的现代化产业，同时也需要具备以人为本的发展理念，克服外向型发展模式带来的种种弊端，实现经济的可持续发展。也有些学者通过实证研究对我国外向型经济发展的现状进行了描述。李练军(2006)利用聚集和综合依存度的分析方法对2005年我国各省、直辖市的情况进行比较分析，得出了我国的外向型经济发展不平衡的结论。

有些学者基于对传统比较优势理论的假设质疑基础上提出我国的外向型经济发展的新思路，如洪银兴(1997)指出，资源禀赋和要素在各个国家间不能自由流动的假设已经不适用于当前国际贸易的发展趋势。尽管我国劳动力资源丰裕，但用工成本的逐渐增加以及由此带来的资本对劳动替代性的不断加强，如果继续沿着依赖于劳动密集型产业的发展路径，这种发展模式将不会具有竞争优势。并且他在文中指出，我国应根据当前开放的经济形势和开放环境，提高技术密集型产业在国民经济中的比重，优化和提升本国的产业结构，促进产业结构升级，从长远角度考虑本国的动态比较优势，促进本国经济发展。也有一些学者从“静态比较优势陷阱”出发，指出依靠传统比较优势的产业发展很有可能使经济体陷入“比较优势陷阱”，因此，我国应在此基础上努力发展动态比较优势产业，提高产业竞争力，增加出口，促进外向型经济增长(韩民春、徐姗，2009；马常娥，2010)。近年来，一些学者从实证的角度分析了动态比较优势对外向型经济发展的影响，比如，林善波和陈飞翔(2011)通过对我国东部11个省份农产品、服装、机电和高技术产业研究发现，目前拥有资源和要素禀赋优势的产业对经济的促进作用并不大，而有动态比较优势的产业很有可能成为未来增长的引擎。

三、外向型发展方式转变与产业国际竞争力

外向型发展方式的转变是否有利于本国产业的发展。近年来，国内一些学者从出口对产业发展和增长的角度对此进行了研究。比如，张杰等(2009)通过对我国制造业微观企业数据分析，研究了出口和企业生产率之间的关系，他们的研究结论为我国外向型经济发展战略的实施提供了一个微观参考。其研究结果表明，我国可以通过外贸发展，借助“出口中学习”的效应来促进企业全要素生产率的提高，进而促进我国外向型经济的长期持续增长。但近年来一些研究主要是针对目前我国出口出现的迅猛增长态势进行解释，他们把种现象归因为以下几类：市场分割(Young，2000)、产品差异(巫强、刘志彪，2009)以及制度因素(Branstetter & Feenstra，2002；Feenstra & Kee，2007)等。考虑到外贸经济的发展对我国产业国际竞争力提升作用，一些学者借助于理论描述和计量实证方法对发展外向型经济的必要性进行了较深入的分析。比如，江小涓(2002)的研究发现，通过发展外资经济带来的技术水平提高和由此引发的技术扩散效应，可以促进比较优势的动态调整和产业结构升级，并且能够实现出口增加和外贸出口结构的转变。其根本原因在于，发展外资经济有利于对技术含量高产品的模仿学习，同时带来了先进的管理经验，并且在各个产品部门间产生了技术溢出效应。李春顶(2009)以新新贸易理论为基础，通过相应的理论分析也得出了外贸发展会提高平均贸易产业生产率水平的结论。钟昌标(2002)则以国内区际分工和贸易壁垒为研究视角，从反面的角度研究了外向型经济发展方式对规模经济和产业国际竞争力提升的影响。他在文中将区际分工和贸易壁垒对国际竞争力的影响分为三个层次：首先，阻碍了区域间要素和产品的流动，直接影响产品国际竞争力的形成；其次，对竞争力的形成机制产生影响，对竞争的排斥和价格的扭曲使得专业化分工和规模经济难以实现，从而抑制了将潜在比较优势转化为现实比较优势的过程；最后，对孕育竞争力的市场环境产生影响。他的研究结论指出，区际贸易壁垒使价格产生扭曲不能由市场规则决定，限制了竞争，使得各国生产不能充分发挥其比较优势并形成规模经济，扰乱了市场分工秩序，使得

参与国际贸易时不能形成专业化生产体系，阻碍了国际竞争力的提升。与此类似的还有研究市场分割对外贸出口的影响，比如，张杰等(2010)通过研究我国省际的市场分割对外贸企业出口的影响发现，市场分割程度与企业生产效率呈反比，区域间市场分割程度越严重，则出口企业生产率越低。

有些学者直接分析了 FDI 对产业发展的影响(詹晓宁等，2002；谢建国，2003；蒋瑛、谭新生，2004)。谢建国(2003)通过实证分析考察了 FDI 与中国产品国际竞争力的关系。他指出，我国出口产品竞争力有较强的路径依赖性，FDI 在很大程度上能有效打破这种路径依赖。同时指出，FDI 对提高我国科技含量高的产品的出口竞争力有积极的影响，有利于优化我国的产业结构，促进贸易出口模式向技术密集型产品出口转变，提高我国的产业国际竞争力。还有一些文献研究了国际分工的垂直专业化程度对产业竞争力的影响(张小蒂和孙景蔚，2006)以及垂直专业化引起的贸易模式转变(Arndt，1997；Deardorff，2001；Grossman & Helpman，2002；Jones & Kierzkowiski，2005)。张小蒂(2006)的研究指出，参与垂直专业化分工的外向型贸易发展模式在长期有利于我国产业国际竞争力的提升。Grossman & Helpman(2002)运用一般均衡模型分析指出，垂直专业化的外贸发展模式不仅能降低企业的生产成本，还能在专业化生产中通过“边干边学”效应产生动态比较优势，促进人力资本积累和技术创新，实现产业结构升级和维持经济长期增长动力。与此同时，近年来一些学者直接就我国不同产业国际竞争力现状和变动态势进行了实证分析(陈虹和章国荣，2010；李钢和刘吉超，2012)，他们通过对钢铁产业、制造业以及服务产业的国际竞争力的发展趋势和动态演变分析发现，虽然当前我国具有竞争优势的产业仍是劳动密集型产业，但我国劳动密集型产业的竞争力在逐渐下降，而资本和技术密集型产业竞争力却在不断提高。

第四节　本章小结

自从人力资本理论诞生以来，围绕人力资本理论的相关文献可谓汗牛充栋、浩如烟海。但是把人力资本与外向型经济发展方式联系起来的文献却不多见。就所能检索的文献来看，仅为数不多的学者考察了人力资本的动态比较优势理论，把人力资本的外部性作为动态比较优势的核心因素。但是，刻画人力资本与外向型经济发展方式之间的内在联系不能仅仅局限于人力资本的外部性上，要想更加深入地研究他们之间的内在联系，还需要探究人力资本的动态匹配、专业人力资本和专业人力资本在部门间的合理分布、人力资本的动态规模经济效应以及人力资本的自我升级并由此引发的人力资本外部性的动态外延性对外向型经济发展方式的影响及影响机制。

本章内容首先梳理人力资本演进过程、人力资本的测度以及人力资本作用机制，随后进一步评述了异质性人力资本以及人力资本匹配的相关文献，最后对我国外向型经济发展方式的相关文献进行了回顾。综合以上文献可以看出，以上文献各自阐述了自己的思想脉络，但各自的研究路径是彼此分开的，不能形成具有一条主线的逻辑结构。这也从侧面说明了研究人力资本与外向型经济发展方式之间内在联系具有重要的理论和现实意义。接下来，本书将在现有成熟理论的基础上，重点从培育和资本、技术密集型产业相匹配的专业人力资本的角度，基于产业全球价值链跃迁、动态比较优势转化、外向型产业结构升级、动态规模经济和产业国际竞争力五个维度，从紧密一致的五个方面促成了现有外向型发展模式发生转变机理的综合研究。然后，基于以上研究结论提出建立新型外向型经济发展模式的政策建议。

第三章　中国外向型产业动态演变过程及其困境

第一节　基于出口贸易中垂直专业化水平动态演化的考察

一、垂直专业化测度方法与数据说明

（一）垂直专业化的测度方法

本书借助于 Hummels 等（2001）的方法对中国外贸产业垂直专业化水平进行计算，具体计算公式表述如下：

（1）垂直专业化的比率：

设经济中共有 n 个行业，并且用 Y_i 表示第 i 个部门的总产出，M_i^I 为从第 i 个部门进口的中间产品，X_i 为第 i 个部门的总出口。根据 Hummels 等（2001）的计算方法，则第 i 个产业的垂直专业化比重：

$$VS_i = \left[\frac{M_i^I}{Y_i}\right] \cdot X_i = \left[\frac{X_i}{Y_i}\right] \cdot M_i^I \tag{3.1}$$

假设 M_{ji}^I 表征第 i 个行业进口 j 部门（由其他国家）提供的中间产品，因此，得出下式：

$$M_i^I = \sum_{j=1}^{n} M_{ji}^I \tag{3.2}$$

需要说明的是，在投入产出表中，我们所能得到的数据仅限于一国对某种商品的总进口量，因此一般无法获得具体的 M_{ji}^I 值。为了能借助上述模型进行分析，我们需要做出进一步假设（张小蒂、孙景蔚，2006；盛斌、马涛，2008）：（a）在数据缺失的情况下，进口的投入品的使用比例在各个

部门间是一样的；(b)进口与国内生产比例在中间产品部门和最终产品部门相等。我们用 X 表示一国的总出口额，则下式(3.3)即为一国总体的垂直专业化比率：

$$VSS = \frac{VS}{X} = \frac{\sum_{i=1}^{n} VS_i}{X} = \frac{1}{X}\sum_{i=1}^{n}\left[\frac{M_i^I}{Y_i}\right]\cdot X_i = \frac{1}{X}\sum_{i=1}^{n}\left[\frac{X_i}{Y_i}\right]\cdot\sum_{i=j}^{n} M_{ji}^I = \frac{1}{X}\sum_{i=1}^{n}\sum_{i=j}^{n}\frac{X_i}{Y_i}M_{ji}^I \tag{3.3}$$

(2) VSS 的矩形式：

我们定义 $b_{ij}=\dfrac{M_{ij}}{Y_j}$，表示为第 j 个行业中生产一单位产品所需要 m_{ij} 单位第 i 个行业的进口品。上述(3.3)式重新表述为如下(3.4)式：

$$VSS = \frac{1}{X}\sum_{i=1}^{n}\sum_{j=1}^{n} b_{ij}X_j \tag{3.4}$$

因此，用矩阵来表示 VSS 为：

$$VSS = \frac{1}{X}\begin{bmatrix} b_{11} & \cdots & b_{1n} \\ \cdots & \cdots & \cdots \\ b_{n1} & \cdots & b_{nn} \end{bmatrix}\begin{bmatrix} X_1 \\ \cdots \\ X_n \end{bmatrix} = \frac{1}{X}\mu A^M X^V \tag{3.5}$$

上式中，$\mu = (1\quad 1\quad \cdots\quad 1)$，$A^M = \begin{pmatrix} b_{11} & \cdots & b_{1n} \\ \cdots & \cdots & \cdots \\ b_{n1} & \cdots & b_{nn} \end{pmatrix}$，为进口系数矩阵或依存系数矩阵；$X^V = \begin{pmatrix} X_1 \\ \cdots \\ X_n \end{pmatrix}$为出口向量矩阵。若考虑投入产出管理和循环利用效应，即进口品在国内不是一次加工就完成，而是经过多个再加工的阶段，则 VSS 的计算公式为：

$$VSS = \frac{1}{X}\mu A^M (I - A^D)^{-1} X^V \tag{3.6}$$

上式中，I 为 n 阶单位矩阵，A^D 被称为国内消耗系数矩阵，并且 $A^M + A^D = A$，A 是投入产出表中直接消耗系数矩阵。

(二)数据处理

本书投入产出表的数据来自于1992、1995、1997、2002、2005、2007的《中国投入产出表》中的基本流量表，进出口贸易的数据来自于中国报告给联合国的进出口贸易数据库的三位数数据，时间跨度为1992—2009年。我们选取纺织业、石油加工和炼焦业、化学工业等15个有代表性制造业部门数据进行分析。并且，同时为了进一步分析，我们把本书所考察的制造业行业按照OECD技术含量分类的方法分为劳动密集型、资本密集型和技术密集型三大类，具体见表3.1。

表3.1　行业分类及代码

技术分类	产业类别	行业分类
低技术	1. 食品制造及烟草加工业；2. 纺织业；3. 纺织服装鞋帽皮革羽绒及其制品业；4. 木材加工及家具制造业	劳动密集型
中技术	5. 造纸印刷及文教体育用品制造业；6. 石油加工和炼焦业；7. 化学工业；8. 非金属矿物制品业；9. 金属冶炼及压延加工业；10. 金属制品业	资本密集型
高技术	11. 专用设备制造业；12. 交通运输设备制造业；13. 电气机械及器材制造业；14. 计算机及其他电子设备制造业；15. 仪器仪表及文化办公用机械制造业	技术密集型

注：按照OECD技术含量分类方法进行分类

二、中国出口贸易中垂直专业化的动态变化过程及趋势

借助Hummels的方法，我们分别计算出中国相关产业在1992—2009年间的中国出口贸易中的垂直专业化指数，具体计算结果见表3.2和续表3.2。

表3.2　垂直专门化比率计算结果及其变化

年份	劳动密集型产业					资本密集型产业			
	1	2	3	4	平均值	5	6	7	8
1992	0.052	0.119	0.128	0.112	0.1028	0.086	0.141	0.111	0.078
1993	0.045	0.113	0.121	0.111	0.0975	0.087	0.109	0.107	0.084
1994	0.050	0.127	0.137	0.105	0.1048	0.091	0.128	0.120	0.082
1995	0.058	0.144	0.154	0.105	0.1153	0.100	0.135	0.145	0.086
1996	0.052	0.12	0.119	0.091	0.0955	0.083	0.169	0.125	0.079

续表

年份	劳动密集型产业					资本密集型产业			
	1	2	3	4	平均值	5	6	7	8
1997	0.048	0.115	0.117	0.089	0.0923	0.079	0.172	0.121	0.078
1998	0.041	0.105	0.106	0.078	0.0825	0.071	0.126	0.109	0.068
1999	0.041	0.107	0.108	0.078	0.0835	0.073	0.119	0.114	0.073
2000	0.050	0.125	0.127	0.088	0.0975	0.083	0.159	0.133	0.086
2001	0.049	0.125	0.127	0.083	0.0960	0.081	0.157	0.132	0.085
加入 WTO 前后									
2002	0.052	0.134	0.139	0.086	0.1028	0.087	0.151	0.143	0.092
2003	0.051	0.149	0.172	0.099	0.1178	0.101	0.194	0.165	0.110
2004	0.062	0.15	0.169	0.096	0.1193	0.094	0.164	0.154	0.101
2005	0.084	0.191	0.205	0.122	0.1505	0.123	0.210	0.204	0.134
2006	0.090	0.192	0.204	0.121	0.1518	0.120	0.195	0.199	0.130
2007	0.101	0.212	0.222	0.134	0.1673	0.134	0.218	0.224	0.146
2008	0.103	0.212	0.221	0.133	0.1673	0.132	0.211	0.221	0.144
2009	0.109	0.223	0.230	0.139	0.1753	0.140	0.222	0.233	0.152
平均	0.0658	0.1523	0.1614	0.1059	0.1214	0.1013	0.1691	0.1581	0.1038

由垂直专业化定义知道，表3.2和续表3.2的计算结果体现了中国出口贸易中来自别国的中间产品的比重变化以及中国出口品中来自国内生产的价值与来自其他国家生产的价值的相对变化，接下来，我们对所计算的结果进行分析：

(一)总体垂直专业化水平

由表3.2及续表3.2可以看出，至1992—2009年，我国总体垂直专业化表现出继续深化的特征。具体体现在，从纵向来看，1992年我国总体垂直专业化比率为11.75%，2009年则为23.11%，平均值为15.61%，平均增长率为5%。但从横向比较看，由表3.3可以看出，与美国、日本和德国一些发达国家相比，我国当前的总体平均垂直专业化水平比美国(8.6%)高，与日本(14.8%)和德国(17.2%)相当。但是与新兴工业化国家(地区)相比，比如韩国和中国台湾地区，这些新兴工业化国家(地区)的垂直专业化水平(韩国，32.2%；中国台湾地区，38.5%)大约是我国大陆的二倍之多。

（二）各产业及其部门的垂直专业化水平

续表 3.2　垂直专门化比率计算结果及其变化

年度	资本密集型产业			技术密集型产业						总体
	9	10	平均值	11	12	13	14	15	平均值	平均值
1992	0.113	0.126	0.1092	0.123	0.152	0.131	0.166	0.125	0.1394	0.1175
1993	0.144	0.162	0.1155	0.154	0.179	0.159	0.182	0.147	0.1642	0.1269
1994	0.128	0.140	0.1148	0.144	0.176	0.154	0.188	0.156	0.1636	0.1284
1995	0.132	0.137	0.1225	0.149	0.160	0.163	0.197	0.177	0.1692	0.1361
1996	0.145	0.128	0.1215	0.135	0.154	0.159	0.179	0.155	0.1564	0.1262
1997	0.140	0.124	0.1190	0.125	0.144	0.155	0.175	0.150	0.1498	0.1221
1998	0.119	0.108	0.1002	0.112	0.127	0.141	0.172	0.145	0.1394	0.1085
1999	0.119	0.111	0.1015	0.117	0.128	0.149	0.186	0.156	0.1472	0.1119
2000	0.142	0.131	0.1223	0.139	0.143	0.174	0.220	0.187	0.1726	0.1325
2001	0.139	0.128	0.1203	0.140	0.149	0.170	0.219	0.192	0.1740	0.1317
加入 WTO 前后										
2002	0.141	0.137	0.1252	0.154	0.159	0.184	0.243	0.222	0.1924	0.1416
2003	0.173	0.166	0.1515	0.183	0.191	0.218	0.284	0.257	0.2266	0.1675
2004	0.158	0.151	0.1370	0.167	0.173	0.201	0.241	0.224	0.2012	0.1537
2005	0.212	0.195	0.1797	0.208	0.209	0.260	0.313	0.293	0.2566	0.1975
2006	0.205	0.188	0.1728	0.200	0.200	0.252	0.292	0.277	0.2442	0.1910
2007	0.232	0.210	0.1940	0.221	0.218	0.281	0.328	0.311	0.2718	0.2128
2008	0.228	0.206	0.1903	0.217	0.214	0.277	0.317	0.303	0.2656	0.2093
2009	0.241	0.217	0.2008	0.227	0.223	0.292	0.335	0.320	0.2794	0.2202
平均	0.1664	0.1574	0.1427	0.1658	0.1752	0.2015	0.2411	0.2173	0.2001	0.1561

（1）劳动密集型产业。由表 3.2 及续表 3.2 可以看出，1992—2009 年，我国劳动密集型产业的垂直专业化比率由 1992 年的 10.28% 上升到 2009 年的 18.63%，由此可见，我国劳动密集型产业的总体垂直专业化也表现出继续深化的特征，同时，自 1992—2009 年这 18 年的平均值为 12.14%。具体到劳动密集型产业的各个不同部门，其垂直专业化程度存在显著的差异，其中纺织服装鞋帽皮革羽绒及其制品业的垂直专业化程度最高，其垂直专业化比率为 16.14%；其次为纺织业和木材加工及家具制造业，其垂直专业化比率分别为 15.23% 和 10.59%；排名最后的为食品制造

及烟草加工业部分，其垂直专业化比率为6.58%。

(2) 资本密集型产业。我国资本密集型产业的垂直专业化比率较高，1992—2009年这18年的平均垂直专业化比率为14.27%。其中，石油加工和炼焦业、化学工业、金属冶炼及压延加工业和金属制品业的垂直专业化比率平均为16%左右，资本密集型产业的垂直专业化程度较高。而造纸印刷及文教体育用品制造业和非金属矿物制品业的平均垂直专业化比率为10%左右，它们的垂直专业化程度在资本密集型产业中相对较低。但是，由计算结果可以看出，资本密集型产业以及资本密集型产业中的不同部门在所考察期间都表现出明显的垂直专业化继续深化的趋势。

表3.3　垂直专业化比率(国际及区域比较)

时间段	1972—1990	1978—1990	1970—1990	1963—1995	1981—1994
美国	8.60%	—	—	—	—
德国	—	17.20%	—	—	—
日本	—	—	14.80%	—	—
韩国	—	—	—	32.20%	—
台湾地区	—	—	—	—	38.50%

注：国家和地区的垂直专业化指数引自Hummel等(2001)。

(3)技术密集型产业。在三类产业中，我国技术密集型产业的垂直专业化程度最高，其平均垂直专业化比率为20.01%，大约是劳动密集型产业的2倍，是资本密集型产业的1.4倍。其中，计算机及其他电子设备制造业的垂直专业化程度在技术密集型产业排名最高(24.11%)，其次为仪器仪表及文化办公用机械制造业(21.73%)，排名靠后的为专用设备制造业和交通运输设备制造业，其平均垂直专业化比率分别为16.58%和17.52%。同时，由表3.2和续表3.2的计算结果也可以清楚地看出，我国技术密集型产业的垂直专业化程度在所考察期间提高得较快，由1992年的13.94%提高到2009年的28.92%，上升到原来的2倍之多。

三、对外开放与垂直专业化程度变动：WTO前后边际比较

(一)总体边际比较

通过计算出相关产业的垂直专业化比率，我们绘制出1992—2009年我

国总体垂直专业化程度的变化趋势以及变动幅度，具体见图 3.1 所示：

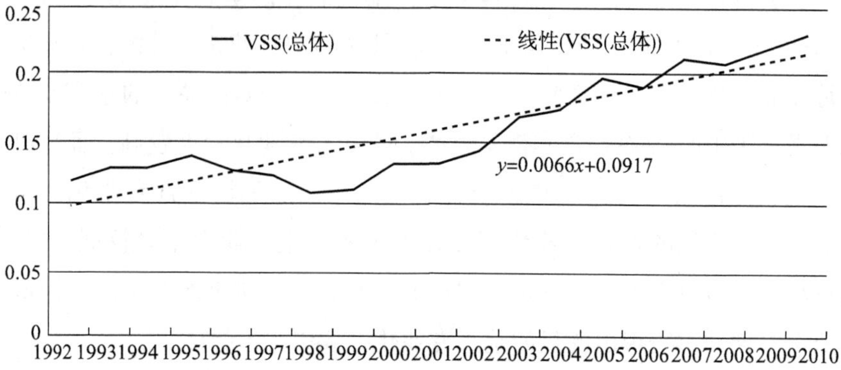

图 3.1　总出口中垂直专业化比率变化

从图 3.1 可以看出，我国总体垂直专业化程度处于不断提高的趋势，根据计算，总体垂直专业化程度提高的边际幅度为 0.0066，即，随着时间的变动，每增加一年，我国的垂直专业化程度提高 0.0066。但是，根据图 3.1 也可以看出，尽管我国总体垂直专业化程度在处于不断提高的态势，但是不同时期，垂直专业化变动程度不一样。为此，我们着重考察加入 WTO 前后我国总体垂直专业化程度变动情况，用以比较对外开放程度对我国垂直专业化的影响，具体检验结果见图 3.2。

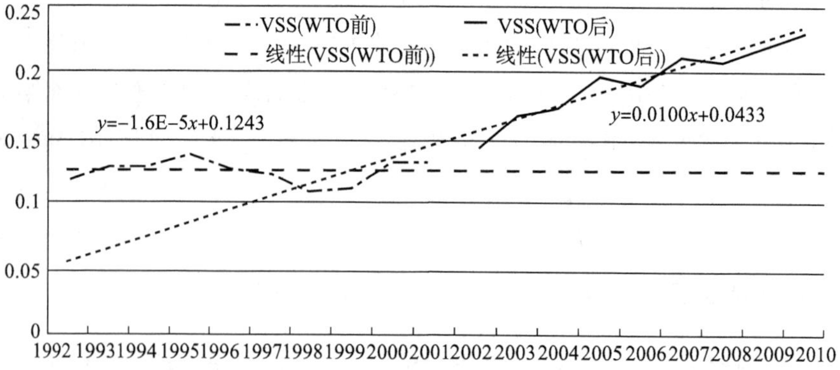

图 3.2　WTO 前后垂直专业化比率变化

由图 3.2 可以看出，在加入 WTO 之前，我国总体垂直专业化比率变动平缓，并表现较微弱的递减态势，按线性拟合计算，其边际变动幅度为 -1.6E-5。这说明，在加入 WTO 之前，我国在国际分工中参与程度和出口贸易中产业内贸易程度没有发生较大的变化，甚至表现出较微弱的下降态势。但是，加入 WTO 之后我国总体垂直专业化程度显著提高，线性拟合计算的边际变动幅度高达 0.01。这说明，加入 WTO 之后，我国的相关产业通过承接发达国家的相关产业的生产环节的国际转移获得了良好的发展机遇，垂直专业化分工程度不断提高。

（二）三类产业边际比较

图 3.3 描绘出劳动密集型产业、资本密集型产业和技术密集型产业垂直专业化在 WTO 前后的变动趋势，并分别计算出各自线性拟合的垂直专业化边际变动幅度值。具体分析结果如下：

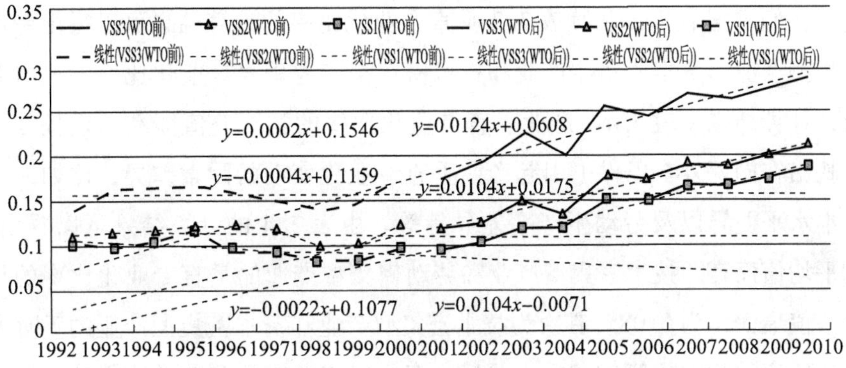

图 3.3　WTO 前后垂直专业化比率变化的分类比较

（1）加入 WTO 之前。由图 3.3 可以看出，在 WTO 之前，劳动密集型产业和资本密集型产业的垂直专业化程度呈现一定程度的递减态势，各自的边际变动幅度分别为 -0.0004 和 -0.0022。这说明在加入 WTO 之前，我国劳动密集型产业和资本密集型产业在国际分工中参与程度和出口贸易中产业内贸易程度没有发生变化，甚至表现出较微弱的下降态势。但是，我国技术密集型产业在加入 WTO 之前的垂直专业化程度却呈现一定程度的递增态势，其边际变动幅度为 0.0002。这说明，在加入 WTO 之前，我国垂直专业化分工主要发生在技术密集型产业，其通过承接发达国家相关产业中的劳动密集型生产环节获得了良好的发展机遇，从而我国技术密集型产业的垂直专业化程度在加入 WTO 之前表现出不断提高的趋势。

（2）加入 WTO 之后。加入 WTO 之后，我国劳动密集型产业、资本密集型产业以及技术密集型产业的垂直专业化程度都具有显著递增特征，各自的边际变动幅度分别为 0.0104、0.0104 和 0.0124。同时我们发现，在加入 WTO 之后，劳动密集型产业、资本密集型产业的整体垂直专业化的递增幅度相当，而技术密集型产业的垂直专业化的递增幅度在三者中最大。由此可见，通过大力发展加工贸易承接跨国公司产业转移，对外开放度的扩大明显引致我国在更大深度地卷入全球生产的网络中，参与国际垂直专业化的分工，并分享了全球化所带来的“红利”。

四、产业垂直专业化程度的相对变化

我们根据表 3.2 和续表 3.2 垂直专业化比率的计算结果可以得出劳动密集型产业、资本密集型产业和技术密集型产业垂直专业化比率的相对差值，计算结果见表 3.4。产业垂直专业化比率的相对差值能在一定程度上反映出在同等外在条件下引起产业垂直专业化变动的因素差异，比如人力资本水平差异以及劳动生产率差异等等。由表 3.4 的计算结果可以看出，就平均值而言，技术密集型产业和劳动密集型产业的垂直专业化比率的相对差值最大，为 0.08；其次为技术密集型产业和资本密集型产业的垂直专业化比率的相对差值（0.06）；最后为资本密集型产业和劳动密集型产业的垂直专业化比率的差值（0.02）。

表 3.4　垂直专业化比率的相对差值

year	VSS3 - VSS2	VSS2 - VSS1	VSS3 - VSS1	year	VSS3 - VSS2	VSS2 - VSS1	VSS3 - VSS1
1992	0.03023	0.0065	0.0367	2002	0.0672	0.0224	0.0897
1993	0.0487	0.0180	0.0667	2003	0.0751	0.0338	0.1089
1994	0.0488	0.0101	0.0589	2004	0.0642	0.0178	0.0819
1995	0.0467	0.0073	0.0540	2005	0.0769	0.0292	0.1061
1996	0.0349	0.0260	0.0609	2006	0.0714	0.0211	0.0925
1997	0.0308	0.0268	0.0576	2007	0.0778	0.0268	0.1046
1998	0.0392	0.0177	0.0569	2008	0.0753	0.0231	0.0984

续表

year	VSS3 - VSS2	VSS2 - VSS1	VSS3 - VSS1	year	VSS3 - VSS2	VSS2 - VSS1	VSS3 - VSS1
1999	0.0457	0.0180	0.0637	2009	0.0786	0.0256	0.1042
2000	0.0503	0.0248	0.0751	2010	0.0767	0.0263	0.1030
2001	0.0537	0.0243	0.0780	平均值	0.0575	0.0213	0.0788

进一步，我们考察不同产业的垂直专业化比率的相对差值的变动趋势和变动幅度，具体如图3.4所示。

由图3.4可以看出，技术密集型产业和劳动密集型产业的垂直专业化比率的相对差值的变动幅度最大(0.0035)；其次为技术密集型产业和资本密集型产业相对差值的变动幅度(0.0027)；最后为资本密集型产业和劳动密集型产业的相对差值的变动幅度(0.0008)。因此，不管是从平均值角度还是边际值角度来看，技术密集型产业、资本密集型产业和劳动密集型产业的垂直专业化比率的相对差值都存在较大的差异，这不仅表明中国技术和资本密集型产业在进行垂直专业化分工时在国内的价值链条较长，而劳动密集型产业从事的加工程度相对较浅，同时也表明，外在影响技术密集型产业、资本密集型产业和劳动密集型产业的垂直专业化因素存在较大的差异。技术密集型产业和资本密集型产业更多是因为具有较高的人力资本水平、较高技术和自主创新能力，从而能进入产业价值链的较高端，而劳动密集型产业主要是因为中国劳动力要素的比较优势在其中的生产环节(如组装、加工等)起了重要作用。

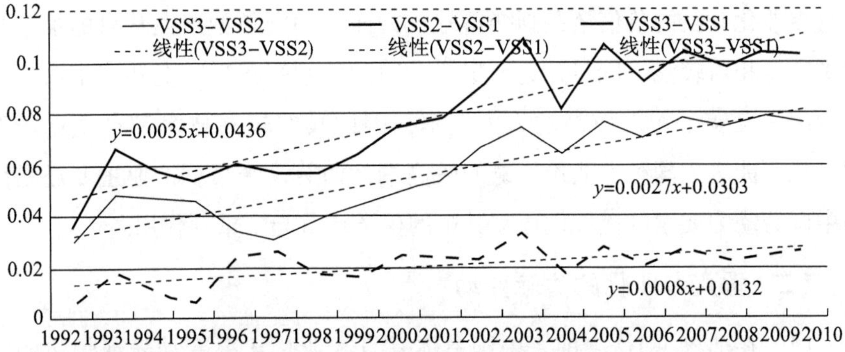

图3.4　垂直专业化比率的相对差值的变动趋势和变动幅度

五、主要结论和启示

通过对中国出口贸易中垂直专业化水平的动态演化过程进行刻画，20世纪90年代以来，中国三类产业的垂直专业化水平都表现出继续深化的特征，并且在加入WTO之后尤为显著，这既反映出中国在国际分工中参与程度以及产业内贸易程度的上升，同时也反映出中国作为外国产品生产过程的延续。但是，通过计算和比较垂直专业化变动的边际量和垂直专业化变动的绝对值量，我们得出如下结论：

（一）垂直专业化的绝对变动

（1）从纵向来看，1992年我国总体垂直专业化比率为11.75%，2009年则为23.11%，平均值为15.61%。这说明，我国总体垂直专业化表现出继续深化的特征。同时，从横向来看，我国总体垂直专业化程度和一些发达国家（比如日本、德国）相当，但是和一些新兴工业化国家（地区）（比如韩国、中国台湾）相比，则相差很大。

（2）近年来，中国垂直专业化分工主要发生在技术密集型产业和资本密集型产业，但是中国劳动密集型产业的垂直专业化分工相对较低，但是都表现出继续深化的特征，特别是加入WTO之后更为明显。同时，从垂直专业化比率的相对差值来看，我国技术密集型产业、资本密集型产业和劳动密集型产业之间的垂直专业化比率的相对差值都存在着较大的差异。

（3）随着垂直专业化的继续深化，中国资本和技术密集型产业在进行垂直专业化分工的价值链条则变得较长，而劳动密集型产业从事的加工程度则变得相对较浅。同时，近年来，中国的技术密集型产业和资本密集型产业因为发展了相对较高的人力资本，因此具有较高技术和自主创新能力，从而能进入国际产业价值链的较高端，而劳动密集型产业主要还是因为中国劳动力要素的比较优势在其中的生产环节起了重要作用。

（二）垂直专业化的边际变动

（1）在加入WTO之前，中国总体垂直专业化比率变动表现较微弱的递减态势，其边际变动幅度为-1.6E-5。但是，加入WTO之后，我国总体垂直专业化程度显著提高，边际变动幅度高达0.01。

(2) 在WTO之前，劳动密集型产业和资本密集型产业的垂直专业化程度呈现一定程度的递减态势，各自的边际变动幅度分别为-0.0004和-0.0022。但是我国技术密集型产业在加入WTO之前的垂直专业化程度却呈现一定程度的递增态势，其边际变动幅度为0.0002。加入WTO之后，我国劳动密集型产业、资本密集型产业和技术密集型产业的垂直专业化程度都具有显著递增特征，同时我们发现，在加入WTO之后，劳动密集型产业、资本密集型产业的整体垂直专业化的递增幅度相当，而技术密集型产业的垂直专业化的递增幅度在三者中最大。

(3) 特别是加入WTO之后，我国产业通过承接发达国家相关产业中的劳动密集型生产环节获得了良好的发展机遇，垂直专业化分工程度不断提高。

通过以上特征化事实描述，我们得出如下启示：中国通过发挥自身在劳动力等方面的比较优势，在国际产业转移的重大机遇下，积极参与国际垂直专业化分工，但是，中国参与的垂直专业化分工还都处于全球价值链的低端，即主要在加工、装配等低附加值的环节上。与此同时，虽然近年来中国资本和技术密集型产业借助垂直专业化分工也获得了初步的发展，但目前也主要局限在这些产业的劳动密集型生产环节上。因此，中国要想在国际垂直专业化分工中获得较丰裕价值回报，逐渐摆脱低附加值、产业链低端的困境，就努力提高自己的自主创新能力，通过自主创新和培育与外向型经济发展新优势相适应的人力资本等途径逐步跨越垂直专业化分工中的劳动密集型生产环节，并向价值链更高的环节迈进。

第二节　基于产业国际竞争力静态和动态的综合考察

一、产业竞争力的测度方法、评价体系和赋值区间

(一) 产业竞争力的测度方法与评价体系

本书所指的产业国际竞争力集中体现在某国或某一地区相对于他国或

地区的资本和技术密集型产业在生产效率、占据市场份额、规模经济以及持续获利能力等方面的综合体现。产业国际竞争力及其变动可以较综合考察外向型产业的发展情况和发展优势，进而评价外向型产业结构的合理度。因此，产业国际竞争力可以成为一个国际或者地区外向型产业结构评价体系的一个综合指标。通过产业国际竞争力的综合评价，为外向型产业结构的合理性做一个较全面的考察，从而为我国外向型经济发展方式的转变提供实证依据和数字参考。

关于产业国际竞争力的研究文献，早期就有绝对成本论和比较优势论，再从后来的要素禀赋论到产品生命周期论，贸易理论的每次进步都为产业国际竞争力提供新的研究视角。而当代克鲁格曼的规模经济贸易模型则从产品生产规模角度对产业国际竞争力进行了刻画，他认为，当存在规模经济时，产品的平均成本就越低，因而其产品的竞争力就越大。对于竞争力要素构成方面，迈克尔波特提出了著名“钻石模型”，“钻石模型”基于生产要素、需求状况、企业战略以及政府行为等方面来分析产业竞争力情况。

国内学者也基于不同角度对产业国际竞争力进行了界定和实证测度并取得了一些成果。比如，金碚(2003)把产业竞争力界定为一国或者地区的某一产业在自由贸易条件下能够比其他国家的同类产业更有效地向市场提供产品或者服务的综合素质。蔡昉等(2003)认为，产业竞争力大小集中体现了某一产业对于市场环境变化的调整能力，并认为产业竞争力是个动态的概念。近年来，金碚等(2006)和李钢等(2009)通过构建国际竞争力的框架来研究和测算竞争力指数，并取得了较好的研究成果。李钢和刘吉超(2012)则利用产业国际竞争力指数测算了中国加入 WTO 十年以来产业国际竞争力的现状及变化趋势。

由于本章主要对我国外向型产业国际竞争力的特征化事实做出较全面刻画，因此本书也采取相似的方法对我国产业国际竞争力状况和演变趋势进行判断。但是本书将采用较全面的指标并构建一个的指标评价体系(见表 3.5)，基于比较优势、竞争优势和综合优势三个维度进行考察。同时，本书也采用静态和动态相结合的方式进行分析，从而能较全面和较准确描述我国产业国际竞争力的变化趋势，从而为我国产业结构、外向型经济发展方式的一些重要问题的判断和结论给予启示。

表 3.5　产业竞争力的测度方法与评价体系

目标层	比较		指标体系	公式	变量解释
静态和动态的独立考察	比较优势	静态	行业产品出口额	$A1 = X(i)$	$X(i)$为第 i 行业产品出口额。
			目标行业出口占总出口的比重	$A2 = \frac{X(i)}{\sum_{i=1}^{n} X(i)}$	$X(i)$为第 i 行业产品出口额，n 该产业中行业的个数。
		动态	出口增长率	$A3 = g(i) = \frac{X(i)_t - X(i)_t - 1}{X(i)_t}$	$X(i)_t$ 为第 i 行业产品当期出口额，$X(i)_{t-1}$为上一期出口额。
			出口增长率优势指数	$A4 = [g(i) - g] \times 100$	$g(i)$为第 i 行业产品出口增长率，g 出口总额增长率。
			出口增长率优势指数提升加速度	$\frac{A5 = A4_t - A4_t - 1}{A4_t}$	定义如上表述。
	竞争优势	静态	贸易竞争指数	$A6 = ICI(i) = \frac{(X(i) - M(i))}{(X(i) + M(i))}$	$X(i)$为第 i 行业产品出口额，$M(i)$为第 i 行业产品进口额。
			边际产业内贸易指数	$A7 = IIT(i) = 1 - \frac{\Delta X(i) - \Delta M(i)}{\sum_{i=1}^{n} \Delta X(i) + \sum_{i=1}^{n} \Delta M(i)}$	Δ 为一阶差分运算子，$X(i)$和 $M(i)$为第 i 行业产品出口额和进口额，n 该产业行业的个数。
		动态	贸易竞争指数提升速度	$A8 = \frac{A6_t - A6_{t-1}}{A6_t}$	定义如上表述。
			产业内贸易指数提升速度	$A9 = \frac{A7_t - A7_{t-1}}{A7_t}$	定义如上表述。
综合考察	比较 + 竞争		相对出口优势指数	$A10 = \frac{X_C(i)/X_C}{X_W(i)/X_W}$	$X_C(i)$和 X_C 分别为中国第 i 产品出口额和出口总额；$X_W(i)$和 X_W 为世界第 i 产品出口额和出口总额。

(二)核心指标的说明和赋值含义

表 3.5 主要指标的赋值标准及其赋值含义见表 3.6，具体解释如下：

(1) 出口增长率优势指数(A4)：出口增长率优势指数是指将一定时期目标产品出口增长率与该国所有商品总的贸易增长率相比较，从而确定何种产品的出口增速更快，更具有竞争力。出口增长率优势指数反映产品出口比较优势的变化情况。出口增长率优势指数的判断标准见表 3.6。如果出口增长率优势指数大于 0，则说明这个产业的产品具有比较优势；如果出口增长率优势指数小于 0，则表明这个产业的产品不具有比较优势。

（2）出口增长率优势指数提升加速度（A4）：出口增长率优势指数提升加速度用于衡量产业比较优势提升速度大小的指标。如果出口增长率优势指数提升加速度大于 0，表明产业比较优势以加速度递增；如果出口增长率优势指数提升加速度小于 0，表明产业比较优势以加速度递减，等于 0 则表明产业比较优势变动速度不变。

（3）贸易竞争指数（A6）：又称净出口率指数，是一种常用的反映贸易模式变化的指标。贸易竞争指数的取值范围为 -1 到 1 之间，若指数大于零，表示该产业的国际竞争力较强，指数越大，竞争力也越强。如果 0 < A6 <0.5 时，具有竞争力；0.5 < A6 <0.8 表示有较强的竞争力；0.9 < A6 <1 时表示有极强的竞争力。反之，若 -0.5 < A6 <0 表示低竞争力；-0.8 < A6 < -0.5 为较低竞争力；而 -1 < A6 < -0.8 则表示该产业的竞争力很弱。

表 3.6　指标赋值区间含义

<table>
<tr><td rowspan="2">A3</td><td>> 0</td><td>具有比较优势</td><td rowspan="2">A7</td><td>> 0.5</td><td>产业内贸易</td><td rowspan="2">A10</td><td>> 1</td><td>显示性优势</td></tr>
<tr><td>< 0</td><td>不具有比较优势</td><td>< 0.5</td><td>产业间贸易</td><td>< 0.8</td><td>不具有优势</td></tr>
<tr><td rowspan="3">A4</td><td>> 0</td><td>比较优势递增</td><td rowspan="3">A6</td><td>(0，0.5]</td><td>竞争优势较强</td><td colspan="2">[-0.5,0)</td><td>竞争优势较弱</td></tr>
<tr><td>= 0</td><td>比较优势不变</td><td>(0.5，0.8]</td><td>竞争优势强</td><td colspan="2">[-0.8,0.5)</td><td>竞争优势弱</td></tr>
<tr><td>< 0</td><td>比较优势递减</td><td>(0.8，1]</td><td>竞争优势极强</td><td colspan="2">[-1,0.8)</td><td>竞争优势极弱</td></tr>
<tr><td rowspan="3">A5</td><td>> 0</td><td>比较优势加速度递增</td><td rowspan="3">A8</td><td>> 0</td><td>竞争优势递增</td><td rowspan="3">A9</td><td>> 0</td><td>竞争优势递增</td></tr>
<tr><td>= 0</td><td>比较优势速度不变</td><td>= 0</td><td>竞争优势不变</td><td>= 0</td><td>竞争优势不变</td></tr>
<tr><td>< 0</td><td>比较优势加速度递减</td><td>< 0</td><td>竞争优势递减</td><td>< 0</td><td>竞争优势递减</td></tr>
</table>

（4）边际产业内贸易指数（A7）：是用来测度一个产业的产业内贸易程度的指数，在一定程度上反映了我国在面临广阔的国际市场时快速调整自身生产的能力。A7 取值范围是[0，1]，当 A7 大于 0.5 时，表明在这一时

期内产品贸易的增量主要是由产业内贸易引起的；反之，则主要是由产业间贸易引起的。

表 3.7　产业竞争力评价的计算结果（独立比较）

行业	代码	比较优势					竞争优势			
		A1	A2	A3	A4	A5	A6	A7	A8	A9
劳动密集型	1	7.3	0.117	0.147	-8.09	0.824	0.078	0.464	-0.0066	0.004
	2	10.17	0.163	0.162	-6.62	3.228	0.836	0.940	-0.0024	-0.010
	3	30.4	0.486	0.178	-5.04	0.531	0.436	0.286	0.130	-0.008
	4	2.93	0.047	0.280	5.21	4.083	0.287	0.449	-0.025	0.002
	WTO 前后									
	1	16.63	0.266	0.102	-12.57	-0.458	0.434	0.588	0.139	0.040
	2	33.63	0.537	0.150	-7.77	-0.388	0.889	0.642	0.008	-0.081
	3	87.75	1.402	0.119	-10.85	12.274	0.856	0.244	0.022	-0.028
	4	19.05	0.304	0.215	-1.33	0.467	0.327	0.494	0.042	0.019
资本密集型	代码	A1	A2	A3	A4	A5	A6	A7	A8	A9
	5	7.45	0.119	0.197	-3.08	2.490	-0.213	0.455	-0.303	-0.021
	6	1.60	0.025	0.222	-0.63	1.351	-0.267	0.747	-0.048	-0.039
	7	10.43	0.167	0.231	0.29	1.306	-0.426	0.477	-0.063	0.0005
	8	2.72	0.044	0.232	0.36	-7.739	-0.413	0.592	-0.306	0.011
	9	3.92	0.063	0.303	7.48	1.839	0.405	0.468	0.017	-0.011
	10	3.72	0.059	0.241	1.29	0.456	-0.552	0.517	-0.086	-0.036
	WTO 前后									
	5	26.50	0.434	0.152	-7.57	2.947	-0.149	0.473	0.007	0.013
	6	8.20	0.131	0.200	-2.80	-1.817	-0.221	0.840	-0.097	-0.010
	7	46.38	0.741	0.184	-4.40	1.633	0.437	0.636	0.053	0.043
	8	11.50	0.184	0.189	-3.90	0.707	-0.228	0.549	0.777	-0.050
	9	28.80	0.460	0.339	11.08	-2.423	0.556	0.693	0.018	0.015
	10	20.60	0.329	0.206	-2.24	-1.107	-0.172	0.388	-0.896	-0.015
技术密集型	代码	A1	A2	A3	A4	A5	A6	A7	A8	A9
	11	6.72	0.107	0.261	3.34	0.360	-0.208	0.381	-0.237	0.049
	12	4.01	0.064	0.283	5.69	2.473	-0.070	0.759	1.356	0.034
	13	11.23	0.179	0.345	11.67	3.311	0.175	0.897	2.439	0.0001
	14	13.28	0.212	0.368	14.03	-4.561	0.027	0.789	0.119	-0.048

续表

行业	代码	比较优势					竞争优势			
		A1	A2	A3	A4	A5	A6	A7	A8	A9
技术密集型	15	5.98	0.096	0.293	6.51	-2.427	0.496	0.945	-0.023	0.005
	WTO 前后									
	11	46.63	0.745	0.242	1.45	5.606	0.093	0.734	0.523	0.063
	12	27.43	0.438	0.249	2.12	0.508	-0.210	0.864	-0.031	-0.019
	13	72.13	1.153	0.207	-2.11	1.108	0.548	0.792	0.064	0.003
	14	139.30	2.225	0.269	4.08	0.140	-0.039	0.436	-0.311	-0.081
	15	45.38	0.725	0.229	0.11	0.829	0.517	0.953	0.013	-0.002

（5）相对出口优势指数（A10）：用一个国家某种产品的出口值与该国出口总值的比值，然后再除以该种产品的世界出口总值与所有产品的世界出口总值的比值，体现了比较优势和竞争优势的综合衡量指标。按照日本贸易振兴协会（JETRO）的衡量标准：如果 A10 > 1，则表示一国某产业（产品）具有显示性优势，并且数值越大，显示性优势越明显，并且界定 0.8 为相对出口优势指数的临界点值。

二、产业竞争力评价的计算结果

本书用于衡量产业国际竞争力的指标有 10 种，不同的指标分别从不同的侧面反映了中国产业国际竞争力变动情况。为更加全面和准确地评价中国产业国际竞争力的变化，进而反映我国外向型经济发展方式的转变情况，本书通过整合所考察的 10 个指标建立了一套综合评价体系。我们选取有代表性的 15 个行业作为考察的基础，并按照 OECD 的标准把 15 个行业分为劳动密集型产业、资本密集型产业和技术密集型产业，测算了 1992—2009 年共 18 年的中国产业国际竞争力变化趋势。具体分析结果见表 3.7。

三、产业国际竞争力静态和动态的独立考察

（一）整体分析

为整体评价我国产业国际竞争力，需要对不同指标赋予相应的权重，

我们参考金碚、李钢和陈志(2006)研究方法，采取对不同指标赋予相同的权重。通过加权求值，得出我国产业国际竞争力的演变情况，具体计算结果见表3.8。

表3.8　产业国际竞争力整体综合评价

指标	比较优势						竞争优势				
	统计		衡量			统计	衡量				统计
	A1	A2	A3	A4	A5	P	A6	A7	A8	A9	P
加权值	25.819	100	0.223	-0.512	1.092	5.41	0.182	0.613	0.117	0.000	0.227

(a) 比较优势分析。A1和A2为比较优势的统计描述，用以考察分析样本的统计性质，由表A1和A2计算结果显示，本书所考察的样本总出口额的平均值为25.819(10亿单位)，占比为100%。本书的核心指标A3、A4和A5是用来衡量产业比较优势的指标，如A3计算结果所示，我国出口年均增长率为22.3%，这说明我国出口总额以较大的幅度上升，说明我国产业具有较强的比较优势。为进一步比较我国产业比较优势的变动情况，我们分别计算了出口增长率优势指数和出口增长率优势指数变动加速度，由A4和A5的计算结果可以得出，我国产业的出口增长率优势指数为-5.12，出口增长率优势指数变动加速度为1.092。这表明，尽管整体来说我国产业存在较强的比较优势，但是我国产业的比较优势在长期内加速度递减。

(b) 竞争优势分析。A6、A7、A8和A9是用以刻画产业竞争优势及其变动指标。A6计算结果显示，我国产业竞争优势指数为0.182，产业竞争优势指数大于0，这表明，总体来说，我国产业具有一定的竞争优势。同时，根据产业内贸易指数A7计算结果显示，我国产业内贸易指数为0.613，显著超过临界值0.5，这表明，我国产品贸易主要表现产业内贸易而不是产业间贸易，在一定程度上反映了我国在面临广阔的国际市场时快速调整自身生产的能力。因此，总体来说，我国产业具有一定的竞争优势。同样，为进一步考察我国产业竞争优势的变动情况，我们计算出产业贸易竞争指数提升速度和产业内贸易指数提升速度，由A8和A9指标计算结果显示，我国产业内贸易指数提升速度为0，但产业贸易竞争指数提升速度为正值（A8 = 0.117），这表明我国产业的竞争优势表现出一定程度的递增的态势。

以上考察了我国产业竞争力变动的整体情况，接下来将对劳动密集型产业、资本密集型产业和技术密集型产业的比较优势和竞争优势进行分析，同时我们还考察了加入 WTO 前后我国产业国际竞争力的变化情况。

（二）劳动密集型产业

表 3.9　劳动密集型产业竞争力评价

行业	代码		比较优势						竞争优势				
			统计		衡量			统计	衡量				统计
			A1	A2	A3	A4	A5	P	A6	A7	A8	A9	P
劳动密集型产业	WTO前	1	7.3	0.117	0.147	−8.09	0.824	0.060	0.078	0.464	−0.0066	0.004	0.135
		2	10.17	0.163	0.162	−6.62	3.228	1.421	0.836	0.940	−0.0024	−0.010	0.441
		3	30.4	0.486	0.178	−5.04	0.531	5.311	0.436	0.286	0.130	−0.008	0.211
		4	2.93	0.047	0.280	5.21	4.083	2.510	0.287	0.449	−0.025	0.002	0.179
	WTO后	1	16.63	0.266	0.102	−12.57	−0.458	0.794	0.434	0.588	0.139	0.040	0.300
		2	33.63	0.537	0.150	−7.77	−0.388	5.232	0.889	0.642	0.008	−0.081	0.365
		3	87.75	1.402	0.119	−10.85	12.274	18.139	0.856	0.244	0.022	−0.028	0.274
		4	19.05	0.304	0.215	−1.33	0.467	3.741	0.327	0.494	0.042	0.019	0.221
加权值			25.93	0.415	0.168	−5.883	2.570	4.650	0.518	0.513	0.038	−0.007	0.266

（1）比较优势分析。由表 3.9 可以看出，我国劳动密集型产业的比较优势明显，A3 指标显示，至 1992—2009 年，我国劳动密集型产业出口总额年均增长率为 16.8%，这表明我国劳动密集型产业具有明显的比较优势。就所考察的 4 个劳动密集型行业来看，每个行业的出口年均增长率都在 10% 之上。其中，出口增长率最大的为木材加工及家具制造业，在加入 WTO 之前，其年均出口增长率为 28%，然而尽管在加入 WTO 之后其增长率有所下降，但年均增长率也为 20% 之上。就比较优势指标的统计描述来看，A1 和 A2 显示我国劳动密集型产业的平均出口总额为 25.93（10 亿单位），占考察样本全部出口总额的 41.5%。其中，在加入 WTO 之前，出口额最大的为纺织服装鞋帽皮革羽绒及其制品业，其平均出口总额为 30.4

(10 亿单位)，在加入 WTO 之后增加为 87.75(10 亿单位)。A4 和 A5 体现了出口增长率优势指数和出口增长率优势指数变动加速度，计算结果显示我国劳动密集型产业的出口增长率优势指数为 -5.883，出口增长率优势指数变动加速度为 2.570。这表明，尽管我国劳动密集型产业存在较强的比较优势，但是我国劳动密集型产业的比较优势在加速度递减。同时由各个分行业可以看出，就所考察的劳动密集型行业的出口增长率优势指数来看，仅木材加工及家具制造业在加入 WTO 之前的比较优势具有递增的态势，其他行业都表现出明显递减趋势。综合以上分析可以得出如下结论：尽管我国劳动密集型产业存在较强的比较优势，但是我国劳动密集型产业的比较优势已经在加速度递减。

(2) 竞争优势分析。由产业贸易竞争指数 A6 计算结果显示，我国劳动密集型产业的贸易竞争指数为 0.518，大于临界值 0.5，这表明，总体来说我国劳动密集型产业具有较强的竞争优势。同时，我国劳动密集型产业的产业内贸易指数也大于临界值 0.5(A7 = 0.513)，这进一步反映出我国劳动密集型产业在面临广阔的国际市场时具有快速调整自身生产的能力。就所考察的行业来看，我国纺织业的竞争优势在所考察的行业中最大，其贸易竞争指数和产业内贸易指数分别为 0.836 和 0.940，但是在加入 WTO 之后，纺织服装鞋帽皮革羽绒及其制品业的竞争优势显著提高，贸易竞争指数从加入 WTO 之前的 0.436 上升到加入 WTO 之后的 0.856，综合竞争优势仅次于纺织业。同样，尽管我国劳动密集型产业具有较强的竞争优势，但是我国劳动密集型产业的竞争优势也在呈现递减的态势。A8 和 A9 指标计算出我国劳动密集型产业的贸易竞争指数提升速度和产业内贸易指数提升速度，由计算结果知道，我国劳动密集型产业的贸易竞争指数提升速度较小(0.038)，并且产业内贸易指数提升速度为负值(-0.007)，这表明我国劳动密集型产业的竞争优势呈现出递减的态势。

(三)资本密集型产业

表 3.10 体现了我国资本密集型产业在国际贸易中的比较优势和竞争优势。由表 3.10 的计算结果，我们得出以下结论：

表 3.10　资本密集型产业竞争力评价

行业	代码		比较优势						竞争优势				
			统计		衡量			统计	衡量				统计
			A1	A2	A3	A4	A5	P	A6	A7	A8	A9	P
资本密集型产业	WTO前	5	7.45	0.119	0.197	-3.08	2.490	1.435	-0.213	0.455	-0.303	-0.021	-0.021
		6	1.60	0.025	0.222	-0.63	1.351	0.514	-0.267	0.747	-0.048	-0.039	0.098
		7	10.43	0.167	0.231	0.29	1.306	2.485	-0.426	0.477	-0.063	0.0005	-0.003
		8	2.72	0.044	0.232	0.36	-7.739	-0.877	-0.413	0.592	-0.306	0.011	-0.029
		9	3.92	0.063	0.303	7.48	1.839	2.721	0.405	0.468	0.017	-0.011	0.220
		10	3.72	0.059	0.241	1.29	0.456	1.153	-0.552	0.517	-0.086	-0.036	-0.039
	WTO后	5	26.50	0.434	0.152	-7.57	2.947	4.493	-0.149	0.473	0.007	0.013	0.086
		6	8.20	0.131	0.200	-2.80	-1.817	0.783	-0.221	0.840	-0.097	-0.010	0.128
		7	46.38	0.741	0.184	-4.40	1.633	8.908	0.437	0.636	0.053	0.043	0.292
		8	11.50	0.184	0.189	-3.90	0.707	1.736	-0.228	0.549	0.777	-0.050	0.262
		9	28.80	0.460	0.339	11.08	-2.423	7.651	0.556	0.693	0.018	0.015	0.321
		10	20.60	0.329	0.206	-2.24	-1.107	3.558	-0.172	0.388	-0.896	-0.015	-0.174
加权值			14.318	0.230	0.225	-0.343	-0.029	2.880	-0.104	0.570	-0.077	-0.008	0.095

(1)比较优势分析。由表 3.10 的 A3 指标计算结果显示，我国资本密集型产业的出口总额年均增长率为 22.5%，由此可以初步判断出我国资本密集型产业的在国际贸易中存在一定的比较优势。从比较优势指标的统计描述可以看出，1992—2009 年，我国资本密集型产业的平均出口总额为 14.318(10 亿单位)占所考察样本全部出口总额的 23.0%。其中，就所考察行业来看，在加入 WTO 之前，平均出口额最大的是化学工业，其平均出口总额为 10.43(10 亿单位)，占全部出口总额的 16.7%。其次为造纸印刷及文教体育用品制造业，排名最后的是非金属矿物制品业和石油加工和炼焦业。但是在加入 WTO 之后，出口额排名发生变化，平均出口额最大的依然是化学工业，排名第二和第三的为金属冶炼及压延加工业和造纸印刷及文教体育用品制造业，排名最后的是石油加工和炼焦业。从出口增长率可以看出，我国资本密集型产业出口增长率最快的是金属冶炼及压延加工业，其年均增长率在加入 WTO 之前为 30.3%，加入 WTO 之后为 33.9%。而出口增长率最慢的是造纸印刷及文教体育用品制造业，其年均

增长率在加入WTO之前为19.7%，加入WTO之后为15.2%。进一步地，由A4的计算结果看出，我国资本密集型产业的出口增长率优势指数为-0.343，说明我国资本密集型产业的比较优势在逐渐递减。但是递减的加速度为负值(A5=-0.029)，这表明我国资本密集型产业的比较优势递减的速度较慢。综合以上分析可以得出如下结论：尽管我国资本密集型产业存在比较优势，但是我国资本密集型产业的比较优势也在逐渐递减，但是递减的速度较慢，因此，我国资本密集型产业可以在较长期内保持其比较优势。

（2）竞争优势分析。由表3.10的竞争优势的各项指标可以看出，除了产业内贸易指数大于0之外，其他指标都为负值。同时，我国资本密集型产业综合竞争优势指数也很小(0.095)，这表明，相比我国劳动密集型产业，我国资本密集型产业在国际贸易中存在较微弱的竞争优势；同时，就对所考察的行业进行分析来看，在加入WTO之前仅金属冶炼及压延加工业具有相对较明显的竞争优势，其综合竞争优势指数为0.220。但是在加入WTO之后，非金属矿物制品业和金属冶炼及压延加工业都表现出一定的竞争优势，各自的综合竞争优势指数分别为0.262和0.321。但是从整体来看，我国资本密集型产业在国际贸易中的竞争优势不明显。同时，我国资本密集型产业的贸易竞争指数提升速度为负值(A8=-0.077)，并且产业内贸易指数提升速度也为负值(A9=-0.008)，这充分说明了我国资本密集型产业的竞争优势呈现出递减的态势。

(四)技术密集型产业

表3.11　技术密集型产业竞争力评价

行业	代码		比较优势						竞争优势				
			统计		衡量			统计	衡量				统计
			A1	A2	A3	A4	A5	加权值	A6	A7	A8	A9	加权值
技术密集型产业	WTO前	11	6.72	0.107	0.261	3.34	0.360	2.158	-0.208	0.381	-0.237	0.049	-0.004
		12	4.01	0.064	0.283	5.69	2.473	2.504	-0.070	0.759	1.356	0.034	0.520
		13	11.23	0.179	0.345	11.67	3.311	5.347	0.175	0.897	2.439	0.0001	0.878
		14	13.28	0.212	0.368	14.03	-4.561	4.666	0.027	0.789	0.119	-0.048	0.222
		15	5.98	0.096	0.293	6.51	-2.427	2.090	0.496	0.945	-0.023	0.005	0.356

续表

行业	代码		比较优势						竞争优势				
			统计		衡量			统计	衡量				统计
			A1	A2	A3	A4	A5	加权值	A6	A7	A8	A9	加权值
技术密集型产业	WTO后	11	46. 63	0. 745	0. 242	1. 45	5. 606	10. 935	0. 093	0. 734	0. 523	0. 063	0. 353
		12	27. 43	0. 438	0. 249	2. 12	0. 508	6. 149	-0. 210	0. 864	-0. 031	-0. 019	0. 151
		13	72. 13	1. 153	0. 207	-2. 11	1. 108	14. 498	0. 548	0. 792	0. 064	0. 003	0. 352
		14	139. 30	2. 225	0. 269	4. 08	0. 140	29. 203	-0. 039	0. 436	-0. 311	-0. 081	0. 001
		15	45. 38	0. 725	0. 229	0. 11	0. 829	9. 455	0. 517	0. 953	0. 013	-0. 002	0. 370
加权值			37. 209	0. 594	0. 275	4. 689	0. 735	8. 700	0. 133	0. 755	0. 391	0. 0004	0. 320

表3. 11 为技术密集型产业在国际贸易中的比较优势和竞争优势。基于所考察的有代表性的技术密集型行业，我们得出以下结论：

（1）比较优势分析。我国技术密集型产业在国际贸易中存在较强的比较优势，我国技术密集型产业出口总额的年均增长率高达 27. 5%。就比较优势统计描述来看，1992—2009 年，我国技术密集型产业的平均出口总额为 37. 209（10 亿单位），占所考察样本全部出口总额的 59. 4%。其中，在加入 WTO 之前，平均出口额最大的是计算机及其他电子设备制造业，其平均出口总额为 13. 28（10 亿单位），占全部出口总额的 21. 2%，并且加入 WTO 之后，其平均出口额迅速增加到 139. 30（10 亿单位），其出口总额占比也增加到 22. 25%，其次为电气机械及器材制造业，排名最后的为交通运输设备制造业。从出口增长率来看，在加入 WTO 之前，其中增长率最快的为计算机及其他电子设备制造业（26. 9%），其次为电气机械及器材制造业（34. 5%），增长率最小的为专用设备制造业（26. 1%）。加入 WTO 之后，增长率最快的为计算机及其他电子设备制造业（38. 6%），其次为交通运输设备制造业（24. 9%），增长率最小的为电气机械及器材制造业（20. 7%）。进一步地，我们计算出我国技术密集型产业的出口增长率优势指数和出口增长率优势指数变动加速度。由 A4 和 A5 计算结果可以看出，我国技术密集型产业的出口增长率优势指数和出口增长率优势指数变动加速度都为正值（A4 = 4. 689；A5 = 0. 735），这表明，我国技术密集型产业的比较优势正在以加速度递增趋势变动。

综合以上分析可以得出如下结论：我国技术密集型产业存在较强的比较优势，并且我国技术密集型产业的比较优势以加速度的递增趋势变动。

（2）竞争优势分析。由表3.11的竞争优势的各项指标可以看出，我国技术密集型产业的贸易竞争指数和产业内贸易指数都为正值，并且我国技术密集型产业的产业内贸易指数大于临界值0.5（A6 = 0.133；A7 = 0.755），这表明我国技术密集型产业的生产效率高于国际水平，具有较强的出口竞争优势。其中我国电气机械及器材制造业和仪器仪表及文化办公用机械制造业的贸易竞争指数在所考察的行业中最大，在加入WTO之前分别为0.175和0.496，并且加入WTO之后，其贸易竞争指数分别增加到0.548和0.517。同样，为进一步考察我国技术密集型产业的竞争优势变动情况，我们分别计算出我国技术密集型产业的贸易竞争指数提升速度和产业内贸易指数提升速度，计算结果显示，我国技术密集型产业的贸易竞争指数提升速度和产业内贸易指数提升速度都为正值（A8 = 0.391；A9 = 0.0004），这表明我国技术密集型产业的竞争优势呈现出不断递增的态势。

四、相对出口优势指数动态考察

表3.12为我国产业相对出口优势指数计算结果，相对出口优势指数是产业静态竞争优势和动态竞争优势的统一指标体系。因此，相对出口优势指数可以作为一个综合指标来进一步刻画我国产业竞争状况及其变动趋势。由表3.12的计算结果可以看出，平均来说，当前我国具有竞争优势的产业主要是劳动密集型产业，2001—2009年，我国劳动密集型产业的相对出口优势指数的平均值为1.923。同时，我国资本密集型产业和技术密集型产业也具有一定的竞争优势，在考察期，其相对出口优势指数的平均值分别为1.028和1.121。但是从我国产业相对出口优势指数的变动趋势来看，劳动密集型产业的竞争优势出现显著的递减态势，我国劳动密集型产业的相对出口优势指数由2001年的1.987下降至2009年的1.858，下降幅度为6.492。同时，我国资本集型产业的竞争优势也出现一定程度的递减态势，我国资本密集型产业的相对出口优势指数由2001年的1.043下降至2009年的1.013，下降幅度为2.877。

表 3.12 相对出口优势指数计算结果

代码	行业名称	相对出口优势指数		均值	提升幅度
		2001	2009	2001—2009	2001—2009
一、	**劳动密集型产业**	**1.987**	**1.858**	**1.923**	**-6.492**
1	食品制造及烟草加工业	0.526	0.336	0.392	-36.134
2	纺织业	2.33941	2.52627	2.388	7.987
3	服装鞋帽皮革羽绒及其制品业	3.74	2.969	3.244	-20.612
4	木材加工及家具制造业	1.3443	1.600	1.461	19.023
二、	**资本密集型产业**	**1.043**	**1.013**	**1.028**	**-2.877**
5	造纸印刷及文教体育用品制造业	1.680	1.473	1.562	-12.300
6	石油加工和炼焦业	0.494	0.269	0.411	-45.561
7	化学工业	0.903	0.776	0.785	-14.080
8	非金属矿物制品业	0.939	1.084	0.965	15.494
9	金属冶炼及压延加工业	0.627	0.888	0.734	41.592
10	金属制品业	1.613	1.591	1.568	-1.357
三、	**技术密集型产业**	**0.958**	**1.284**	**1.121**	**34.029**
11	计算机及其他电子设备制造业	1.785	2.832	2.641	58.677
12	交通运输设备制造业	0.284	0.348	0.303	22.459
13	电气机械及器材制造业	1.132	1.237	1.188	9.246
14	专用设备制造业	0.418	0.543	0.476	29.882
15	仪器仪表及文化办公用机械制造业	1.169	1.459	1.453	24.911
四、	**全部**	**1.266**	**1.329**	**1.298**	**4.976**

这表明，尽管当前我国劳动密集型产业和资本密集型产业，特别是劳动密集型产业表现出一定的竞争优势。但是，从其变动趋势来看，这些依赖在资源竞争上的比较优势，即以国内廉价的劳动力、土地和原材料，特别是依靠国内廉价的劳动力而获得竞争优势的产业只具有短期的竞争优势，从长期来看，其竞争优势将逐渐消失。当前，我国劳动密集型产业的竞争优势主要在于劳动力成本的可得性，主要是通过降低平均成本来提高国际竞争力。但是，我国“人口红利”即将消失或者已经消失（蔡昉，2010），这将使得我国劳动力成本逐渐提升，与之相伴随的是通过廉价劳动力成本而获得国际竞争力的产业将失去其依存的后盾。这也

进一步表明，劳动密集型产业通过劳动力成本优势只有可能在短期收到一时之效，只有辅之以相应的劳动力质量的提高，产生持续人力资本积累，这些产业才能真正建立自己的比较优势，进而才能够在长期中不断地向高级产业扩张，实现自己在国际经济竞争中占据优势地位。从表3.12关于技术密集型产业的相对出口优势指数计算结果可以看出，我国技术密集型产业的相对出口优势指数的平均值为1.121，其相对出口优势指数变化趋势由2001年0.958上升至2009年的1.284，上升幅度高达34.029。这说明我国技术密集型产业已经凸显出其竞争优势并呈现较大幅度的提升。

五、主要结论与启示

本书通过选取有代表性的15个行业作为考察的基础，并按照OECD的标准把15个行业分为劳动密集型产业、资本密集型产业和技术密集型产业，测算了1992—2009年共18年的中国产业国际竞争力变化趋势。不同的指标分别从不同的侧面反映了中国产业国际竞争力变动情况。综合以上关于产业竞争力综合评价的计算结果，我们得出如下结论，见表3.13。

研究结果显示，整体来说，我国产业国际竞争力有较大幅度提升。尽管我国传统劳动密集型产业比较优势和竞争优势都在下降，但是我国技术密集型产业比较优势和竞争优势却在上升。但就当前来看，我国目前最具有比较优势的产业仍是劳动密集型产业。由于我国技术密集型产业的竞争优势在大幅度提高，因此，我国技术密集型产业的竞争优势的增强将是推动中国产业国际竞争力提升的主要动力。虽然当前我国传统劳动密集型产业仍然保持着较强的国际竞争力，但是我国劳动力成本的逐渐提升，我国传统劳动密集型产业将失去其依存的后盾。同时，对于越来越多的已形成庞大生产能力的制造业，仅仅依靠资源价格的低廉已不够了。而通过研究开发、人力资本的积累以及与之相随的技术进步将成为更关键的因素。当前，我国产业国际竞争力，特别是制造业的国际竞争力进一步提升面临着诸多挑战，但从中短期来看，2016年“市场经济地位”的自然获得以及我国人口素质的不断提高所带来的质量型人口红利20年战略机遇期(李钢、刘吉超，2012)，这都将会进一步释放我国产业国际竞争力的既有优势。从中长期来看，我国“二次人口红利”将是我国产业国际竞争力持续提升的重要源泉。

表3.13　产业竞争力比较

产业	指标	特点	代表行业
静态和动态的独立考察			
整体	比较优势	较强的比较优势，但比较优势在加速度递减。	—
	竞争优势	存在竞争优势；并呈现递增态势。	—
劳动密集型产业	比较优势	较强的比较优势；但比较优势在加速度递减。	纺织服装鞋帽皮革羽绒及其制品业
	竞争优势	较强竞争优势；竞争优势呈现递减的态势。	纺织业
资本密集型产业	比较优势	存在比较优势；比较优势以较慢速度递减。	化学工业；金属冶炼及压延加工业
	竞争优势	竞争优势不明显；并呈现递减的态势。	金属制品业
技术密集型产业	比较优势	较强比较优势；比较优势以加速度的递增。	计算机及其他电子设备制造业
	竞争优势	较强的竞争优势；并呈现不断递增态势。	电气机械及器材制造业
相对出口优势指数综合考察			
整体	综合考察	具有综合竞争优势，并是呈递增态势	—
劳动密集型产业	综合考察	综合竞争优势最大，但是递减幅度较大	服装鞋帽皮革羽绒及其制品业
资本密集型产业	综合考察	具有综合竞争优势，但是呈递减态势	造纸印刷及文教体育用品制造业
技术密集型产业	综合考察	具有综合竞争优势，并呈较大幅读递增态势	计算机及其他电子设备制造业

第三节　人力资本匹配与外向型经济发展方式：基于产业基本特征考察

发达国家的经济发展轨迹表明，参与国际经济合作、转变外向型经济发展方式是提高产业国际竞争力和经济可持续发展的必由之路。当前，我国外向型经济既面临着保持平衡较快发展的艰巨任务，也面临着转变发展方式的迫切要求。具体表现在以下几个方面；一是国际贸易保护主义不断升温，我国低水平劳动密集型产品的出口受到国外工会的抵制，因此，发展人力资本和高技术密集型产业是提高出口结构和出口水平，进而实现经济发展方式的重要途径；二是我国需要进一步加快调整进出口贸易结构，通过加快传统产业的转型升级，提高产品的附加值和在国际分工价值链的位置，积极抢占国际竞争的制高点；三是加快实施走出去战略，通过增加国际合作机会，为我国企业开拓国际市场带来新的商机。但是，转变外向型经济发展方式的实质，并不是要放弃外向型经济而通过单方面扩大内需来促进增长，而是要对我国现有的外向型经济结构进行调整，使之形成“开放型经济发展新优势”。我们所处的时代，经济全球化步伐正在加速推进。经济全球化表现为一国在开放其国内市场的同时，逐步融人新型国际分工和国际竞争的过程。所谓“新型国际分工”，不是指传统的基于产业间贸易的分工，而是指基于同一产业(或产品)内部同一产业链条上的不同环节的分工。在这样一种新型的国际分工框架下，对于中国来说，转变现有的外向型经济模式意味着提升国际竞争力以参与国际竞争，最终目的是为了促成本国出口产业跃升到国际产业链高端上以获取高附加值。2008 年秋，由美国次贷危机引发的全球性金融与经济危机，迫使各国经济进入了新一轮调整的机遇期，国际分工格局正在悄然发生改变，因此，在新时期以及新的背景下，国际经济形势突变异常，外部随机因素难以预测的情况下，只有转变我国外向型产业结构，才能促成我国相关行业同全球产业链的高端环节相衔接，进而融人全球产业链条高附加值的环节。

本章节的内容主要从考察我国产业的基本特征入手，通过分析我国产业的基本特征，比如劳动者素质、产业的规模经济、技术水平以及研发水平等因素是否与促成我国外向型经济发展方式转变相匹配。

一、基于产业基本特征的统计描述①

基于产业分类（劳动密集型产业、资本密集型产业和技术密集型产业）选择有代表性的行业进行纵向考察。劳动密集型产业中主要选取纺织业和纺织服装鞋帽皮革羽绒及其制品业，资本密集型产业中主要选取化学工业、非金属矿物制品业和金属制品业；技术密集型产业中主要选取计算机及其他电子设备制造业和电气机械及器材制造业。作为刻画产业基本特征的指标，主要有体现产业国际竞争力的相对出口优势指数指标、体现技术水平的全要素生产率指标、体现资本密集程度的资本劳动比指标、体现规模经济的产业固定资产原值与总制造业固定资产原值比值指标、体现参与国际分工程度的垂直专业化指标、体现人力资本水平的高技能人力资本与低技能人力资本比值指标、体现产业研发水平指标以及体现产业增加值指标。

首先分析劳动密集型产业的基本特征。由表3.14的产业基本特征指标计算结果可以看出，我国劳动密集型产业的相对出口竞争优势指数由2001年的1.987下降到2010年的1.858，下降的幅度超过6%。这表明，我国劳动密集型产业的国际竞争力呈现较大幅度的递减态势。具体到产业的其他特征指标，就所考察的行业来看，劳动密集型产业的全要素生产率也呈现较大幅度的递减态势，递减幅度约为6.2%。体现资本密集程度的资本劳动比指标计算结果显示，我国劳动密集型产业的资本劳动比也表现出较大幅度的递减态势，由2001年的4.59下降到2010年的2.33，递减幅度高达49%。

① 关于产业基本特征的刻画，本书主要选取有代表性的行业进行分析，由于选择的行业之间的差异较大，因此刻画他们的指标可能不符合产业间横向比较的一般事实，比如我们选择的某些劳动密集型行业，他的全要素生产率可能比选取的资本密集型或者技术密集型产业的大。但是本书的目的是分析劳动密集型产业、资本密集型产业和技术密集型产业的纵向比较而不是横向比较，这里特此说明。

表 3.14　劳动密集型产业的基本特征

产业	产业基本特征指标	当期值		均值	提升幅度(%)	符号
		2001	2010	2001—2010	2001—2010	
劳动密集型产业	相对出口竞争优势指数	1.987	1.858	1.923	-6.492	-
	全要素生产率	1.155	1.084	1.096	-6.147	-
	资本劳动比	4.59	2.33	3.228	-49.237	-
	固定资产原值/总制造业固定资产原值	0.013978	0.013812	0.013898	-1.187	-
	垂直专业化	0.083	0.1103	0.1010	32.891	+
	高技能人力资本/低技能人力资本	0.03806	0.021361	0.02971	-43.875	-
	产业研发	—	—	—	—	—
	产业增加值	—	—	—	—	—

我国劳动密集型产业的资本劳动比的显著下降内在的体现了我国劳动密集型产业的逐渐蜕化消失并向资本或技术密集型产业转化的趋势。进一步，我们考察劳动密集型产业的产业规模和人力资本构成变动情况，由计算结果显示，我国劳动密集型产业的产业规模(固定资产原值/总制造业固定资产原值)由 2001 年的 0.013978 减少到 2010 年的 0.013812，递减幅度大于1。我国劳动密集型产业的人力资本构成，即高技能人力资本与低技能人力资本的占比变动来看，我国劳动密集型产业的人力资本水平也出现逐渐弱化的趋势，2001 年我国劳动密集型产业的高技能人力资本与低技能人力资本的比值为 0.038 左右，而 2010 年变为 0.021 左右。

由以上我国劳动密集型产业的产业特征描述可以看出，随着经济增长、整体的技术进步和产业升级，我国传统的劳动密集型产业的比较优势正趋于减弱，内在地向资本或技术密集型产业转化的趋势。

表 3.15 为我国资本密集型产业的基本特征，由资本密集型产业的基本特征的各项指标计算结果显示，就所考察的行业来看，我国资本密集型产业的竞争优势不明显；并呈现递减的态势，我国资本密集型产业的相对出口竞争优势指数由 2001 年的 1.043 下降到 2010 年的 1.013。但是相对劳动密集型产业，其递减的幅度相对小很多。

表 3.15 资本密集型产业的基本特征

产业	产业基本特征指标	当期值		均值	提升幅度（%）	符号
		2001	2010	2001—2010	2001—2010	
资本密集型产业	相对出口竞争优势指数	1.043	1.013	1.028	-2.876	-
	全要素生产率	1.0556	1.2068	1.1391	14.323	+
	资本劳动比	18.84	21.53	19.698	14.278	+
	固定资产原值/总制造业固定资产原值	0.103548	0.105145	0.104346	1.542	+
	垂直专业化	0.1203	0.2125	0.1427	76.641	+
	高技能人力资本/低技能人力资本	0.45223	0.50568	0.47895	11.819	+
	产业研发	4.538062	5.981482	5.310442	31.806	+
	增加值	3339.11	13532.6	6306.38	305.275	+

具体到各项指标来看，我国资本密集型产业的其他特征指标的变化趋势都表现出明显的一致递增态势。我国资本密集型产业的全要素生产率由2001年1.0556上升到2010年的1.2068，递增幅度为14%左右；体现资本密集程度的资本劳动比指标和体现产业规模的产业固定资产原值与总制造业固定资产原值比值指标也由2001年的18.84和0.103548分别上升到2010年的21.53和0.105145，各自的提升幅度约14%和1.5%。考虑到参与全球垂直专业化分工情况，我国资本密集型产业的垂直专业化指数由2001年的0.1203上升到2010年的0.2125，上升幅度高达76%。这表现出我国资本密集型产业的垂直专业化呈现继续深化的特征，这既反映了中国资本密集型产业在国际分工中参与程度的上升以及中国出口贸易中产业内贸易程度的上升，同时也反映出中国作为外国产品生产过程的延续。接下来，进一步考察我国资本密集型产业的人力资本结构和研发水平的变动情况，表3.15的计算结果显示，我国资本密集型产业的人力资本水平和研发水平都表现出明显的提升趋势，各自的提升幅度分别约为11%和31%。人力资本水平和研发水平的提高内在地表明我国资本密集型产业生产要素的比较优势结构呈现动态变化特征，从而使产业结构能够具备从低级到高级持续演变的基础和门槛条件。同时，从工业增加值变动可以看出，就所考

察的行业来看，我国资本密集型产业的工业增加值提升幅度高达 305%，这进一步表明我国资本密集型产业的生产从低附加值向高附加值快速转化的趋势。

以上资本密集型产业的基本特征描述表明，尽管我国资本密集型产业的国际竞争力并不明显或者并不能够释放其既有优势，但是，我国资本密集型产业的比较优势结构呈现动态变化特征，其动态比较优势的不断演进，最终能够把动态比较优势和竞争优势统一起来。一方面，能够占据全球产业链的高端，长期保持其国际竞争力；另一方面，促使我国资本密集型产业向更高级的技术或知识密集型产业的方向演变。

最后，我们分析技术密集型产业的基本特征，由技术密集型产业基本特征的各项指标计算结果显示，就所考察的行业来看，我国技术密集型产业的竞争优势明显，并呈现明显递增态势，其相对出口竞争优势指数提升幅度高达 34%。具体到我国技术密集型产业的其他特征指标的变化趋势，我国技术密集型产业的全要素生产率由 2001 年 1.053 上升到 2010 年的 1.123，递增幅度为 6.6% 左右，但其提升幅度远小于资本密集型产业，这可能是技术密集型产业相比资本密集型产业，其技术提升的难度更大的缘故。同时，我们发现，我国技术密集型产业的资本劳动比和产业规模也发生明显的提升。表 3.16 的计算结果显示，我国技术密集型产业的资本劳动比指标和产业规模指标（产业固定资产原值与总制造业固定资产原值比值）由 2001 年的 1.103 和 0.035741 分别上升到 2010 年的 1.114 和 0.048506，各自的提升幅度约 1% 和 35%。考虑到参与全球垂直专业化分工情况，我国技术密集型产业的垂直专业化指数由 2001 年的 0.0307 上升到 2010 年的 0.2311，上升幅度高达 652%。这即反映出我国技术密集型产业的垂直专业化程度的明显深化，也反映了我国技术密集型产业在国际分工中参与程度的快速上升。我国技术密集型产业的人力资本水平和研发水平也表现出快速的提升态势，各自的提升幅度分别高达 33% 和 24%。同时，从工业增加值变动可以看出，我国技术密集型产业的工业增加值更高达 388% 的提升幅度。

表 3.16 技术密集型产业的基本特征

产业	产业基本特征指标	当期值		均值	提升幅度(%)	符号
		2001	2010	2001—2010	2001—2010	
资本密集型产业	相对出口竞争优势指数	0.958	1.284	1.121	34.029	+
	全要素生产率	1.053	1.123	1.121	6.647	+
	资本劳动比	1.103	1.114	1.1085	0.997	+
	固定资产原值/总制造业固定资产原值	0.035741	0.048506	0.041483	35.715	+
	垂直专业化	0.0307	0.2311	0.0561	652.768	+
	高技能人力资本/低技能人力资本	5.1	6.8	5.95	33.333	+
	产业研发	5.097056	6.309201	5.783033	23.781	+
	增加值	237.9	1163.25	608.697	388.965	+

总结以上分析表明，我国产业结构正逐渐从劳动密集型产业向资本和技术密集型产业转变。与此同时，随着人口红利将从数量型人口红利向质量型人口红利的转变，因此，中国的优势产业也正在从传统的劳动密集型产业向资本和技术密集型产业转变。近年来，中国劳动力素质的大幅提升(见表 3.17)，为产业升级打下了坚实的基础，进而为出口产品的升级提供了可能性。在高质量的人力资本推动下，带动我国产业的动态规模经济效应，自主创新效应和技术进步效应，实现我国产业的比较优势结构的动态演进，引致我国产业国际产业价值链的提升，为中国产业竞争力的提升从数量型向质量型、从粗放型向集约型的战略性转变，逐步实现我国外向型经济发生根本性的转变。

表 3.17 我国制造业人力资本结构变动(%)

时间	高中	大学专科	大学本科	研究生及以上
2003	19.1	9.7	8.2	4.7
2004	20.1	10.2	9	5.8
2005	25.3	13.9	10.9	10.3
2006	26.3	16	13.3	8.8
2007	26.1	15.4	12.1	8.8
2008	25.2	16	12.1	11.3

续表

时间	高中	大学专科	大学本科	研究生及以上
2009	24.4	16.8	12.9	12
2010	27.3	18	13.9	12.6
2011	26.6	18.7	12.8	9.5

二、基于产业基本特征的实证考察

(一)劳动力规模与产业国际竞争优势

这一节我们先不谈及人力资本及其人力资本匹配对外向型经济发展方式转变的影响。我们先对劳动力规模与产业国际竞争力之间的关系进行实证检验，一方面对中国制造业劳动力质量的整体情况进行考察，另一方面，也从侧面说明人力资本在提高产业国际竞争力和外向型经济发展方式转变中的重要性。本书所提及的劳动力规模和人力资本是两个不同的概念，本书的劳动力规模主要指劳动力的数量，本身并不涉及劳动力质量，而人力资本主要是指的劳动力的质量。这一部分内容主要是考察我国制造业劳动力规模与产业国际竞争力之间关系，用以检查我国当前整体劳动力水平是否具有引致产业国际竞争力提高的作用。

(1) 样本说明和变量含义解释

根据上述理论部分描述可以得知，劳动力的相对规模以及由此产生的成本优势使得一国产业在国际上具有短期的竞争优势。但是具体到我国的实际，我们将通过选取合适的样本做出初步的实证检验。因此，我们选取食品制造及烟草加工业、纺织业、纺织服装鞋帽皮革羽绒及其制品业、木材加工及家具制造业、造纸印刷及文教体育用品制造业、石油加工和炼焦业、化学工业、非金属矿物制品业、金属冶炼及压延加工业、金属制品业、通用、专用设备制造业、交通运输设备制造业、电气机械及器材制造业、通信设备、计算机及其他电子设备制造业、仪器仪表及文化办公用机械制造业等 15 个制造业部门数据进行分析，时间跨度为 1992—2009 年。并且，我们把本书所考察的 15 个产业按照 OECD 技术含量分类的方法分为劳动密集型、资本密集型和技术密集型三大类。为了检验产业劳动力规模与产业国际竞争力之间的关系，我们选择如下的变量进行实证分析：①贸易竞争指数(ICI)，又称净出口率指数，是一种常用的反映贸易模式变化的指标(计算方式在第二部分已有描述)。贸易竞争指数的取值范围为 -1到1之间，若指数大于零，表示该产业的国际竞争力较强，指数越大，竞争力也越强。本书借此指标主要用于间接刻画产业的比较优势的动态变化，在本节中以被解释变量出现在各个计量模型中。②就业人数(Employ)，这是本书所考察的核心解释变量，用以刻画产业劳动力规模的指标。之所以选择产业就业人数作为产业劳动力规模的指标，其根本原因就是就业人数的变动可以说明劳动力要素比较优势的变动。当然，为了较全面地反映产业的规模特征，我们还选择其他反映产业经济规模的指标：总产值(Output)、产业固定资产原值与总制造业固定资产原值比值(SE)、年销售额(SALES)，这些指标能够较全面刻画产业规模的情况。为进一步反映外部环境对产业竞争力影响，我们选择如下指标作为控制变量引入到模型中去。比如，经济自由度(Free)，按照美国传统基金会观点，具有较多经济自由度的国家与那些较少经济度的国家相比，会拥有较高的长期经济增长速度；贸易成本(Tr _ ct)，贸易成本被定义为国内企业生产的边际成本和外国最终使用者支付的价格之间的差异。贸易成本在决定国家间贸易水平上起到了至关重要的作用(注：本书贸易成本数据是由李酣博士计算整理出来的，其对该数据的提供在此表示感谢)；汇率(Exchange)，被研究者普遍关注并广泛使用的实际汇率是外部实际汇率，它是通过对名义汇率剔除国内外价格差异的影响后得到，反映了一篮子国内商品与国外商品相对价格的变化，本书用人民币实际有效汇率作为替代指标。

（2）模型设定和实证估计

① 全样本估计：基于前文理论部分的分析，在这一节，我们讨论本书的实证模型以及具体的估计方法。对于产业劳动力规模对产业竞争力影响的模型设定，由于产业竞争力主要反映产业比较优势的动态变化，因此具有惯性特征，当期的产业竞争力水平可能受到上一期产业竞争力水平的影响。因此，在我们所考察的产业劳动力规模对产业竞争力影响的基准模型

中包含了被解释变量的滞后值，具体见表3.18的(1)式。同时，(1)式被称为动态面板模型。其中被解释变量 *ICI* 表征国际竞争力变量，刻画产业比较优势的动态变化，*Employ* 为劳动力规模变量，X 代表一系列控制变量。ci 是代表个体固定效应，表示所有不随时间变化的影响国际竞争力的个体特定因素。v_t 表示时间固定效应，代表只随时间变化与个体特定因素无关的影响到国际竞争力的因素。εi，t 表示服从标准正态分布的随机干扰项。对于动态面板模型包含被解释变量的滞后项，导致解释变量与随机干扰项存在相关性，同时解释变量可能存在内生性。为此，我们采用目前一般采用的广义矩估计方法进行分析。本书主要报告系统矩估计方法的估计结果，具体估计结果见表3.18。

表3.18 整体检验(系统矩估计结果)

$$ICI_{i,t} = c_i + \lambda ICI_{i,t} - 1 + \beta LnEmploy_{i,t} + \sum \psi_i X_{i,t} + \nu_t + \varepsilon_{i,t} \quad (1)$$

L. R	Output	Employ	SE	Sales	Free	Excha	Tr_ ct	AR(1)	AR(2)	Sargan
	估计结果一									
0.73*** (0.09)	—	0.02 (0.03)	—	—	-0.38*** (0.08)	0.002 (0.05)	-3.61** (1.82)	0.05	0.38	11.31
	估计结果二									
1.03** (0.29)	-0.11 (0.11)	-0.06** (0.03)	10.44** (5.93)	-0.39 (0.28)	-1.07** (0.59)	-1.26 (1.21)	-9.30c (5.87)	0.02	0.08	5.16

注：上标“***”“**”“*”分别表示1%、5%和10%置信水平。

我们先进行全样本估计以考察整体情况，首先仅报告了产业劳动力规模对产业国际竞争力的影响。表3.18的估计结果一显示，模型设定通过了Arellano - Bond二阶序列相关检验和Sargan额外工具变量的有效性检验，说明模型设定是正确的。同时我们发现Employ系数不显著。这说明，就整体来看，产业劳动力规模对产业国际竞争力的影响不显著。由控制变量系数来看，Free和Tr _ ct系数显著为负值。由于我们选择的样本来自于制造业行业数据，这说明经济自由度这个外部环境并不利于我国制造业的国际竞争力的提升。其可能原因是，正如上述计量检验结果显示那样，产业劳动力规模对产业国际竞争力的影响不显著，这说明我国制造业劳动力主要还是普通劳动力构成，人力资本或者高技能劳动力占比还是很小，因此，我国制造业主要还是从事的低端产业或者在全球产业链的低端位置生产。低端产品的出口受到外国工会的抵制，而全球产业链的低端位置产业更没有国际竞争力，因此，经济自由度的提高并没有很好地引致我国制造业产业国际竞争力的提升。贸易成本系数显著为负，这个结果很好说明的贸易成本在决定国家间贸易水平上起到了至关重要的作用，贸易成本越高，越不利于国家间贸易往来，因此，贸易成本这个外部约束条件也在一定程度上影响一国产业国际竞争力的提升和一国外向型经济的发展。从这个意义来看，要想提升各国外贸结构，转变各国外向型经济发展方式，降低国家间的贸易成本具有重要意义。接下来，我们把所有体现产业规模特征的变量放在同一模型中进行分析，表3.18的估计结果二显示，模型设定通过了Arellano-Bond二阶序列相关检验和Sargan额外工具变量的有效性检验，因此模型设定是正确的。同时，产业总产值(Output)和年销售额(Sales)对产业国际竞争力影响不显著，这说明，我国制造业的产值和销售额的增加并没有明显地降低平均成本，从而表现在产业总产值和年销售额对产业国际竞争力的作用并不明显。但是，产业固定资产原值与总制造业固定资产原值比值(SE)系数显著为正值。这说明，对于制造业来说，只要达到一定的产业固定资产投资规模才能显著地提高产业的国际竞争力。这个结论正好验证了Krugman(1980，1988)的结论：产业规模的大小的确在提高产业国际竞争力中发挥了决定性的作用(当然，产业的规模对于一个产业的国际竞争力的作用需要条件的，但是，这不是本章内容所探讨的，我们将在接下来的章节中对此进行深入研究)。但是，当把所有体现产业规模特征的变量放在同一模型中进行分析时，此时的Employ系数在5%的显著性水平下显著为负值，这表明我国制造业的劳动力规模并没有起到提高我国制造业的国际竞争力的作用，相反在一定程度上不利于我国制造业国际竞争力的提高。其根本原因在于：正如上面所阐述的那样，我国制造业劳动力主要还是普通劳动力构成，高技能劳动力占比还是很小，我国制造业主要还是从事的低端产业或者在全球产业链的低端位置生产，因此，制造业劳动力规模并不能内在地对我国产业国际竞争力的提升起到显著的作用。以上实证的结论给予我们重要启示：相对劳动力规模优势只在短期能收到一时之效，并不能在长期中实现自己的产业向高级产业扩张，从而能在国际经济竞争中占据优势地位。因此，只有伴随相应劳动力素质的提高，从而产生持续人力资本积累，中国才能真正意义上建立自己的比较优势。

② 分样本分析：接下来，我们按照 OECD 技术含量分类的方法把样本分为劳动密集型、资本密集型和技术密集型三大类(具体分类方法已经在之前章节有所交代)，我们分别检验劳动力规模对三类产业的国际竞争力的作用并比较它们之间的差异。对于分样本的实证检验，考虑到各个子样本的样本数相对较少，如果继续采用动态模型进行检验，则自由度可能很小。为此，我们在接下来的实证分析中采用静态计量模型进行实证检验。我们的计量模型设定见表 3.19 的(2)式。根据 Hausman 检验结果，我们对(2)式选用随机效应估计方法进行估计。同时，我们利用 GLS 方法消除截面异方差以及利用 White Period 加权矩阵得到稳定方差，具体结果见表 3.19。

表 3.19　分样本检验(随机效应估计结果)

$$ICI_{i,t} = \beta LnEmploy_{i,t} + \sum \theta_i X_{i,t} + \nu_t + \varepsilon_{i,t} \quad (2)$$

变量	劳动密集型产业		资本密集型产业		技术密集型产业	
Output	—	0.0940 (0.4476)	—	-0.3425 (0.2365)	—	-0.0797 (0.3282)
Employ	0.0993** (0.0418)	0.3614*** (0.0750)	0.0748 (0.0518)	-0.0243 (0.0454)	-0.0310 (0.0529)	-0.0179 (0.0562)
SE	—	-9.9637*** (2.233)	—	8.1689*** (.8871)	—	—
Sales	—	-0.0719 (0.4046)	—	0.3901* (0.2174)	—	-0.1621 (0.3318)
Free	0.8684 (0.6595)	—	0.4784 (0.5415)	—	0.0705 (0.6462)	0.3465 (0.7418)
Excha	-0.1101** (0.0378)	—	-0.2330** (0.0874)	—	-0.1993** (0.1082)	-0.3081** (0.1251)
Tr_ ct	—	—	-0.1800 (0.4881)	—	0.1540 (0.6018)	-4.0811** (1.1789)

续表

$$ICI_{i,t} = \beta LnEmploy_{i,t} + \sum \theta_i X_{i,t} + \nu_t + \varepsilon_{i,t} \quad (2)$$

变量	劳动密集型产业		资本密集型产业		技术密集型产业	
cons	-2.5812 (2.8201)	-1.3514** (.4815)	-0.3386 (2.3962)	-0.7941** (0.3460)	1.6142 (2.8373)	5.3460** (2.9667)
R^2	0.4159	0.6598	0.5090	0.8608	0.5777	0.6427
Wald chi2	38.85***	39.09***	29.12***	291.84***	4.60	33.77***

注：上标“***”“**”“*”分别表示1%、5%和10%置信水

首先，我们分析劳动密集型产业的情况。由表3.19的回归结果可以看出，Employ系数在5%的显著性水平下显著为正值，这说明，对于劳动密集型产业来说，劳动力规模对产业国际竞争力具有显著的正向作用。劳动密集型产业是国民经济中技术装备程度低、容纳劳动力多、产品成本中活劳动消耗所占比重大的产业，其中，劳动力成本在劳动密集型产业国际竞争力中具有重要的作用，我国劳动密集型产品主要还是依赖低廉的劳动力成本的竞争优势。改革开放30年来，我国大批廉价劳动力从农业生产部门流向工业制造部门，大规模的低廉的劳动力资源流向劳动密集型制造业，成为我国工业产品低成本国际竞争优势的源泉。尽管如此，随着国内劳动力市场供需矛盾日益尖锐，劳动力成本提升后可能产生的价格优势降低。可以预计，低劳动成本的竞争优势已经难以为继。以调优产业结构、提高劳动者素质，才能从根本上推进产业国际竞争力的可持续成长。进一步，我们考察资本密集型产业和技术密集型产业的情况。由表3.19回归结果显示，不管是资本密集型产业还是技术密集型产业，劳动力规模对产业国际竞争力的作用都不显著，并且劳动力规模对技术密集型产业的国际竞争力还表现出一定的负向作用。

通过比较世界各国经济发展的路径轨迹可以看出，发达国家凭借技术方面的绝对优势，通过垄断高技术产业霸居其在国际分工中主导地位。与此对应的是，发展中国家始终依靠低技能劳动力，在非常低的层次上参与国际分工，从而被锁定在初级产品的生产上。由此可见，就长期发展来看，国际之间的竞争主要在高技术产业之间的竞争，这就要求人力资本的可得性。人力资本一方面可作为一种要素投入用于各种经济活动中；另一

方面它又具有外部性，能够有效降低产品的生产成本，提高研发部门的效率，从而提升自己的技术能力，改变自己的比较优势，在国际经济竞争中占据优势地位。

（二）资本劳动比、垂直专业化与产业国际竞优势

（1）变量说明：为探讨资本劳动比、垂直专业化与产业国际竞争力之间的关系，我们选择了贸易竞争指数、资本劳动比、垂直专业化水平，贸易成本、人民币实际有效汇率和贸易自由度等变量进行实证检验。其中，贸易竞争指数作为被解释变量，用以刻画外向型产业的比较优势的动态变化。贸易成本、人民币实际有效汇率和贸易自由度等指标作为控制变量引入到模型中去，用以反映外部环境对产业竞争力影响，以上这些变量的含义在前文中已有描述。资本劳动比和垂直专业化指标是本部分内容的核心变量，其含义表述如下：①资本劳动比（KL）。资本劳动比反映产业物质资本和劳动力的相对要素禀赋。按照比较优势理论，资本相对于劳动力越丰富产业，越可能会生产和出口相对资本密集和技术密集的产品，因此，其产业国际竞争力越大。②垂直专业化（VSS）。Hummels 等人（2001）的研究表明，垂直专业化分工使得中间品贸易在国际贸易中的比重上升，会对各国的生产效率以及出口水平产生影响。关于垂直专业化计算过程及结果已在前文交代过，在此不再阐述。③同时，为进一步考察产业物质资本和劳动力的相对要素禀赋与产业垂直专业化的相互作用对产业国际竞争力的影响，我们在模型中引起资本劳动比和垂直专业化的交互项。

（2）模型设定和估计：如上所述，考虑到产业国际竞争力具有惯性特征，因此，我们采用动态面板模型进行分析，见表 3.20 的（3）式。对模型（3），我们同样采用系统矩估计方法进行估计，具体估计结果见表 3.20。表 3.20 的估计结果一显示，模型设定通过了 Arellano-Bond 检验和 Sargan 检验，因此模型设定是正确的。同时我们发现，VSS 和 KL 系数在 5% 的显著性水平下为正值，这表明产业垂直专业化水平和资本劳动比都对产业国际竞争力具有显著的正影响，具体体现在：

表3.20　资本劳动比、垂直专业化与产业国际竞争力（系统矩估计结果）

$$TCI_{i,t} = c_i + \lambda TCI_{i,t} + \alpha_1 VSS_{i,t} + \alpha_2 KL_{i,t} + \alpha_3 (VSS \times KL)_{i,t} + \sum \varphi_i X_{i,t} + \nu_t + \varepsilon_{i,t} \qquad (3)$$

L. R	vss	kl	vss × kl	free	exch	Tr_ ct	AR(1)	AR(2)	S
	估计结果一、								
0.493*** (0.047)	0.366** (0.132)	0.002** (0.001)	—	—	—	—	0.072	0.692	12.423
	估计结果二、								
0.883*** (0.101)	0.798** (0.325)	—	0.006 (0.015)	-0.178 (0.23)	0.830** (0.276)	-0.82 (0.55)	0.040	0.321	10.392

注：上标“***”“**”“*”分别表示1%、5%、10%置信水平。

一方面，对于垂直专业化来说，中国的制造业至90年代以来垂直专业化表现出继续深化的过程，这种分工使中国的制造业较好地承接了发达国家技术（资本）密集型产业的劳动密集型生产环节的国际转移。垂直专业化分工在这些产业中发挥了技术溢出效应、产业关联效应和出口渠道效应（张小蒂、孙景蔚，2006），因此，垂直专业化分工使得中国制造业的基础要素的质量，特别是劳动力的质量和生产效率得到了提高。邹薇（2002）认为，人力资本具有递增的生产力，一国的长期经济增长与国际竞争力取决于该国人力资本的存量。在垂直专业化继续深化的过程中，劳动力的质量得到了提高，因此，如果中国劳动力要素的比较优势能通过积极参与全球垂直专业化分工而与它们先进的技术、研发等因素紧密地结合起来，通过模仿、吸收并逐步转化自主创新的能力，则垂直专业化分工能更好地对我国产业国际竞争力发挥作用。

另一方面，对于资本劳动比来说，资本劳动比反映产业物质资本和劳动力的相对要素禀赋。按照比较优势理论，资本相对于劳动力越丰富产业，越可能会生产和出口相对资本密集和技术密集的产品，因此其产业国际竞争力越大，表现在实证结果中就是资本劳动比系数显著为正。这表明，要使我国产业获得可持续的国际竞争力，内在地需要产业转移和升级。特别是对于一个具有劳动力要素比较优势国家更为重要，如果仅仅依靠劳动力要素比较优势而不是提高劳动力的质量的话，容易造成对劳动力比较优势的“路径依赖”，使一国锁定在劳动密集型的低端行业。劳动密集型产业的国际竞争力借助劳动力的比较优势只能在短期内收到一时之效，只有相应的劳动力素质的提高，通过提高人力资本水平，才能实现自己产业结构的转变和升级，不断地向高级产业扩张，最终在国际经济竞争中以及在产业价值链中占据优势地位。进一步，我们考察产业物质资本和劳动力的相对要素禀赋与产业垂直专业化的相互作用对产业国际竞争力的影响，因此，我们在模型中引起资本劳动比和垂直专业化的交互项。我们由表3.20的估计结果二可以看出，资本劳动比和垂直专业化的交互项系数为正，但是不显著。尽管如此，产业的资本劳动比和其垂直专业化水平也表现出一定程度的互补效应。也就是说，产业资本劳动比越高，也即产业资本或技术密集度越高，则产业参与全球垂直专业化分工的水平越高，越有利于中国产业国际竞争力的提升。

(三)劳动力规模与技术匹配

(1) 变量说明

在接下来的内容中，我们将检验我国制造业的整体劳动力水平是否和其技术水平相匹配。因此，在本节中主要实证检验制造业的劳动力规模与技术水平的匹配情况，进而考察对产业国际竞争力的影响。我们选择了贸易竞争指数、产业就业总人数、全要素生产率、贸易成本、人民币实际有效汇率和贸易自由度变量进行实证检验。和前文一样，贸易竞争指数作为被解释变量引入到模型中去，贸易成本、人民币实际有效汇率和贸易自由度指标作为控制变量引入到模型中去。本部分内容的核心变量是全要素生产率(TFP)。本书全要素生产率是采用DEA方法计算得到，在本书的研究中，产出和投入数据分别采用工业增加值、固定资产净值的年末余额和全部从业人员年末余额。其中，工业增加值、固定资产净值年末余额和行业从业人员的数据来自各年度的《中国工业经济统计年鉴》，但是在某些年份，中国没有出版这种工业经济统计年鉴，所以，在这些年份的数据以《中国统计年鉴》的相关数据作为补充。

(2) 模型设定和估计

同样，考虑到产业国际竞争力具有惯性特征，我们同样采用动态面板模型进行分析，模型设定见表3.21模型(4)。表3.21是基于系统矩估计方法进行估计的结果，表3.21的估计结果一显示，模型设定通过了Arellano-Bond检验和Sargan检验，因此，模型设定是正确的。同时我们发现，Employ系数在5%的显著性水平下不显著，而TFP系数显著为正。这表明我国制造业的整体劳动力水平对产业国际竞争力的影响不显著，这个结论和前面的实证结果相一致。但是，我国制造业的全要素生产率具有显著提高产业国际竞争力的作用。这表明，在一定的外在约束条件下，产业国际竞争力生成能力的提升取决于技术能力，而技术能力的提升需要相应程度的人力资本水平。这就对人力资本提出了要求，根据“适宜技术理论”的基本思想(Acemoglu，1998；Basu & Weil，1998)，先进的技术必须和相应的人力资本相匹配。因此，如果要在内生技术的基础上讨论动态比较优势问题，就不得不引入人力资本。

表3.21　劳动力规模与技术匹配(系统矩估计结果)

$$TCI_{i,t} = c_i + \lambda TCI_{i,t-1} + \alpha_1 LnEmploy_{i,t} + \alpha_2 TFP_{i,t} + \alpha_3 (LnEmploy \times TEP)_{i,t} + \sum \varphi_i X_{i,t} + \nu_t + \varepsilon_{i,t} \quad (4)$$

L. R	Employ	TFP	TFP × Employ	free	Ex cha	Tr_ ct	AR(1)	AR(2)	S
	估计结果一								
0.93*** (0.11)	0.02 (0.02)	0.11** (0.03)	—	-0.64** (0.30)	0.058* (0.03)	-1.24** (0.51)	0.01	0.10	11.53
	估计结果二								
1.05*** (0.11)	—	0.25** (0.13)	-0.034 (0.026)	-0.53** (0.28)	0.066** (0.03)	-0.81** (0.42)	0.02	0.33	9.52

注：上标“***”“**”“*”分别表示1%、5%、10%置信水平。

接下来检验我国制造业的整体劳动力水平是否和技术水平相匹配，因此我们在模型中引入Employ和TFP的交互项。由表3.21的估计结果二、显示，Employ和TFP的交互项系数不显著，并且为负值。这表明我国制造业的整体劳动力水平和其技术水平不匹配，并且这种不匹配在一定程度上对我国产业国际竞争力产生负向作用。因此，以上实证结论内在地要求提高我国产业劳动力水平、培养人力资本的重要性。

(四)产业规模与研发匹配

(1) 变量说明

在接下来的研究中，我们探讨产业规模和自主研发以及二者的交互作用对产业国际竞争力的影响。在这一部分内容中，我们除了选择了贸易竞争指数作为被解释变量以及选择贸易成本、人民币实际有效汇率和贸易自由度指标作为控制变量外，我们选择了产业固定资产投资规模变量（产业固定资产原值与总制造业固定资产原值比值）和自主研发变量作为核心解释变量。同时为了较全面地反映产业的规模特征，我们还把总产值（Output）和年销售额（Sales）变量引入模型。当然，我们继续采用动态面板模型进行分析，同时，我们也在模型中引入产业规模变量和自主研发变量的交互项，用以考察二者的相互作用对产业国际竞争力的影响，具体模型见表3.22的模型(5)。通过采用系统矩估计方法对模型进行估计，估计结果见表3.22。由表3.22的估计结果显示，模型设定通过了Arellano-Bond检验和Sargan检验。同时，由估计结果一可以看出，自主研发（RD）系数在5%的显著性水平下显著为正，这表明自主研发水平有助于产业国际竞争力的提高。新增长理论以及技术进步的大量研究文献都表明研发是自主技术创新的重要途径，同时也是促进出口技术升级的重要因素。在知识产权的保护下，外国核心技术的扩散效应非常有限，并且为攫取最大的商业利益和长期占有市场份额，甚至阻碍中国对其技术的模仿和复制，因此，自主研发尤为重要。通过加强自主研发和技术创新，形成我国产业的核心竞争力。表3.22的估计结果二考察了产业规模与产业国际竞争力的关系，检验结果显示，产业固定资产原值与总制造业固定资产原值比值（SE）的系数在5%的显著性水平下显著为正，而产业总产值（Output）和产业总销售额（Sales）系数不显著，且符号为负值。这表明不同的产业规模特征对产业国际竞争力的影响不一致。为此，我们在估计结果三中去除掉SE变量，只考察产业总产值和产业总销售额变量对产业国际竞争力的影响。检验结果显示，产业总产值系数不显著而产业总销售额系数显著为负值。综合以上检验表明，对我国制造业来说，产业的固定资产投资规模有助于产业国际竞争力的提高，但是，产业销售量和产值的增加不一定能引致产业国际竞争力的提升。关于产业规模与产业国际竞争力之间的内在关系涉及产业规模和企业规模在决定产业国际竞争力中的不同作用及两者相互影响的机制，我们将在接下来的分析中继续探讨。但是，本书的研究结论表明，对于制造业来说，尤其是资本和技术密集型产业，只有具备一定的固定资产投资规模，才能引致产业国际竞争力的提升。

表 3.22　规模经济与研发匹配（系统矩估计结果）

$$TCI_{i,t} = c_i + \lambda TCI_{i,t-1} + \alpha_1 SE_{i,t} + \alpha_2 LnR\&D_{i,t} + \alpha_3 (LnR\& \times SE)_{i,t} + \sum \varphi_i X_{i,t} + \nu_t + \varepsilon_{i,t} \quad (5)$$

L. R	output	employ	se	Sales	R&D	Se × rd	free	exch	Tr_ ct	AR(2)	S
	估计结果一										
1.35*** (0.08)	—	—	—	—	0.05** (0.02)	—	-0.39 (0.32)	0.09*** (0.02)	-0.19 (0.68)	0.33	13.30
	估计结果二										
1.02** (0.3)	-0.11 (0.11)	-0.06* (0.03)	10.44** (5.9)	-0.39 (0.28)	—	—	-1.07** (0.59)	-1.25 (1.20)	-9.29c (5.87)	0.08	5.16
	估计结果三										
1.05*** (0.09)	0.07 (0.06)	0.08 (0.07)	—	-0.14** (0.07)	—	0.50** (0.26)	—	0.20 (0.23)	-2.57** (1.29)	0.26	10.91

注：上标“***”“**”“*”分别表示1%、5%、10%置信水平。

具备一定的固定资产投资规模是一个产业（或产业内的企业）进行研发的条件。当一个产业（或产业内的企业）具备了一定的固定资产投资规模，在伴随着具有研发能力或者具有研发条件的人力资本时，则该产业才能向上发展。因此，我们在估计结果三中检验了产业固定资产投资规模和自主研发的交互项对产业国际竞争力的影响。检验结果显示，产业固定资产投资规模和自主研发的交互项系数显著为正值，这表明产业固定资产投资规模和自主研发具有互补效应，二者的相互作用有助于产业国际竞争力的提升。

三、结论与启示

本章内容是基于考察我国制造业劳动力水平的视角实证检验了我国制造业劳动力规模与产业国际竞争力之间关系，同时也进一步实证分析了我国产业的部分特征与产业国际竞争力的内在联系。基于以上的研究结论，从侧面考察当前我国人力资本水平是否与引致外向型经济发展方式转变相匹配。本章内容概括起来主要有以下几点结论和启示：

第一，对于劳动密集型产业来说，劳动力规模对产业国际竞争力仍具有显著的正向作用，但是对资本密集型产业或技术密集型产业来说，劳动力规模对产业国际竞争力的作用都不显著，并且劳动力规模对技术密集型产业的国际竞争力还表现出一定的负向作用。这说明我国制造业劳动力主要还是低技能劳动力构成，高技能劳动力占比还是很小，劳动力的数量不足以提高我国资本密集型产业和技术密集型产业的国际竞争力。因此，相对劳动力规模优势只在短期能收到一时之效，并不能在长期中实现自己的产业向高级产业扩张，从而在国际经济竞争中占据优势地位。因此，只有伴随相应劳动力素质的提高，从而产生持续人力资本积累，中国才能真正意义上建立自己的比较优势。

第二，中国制造业的垂直专业化在继续深化的过程使中国的制造业较好地承接了发达国家技术（资本）密集型产业的劳动密集型生产环节的国际转移。如果中国劳动者具备一定的吸收能力，通过技术溢出效应、产业关联效应和出口渠道效应，垂直专业化分工使得中国制造业生产效率得到了提高。因此，这要求中国劳动力要素从数量比较优势转化为质量比较优势，只有这样才能通过积极参与全球垂直专业化分工而与它们先进的技术、研发等因素紧密地结合起来，通过模仿、吸收并逐步转化自主创新的能力，垂直专业化分工能更好地对我国产业国际竞争力发挥作用。

第三，产业资本劳动比对产业国际竞争力具有显著的正向作用。按照比较优势理论，资本相对于劳动力越丰富产业，越可能会生产和出口相对资本密集和技术密集的产品，因此其产业国际竞争力越大。这表明，要使我国产业获得可持续的国际竞争力，内在地需要产业转移和升级。特别是对于一个具有劳动力要素比较优势国家更为重要，如果仅仅依靠劳动力要素比较优势而不是提高劳动力的质量的话，容易造成对劳动力比较优势的“路径依赖”，使一国锁定在劳动密集型的低端行业。因此这内在地要求的劳动力素质的提高，通过提高人力资本水平，使我国产业在国际经济竞争中以及在产业全球价值链中占据优势地位。

第四，我国制造业的全要素生产率具有显著提高产业国际竞争力的作用，但是我国制造业的整体劳动力水平与其技术水平不匹配，并且这种不匹配在一定程度上对我国产业国际竞争力产生负向作用。根据“适宜技术理论”的基本思想，先进的技术必须与相应的人力资本相匹配。因此，如果要在内生技术的基础上讨论动态比较优势问题，就不得不引入人力资本。

第五，具备一定的固定资产投资规模和研发投入规模是一个产业(或产业内的企业)进行研发的条件。当一个产业(或产业内的企业)具备了一定的固定资产投资规模和研发投入规模，在伴随着具有研发能力或者具有研发条件的人力资本时，则该产业才能向上发展，根据国际市场的要求，产业结构才能升级，才能获得持续的国际竞争力。

第四章　人力资本部门匹配与产业全球价值链跃迁

第一节　中国对外出口中的国内价值含量分解及启示

二十世纪六七十年代以来，垂直专业化分工深入到了产品的生产阶段内部，每个国家只能在生产特定阶段进行专业化生产。随着垂直专业化分工的日益深化，全球中间品贸易在国际贸易中的比重呈现逐渐大幅度上升的态势，进而在很大程度上影响着各国的生产效率以及出口绩效。同时，随着垂直专业化分工的轨迹不断向前发展和垂直分工的范围日益扩展，不同生产环节与工序对生产要素有着不同的要求，处于生产链不同地位的国家也相应地具有不同的价值回报。

在过去的20年里，中国制造业凭借低劳动力成本优势吸引了大批跨国公司将其生产制造环节转移到中国。我国国际贸易总量的大幅上升也都与全球范围内的垂直专业化密切相关。尽管如此，垂直专业化的继续深化也对中国的外向型经济发展带来诸多的挑战。比如，改革开放以来，凭借廉价劳动力资源禀赋以及相应的优惠政策，我国出口贸易总量快速增长，与此同时，也频繁遭遇到诸如美国等国家的抵制。对于中国而言，主要以承担加工、装配等低附加值环节而融入全球价值链，那么，我国出口当中究竟有多少份额是来自于自身的国内价值投入以及在我国对外出口中包含多少境外价值呢？接下来，我们以中国对美国出口为例，分析近年来中国对美国出口中国内外价值含量变动情况。

一、中国对外出口中的国内价值含量分解

(一) 中国对美出口的国内价值比重

图 4. 1 反映了我国对美国出口中国内价值比重的变动情况。根据图 4. 1 可以看出，整体来说，我国对美直接出口的国内价值含量比重呈现出较为稳定的下降趋势。这说明在当前垂直专业化的国际分工背景下，我国对美出口开始越来越多地采用国外中间投入品，在垂直专业化逐渐深化的同时，我国主要是通过承担价值链下游的加工装配等环节而融入全球价值链中。

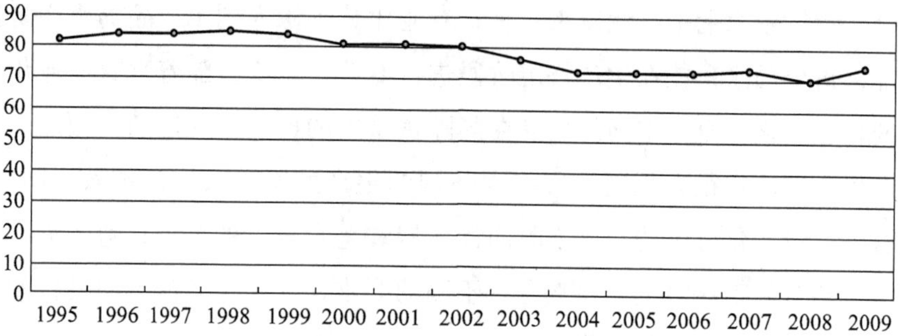

图 4. 1　中国对美出口的国内价值比重变动趋势

数据：《国际贸易问题》童伟伟(2013)

图 4. 2 绘制的是中国对美出口中所包含的境外中间投入价值比重变动情况，在对美国出口的境外价值含量中，中国台湾地区、韩国、日本和美国处于主导地位。但在 2005 年之后，欧盟各国的比重发生了显著的持续增长，致使中国台湾地区、韩国、日本三者的主导地位大大削弱，这说明中国的中间投入品进口已呈现出更为明显的多元化趋势。

(二)中国对美出口中的境外价值含量

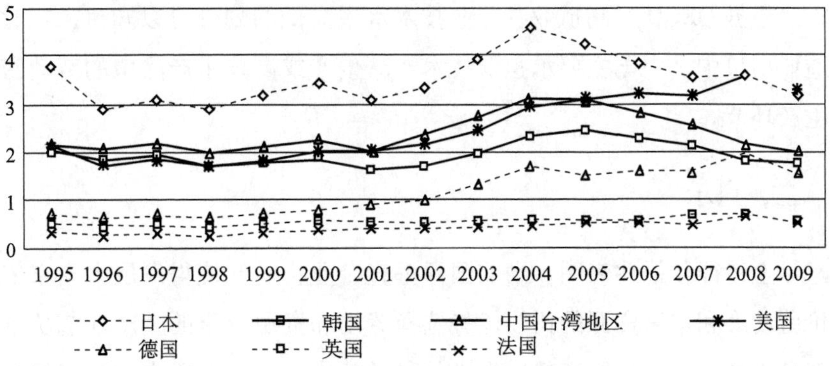

图 4.2　中国对美出口中的境外价值含量变动趋势

数据：《国际贸易问题》童伟伟(2013)

(三)中国制造业各分行业对美出口中的国内价值含量

图 4.3 绘制了制造业中各行业对美国出口的国内价值比重的变动趋势，由图 4.3 可以清晰地看出，总体上中国制造业各行业对美国出口的国内价值比重变化呈现出下降的趋势，其中下降幅度最大的是 ind11 和 ind13 行业(非金属矿物制品业和机械制造业)，下降幅度约为 45%。其他各行业也呈现出较一致的下降趋势，如食品饮料与烟草制造业(ind3)、为纺织

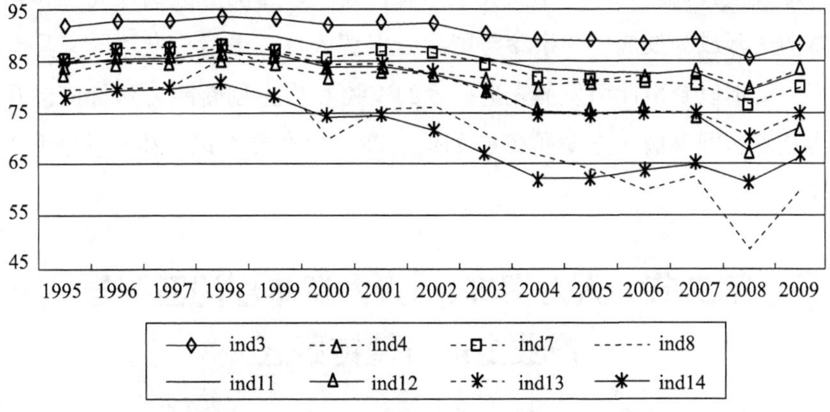

图 4.3　分行业对美出口的国内价值变动趋势

数据：《国际贸易问题》童伟伟(2013)

业（ind4）、纸张及印刷业（ind7）、炼焦与石油加工业（ind8）、电子与光学制造业（ind12）和基本金属与金属制品业（ind14），平均下降幅度大约为23%。根据OECD对制造业各行业技术水平高低的划分可以知道，在对美制造业出口中，中国主要承担低技术产品生产或高技术产品中的劳动密集型生产环节。

二、启示

以上特征化描述表明，当前国际垂直专业化生产使得发展中国家依靠廉价劳动力和丰富资源的比较优势选择劳动和资源密集的生产环节从事初级产品生产。而发达国家凭借先进的科学技术、雄厚的资本和丰富的管理经验，率先占据技术和资本密集型生产环节，在垂直一体化国际分工格局中，日益控制技术和资本密集型生产环节的高附加值环节的生产，与此相对应的是，发展中国家只能被挤压在劳动和资源密集型生产等低附加值环节上。

当然，以上事实的出现并不是偶然的小概率事件。首先，发展中国家价值链的低附加值"锁定"和发达国家在价值链的领导地位具有客观存在的原因：首先，发达国家高的劳动力和资源成本促使他们保留技术和资本密集的高附加值生产环节，把附加值低的劳动和资源密集型生产环节以外包或对外直接投资形式外置于发展中国家；其次，劳动力的比较优势和相对丰富的资源成为发展中国家参与国际分工切入点；最后，发达国家具有较高人力资本以及由此引发的先进技术的掌控和自主创新能力和价值链升级能力是发达国家嵌入全球价值链如何生产、生产什么以及生产多少的"指挥棒"。

第二节　人力资本、人力资本部门匹配与产业全球价值链跃迁

在第一节里，我们刻画了中国对外出口中所包含的国内外价值比重及其变动趋势，研究结果表明，随着垂直专业化分工的轨迹不断向前发展和

垂直分工的范围日益扩展，我国凭借廉价劳动力资源以及相应的优惠政策的支持下，尽管我国出口贸易总量快速增长，但是，我国制造业在对外出口中更多的是承担低技术产品生产或高技术产品中的劳动密集型生产环节，垂直专业化的深化并没有引致我国嵌入在全球价值链高附加值环节上。究其原因，关键是我国的人力资本水平不能与产业链高附加值环节的技术要求相匹配。当前，我国以廉价劳动力的比较优势为基础，在日益深入地融入全球化、垂直专业化的过程中，内在地需要不断提高我国人力资本水平和人力资本积累程度，提高我国对国外技术的吸收能力和自主创新能力，并在实现本身技术水平显著提升的条件下向全球价值链高端跃迁。

这一节我们基于 Bucci(2003)关于最终产品部门、资本品部门和研发部门的基本模型的设定，并参考黄文正(2010)、傅晓霞(2012)以及唐东波(2013)的研究框架，通过构建简单的理论模型系统地分析了人力资本以及人力资本部门间的匹配对产业全球价值链提升以及产业技术水平长期进步的影响，从而为我国外向型经济发展方式转变提供理论和实证依据。基于本书所研究的范畴，我们把人力资本匹配定义为两种类型：①同质性人力资本的数量匹配，表现在同质性人力资本在各个部门间的合理分布，在本书我们定义为人力资本的部门匹配；②异质性人力资本的质量匹配，表现在人力资本的结构匹配和人力资本的技术选择匹配，即对不同类型专业人力资本的需求和人力资本水平随产业偏向性技术选择的动态变化。在本章中，我们先探讨同质性人力资本的数量匹配，即所谓的人力资本的部门匹配，关于异质性人力资本的质量匹配将在接下来的章节进行分析。我们将会看到，如果产业整体人力资本水平的提高并且伴随着人力资本在产业不同部门间的合理匹配不仅有助于产业全球价值链的跃迁，而且能够实现产业技术水平的长期进步，从而最终能够实现我国外向型经济发展方式的转变。因此，本章节研究的结论所蕴含的意义是，我们不仅要求人力资本水平的提高，而且也要关注人力资本在部门间的合理匹配。

一、模型的基本设定

我们通过构建一般均衡模型来系统地刻画人力资本以及人力资本部门

间的匹配对产业全球价值链提升以及产业技术水平长期进步的影响。在本节的模型构建中，为简化模型求解并不失一般性，我们需要做一些假定：

（1）人力资本匹配不仅有人力资本“质”的要求，也需要人力资本“量”的要求，为简化模型求解，在章节中假定所考察的人力资本是同质的，因此，本章节所提及的人力资本匹配主要表现在同质性人力资本在各个部门间的合理分布。

（2）由于假定人力资本是同质的，本章节的人力资本部门匹配本质上就是人力资本数量匹配。

（3）根据本书研究框架的需要，在本节中，我们主要分析人力资本数量匹配（人力资本部门匹配），不谈人力资本质量匹配，关于人力资本质量匹配的研究将在接下来的章节进行深入分析。

（一）消费者行为

我们用不变跨期替代弹性效用函数来刻画代表性家庭的消费偏好，其总效用函数为：

$$U = \int_0^{\infty} \exp(-\rho t)\frac{c(t)^{1-\theta}-1}{1-\theta}dt \tag{4.1}$$

其中，$c(t)=C(t)/L(t)$表示家庭人均消费；$L(t)$为劳动力数量并假定为外生的；ρ为消费者主观贴现率；θ为跨期替代弹性倒数，这里用以刻画边际效用弹性。如果利率为r，在给定自己预算收入贴现值的条件下，通过求解(4.1)式最大化其效用函数，我们很容易得到消费者的最优支出路径：

$$\dot{c}/c=(r-\rho)/\theta \tag{4.2}$$

（二）生产技术

（1）最终产品生产部门

我们假定最终产品生产部门生产技术采用如下形式：

$$Y=H_Y^{\alpha}X^{\beta},\ \alpha,\ \beta>0,\ \alpha+\beta=1 \tag{4.3}$$

其中，Y为最终产品的产量，X为中间品投入组合，H_Y表示投入最终产品生产的人力资本水平。同时，我们基于垂直一体化模式令发达国家专业化生产中间品种类数为Γ，并且令发达国家专业化生产中间品种类数和发展中国家国内中间品种类数总和为1，因此，发展中国家国内中间品种类数为$1-\Gamma$。我们同样假设Γ为连续而非离散的。根据现行的投入产出条件，则中间品投入组合X由不变弹性的CES函数生成：

$$X=\left(\int_{0}^{\Gamma}(\theta_1 x_{1t})^{\frac{\sigma-1}{\sigma}}dt+\int_{\Gamma}^{1}(\theta_2 x_{2t})^{\frac{\sigma-1}{\sigma}}dt\right)^{\frac{\sigma}{\sigma-1}},\theta_1,\theta_2>0;\sigma>1 \tag{4.4}$$

根据以上描述，在这里我们知道所有国外专业化生产的中间品x_{1t}定义在$t\in(0,\ \Gamma)$的范围之内，而发展中国家国内中间品x_{2t}定义在$t\in(\Gamma,\ 1)$的范围之内。借用产品种类扩展隐喻(metaphor of product variables)来刻画技术的内生进步(Acemoglu，2009)，因此，可以将中间品的数量表示技术创新的成果。由于我们令发达国家专业化生产中间品种类数和发展中国家国内中间品种类数总和为1，因此，Γ体现了发达国家技术水平的相对程度，而$1-\Gamma$则表示发展中国家技术水平的相对程度。由于(4.4)式为规模报酬不变的生产函数，我们很容易得出要素替代弹性为σ。为简化分析的目的，我们进一步令$\beta(\sigma-1)/\sigma$，同时我们发现，β和σ之间具有正向的变动关系。结合(4.3)式和(4.4)式，并把$\beta=(\rho-1)/\rho$带入到方程中，我们可以得出最终产品生产部门生产技术的形式：

$$Y=H_Y^{\alpha}\left(\int_{0}^{\Gamma}(\theta_1 x_{1t})^{\beta}dt+\int_{\Gamma}^{1}(\theta_2 x_{2t})^{\beta}dt\right) \tag{4.5}$$

在(4.5)中，参数θ_1和θ_2则反映了不同中间品的边际生产力，θ_1体现了外购中间品的边际生产力，θ_2体现了自制中间品的边际生产力，并且假定外购中间品的边际生产力大于自制中间品的边际生产力，即$\theta_1>\theta_2$。

(2) 中间产品生产部门

由于在$t\in(0,\ 1)$范围内存在着连续的无数个中间产品的生产企业，假设每个企业只生产单一种类产品，并且不同企业产品不存在相互的互补和替代关系。假定生产一单位国外专业化生产的任何种类的中间品需要σ单位人力资本，生产一单位国内任何种类的中间产品需要ψ单位物质资本，结合(4.5)式，我们可以得出投入到国外专业化生产的中间品的人力资本总量以及投入到国内中间产品部门的物质资本总量分别为：

$$H_m = \sigma\int_0^{\Gamma}(x_{1t})dt; \quad K_m = \psi\int_{\Gamma}^{1}(x_{2t})dt \tag{4.6}$$

考虑到简化求解，我们令 $\sigma = \theta_1$，$\psi = \theta_2$，并假定中间产品的对称性，则各自的中间产品部门的生产函数分别为：

$$x_{1t} = \frac{H_m}{\theta_1}; \quad x_{2t} = \frac{K_m}{\theta_2} \tag{4.7}$$

(三)研发部门

接下来我们考察研发部门的生产函数。本书认为，在开放经济中，垂直一体化模式下研发部门的研发行为可以看作研发人员与已有的国内技术知识存量以及通过垂直一体化模式获得的国外溢出的技术相互作用的过程。技术知识具有中间品的性质，技术进步表现为中间品种类数目的扩张。因此，基于垂直一体化模式下，发达国家已有的技术知识存量为 Γ，而国内已有的技术知识存量为 1 - Γ。因此，发展中国家研发部门的生产函数可以表述为以下形式：

$$N_A = \delta H_A[(1-\Gamma) + s\Gamma], \quad 0 < s < 1 \tag{4.8}$$

在这里，δ 表示发展中国家研发部门的生产效率；H_A 为研发部门投入的人力资本量；s 为发展中国家对发达国家技术的吸收能力系数。黄文正(2010)认为，发展中国家的技术进步体现了本国研发部门的技术创新和国外技术溢出的获取，因此，这里的 N_A 反映了技术知识的增量。根据(4.8)式，我们可以求出发展中国家的技术进步率：

$$g_n = \frac{N_A}{1-\Gamma} = \delta H_A\left(1 + s\frac{\Gamma}{1-\Gamma}\right) \tag{4.9}$$

二、优化问题求解

首先，我们假定最终产品市场、劳动力市场和资本市场都是完全竞争的。对于中间产品市场存在两个假设条件：①中间产品部分可以自由流动；②中间产品生产商购买中间产品部门的上游部门(研发部门)研发的新产品进行垄断性生产。为简化分析起见，我们令最终产品的价格为 1，即 $p_Y = 1$；令投入到研发部门和最终产品部门的人力资本工资分别为 W_A 和

W_Y。同时，我们令国外专业化中间品价格和国内自制中间品价格分别为 p_{x1} 和 p_{x2}。

（1）最终产品生产部门

最终产品的生产部门通过选择国外专业化中间产品 x_2 和国内自制中间产品 x_2 以及选择最终产品部门的人力资本 H_Y 以实现最大化的利润，因此，最终产品的生产部门的最优化行为是：

$$\underset{x_1,x_2,H_Y}{\text{Max}}(\pi) = Y(x_{1t},x_{2t},H_Y) - W_YH_Y - \int_0^{\Gamma} p_{x1}x_{1t}dt - \int_{\Gamma}^{1} p_{x2}x_{2t}dt \quad (4.10)$$

求解(4.10)式的最大化一阶条件为：

$$\frac{\partial\pi}{\partial x_1} = (1-\alpha)H_Y^{\alpha}(\theta_1 x_{1t})^{\beta-1}\theta_1\Gamma - p_{x1}\Gamma = 0 \quad (4.11)$$

$$\frac{\partial\pi}{\partial x_2} = (1-\alpha)H_Y^{\alpha}(\theta_2 x_{2t})^{\beta-1}\theta_2(1-\Gamma) - p_{x2}(1-\Gamma) = 0 \quad (4.12)$$

$$\frac{\partial\pi}{\partial x_2} = \alpha(H_Y)^{\alpha-1}\left(\int_0^{\Gamma}(\theta_1 x_{1t})^{\beta}dt + \int_{\Gamma}^{1}(\theta_2 x_{2t})^{\beta}dt\right) - W_Y = 0 \quad (4.13)$$

根据(4.11)、(4.12)和(4.13)式，我们可以很容易求出国外专业化中间品价格 p_{x1} 和国内自制中间品价格 p_{x2} 以及最终产品部门的人力资本的工资 W_Y 分别为：

$$p_{x1} = (1-\alpha)H_Y^{\alpha}(\theta_1 x_{1t})^{\beta-1}\theta_1;\ p_{x2} = (1-\alpha)H_Y^{\alpha}(\theta_2 x_{2t})^{\beta-1}\theta_2;\ W_Y = \frac{\alpha Y}{H_Y} \quad (4.14)$$

结合(4.14)式，我们进一步可以得出中间品的需求函数分别为：

$$X_{1t} = \left(\frac{(1-\alpha)(\theta_1)^{1-\alpha}}{p_{x1}}\right)^{\frac{1}{\alpha}}H_Y;\ x_{2t} = \left(\frac{(1-\alpha)(\theta_2)^{1-\alpha}}{p_{x2}}\right)^{\frac{1}{\alpha}}H_Y \quad (4.15)$$

根据(4.15)式可以看出，国外专业化中间品和国内自制中间品的需求函数都是为向右下方倾斜的曲线，体现了中间品具有垄断的性质。

（2）中间产品生产部门

根据(4.6)式可以知道，θ_1 和 θ_2 分别说明生产的一单位国外购买的专业化生产的中间品需要 θ_1 单位人力资本和生产一单位国内中间产品需要 θ_2 单位物质资本。令 W_G 表示中间产品部门的人力资本工资。结合(4.6)时，则生产购买国外专业化生产的中间产品部门的最大化利润为：

$$\begin{aligned}\underset{x_1}{\mathrm{Max}}(\pi 1) &= \int_0^\Gamma (p_{x1}x_{1t} - \theta_1 W_G x_{1t})\,dt \\ &= \int_0^\Gamma \{(1-\alpha)H_Y^\alpha(\theta_1 x_{1t})^{\beta-1}\theta_1 x\,1t - \theta_1 W_G x_{1t}\}\,dt \end{aligned} \tag{4.16}$$

求解(4.16)式的最大化一阶条件为：

$$\frac{\partial \pi 1}{\partial x_{1t}} = (1-\alpha)\beta H_Y^\alpha(\theta_1)^\beta(x_{1t})^{\beta-1}\Gamma - \theta_1 W_G\Gamma = 0 \tag{4.17}$$

结合(4.14)、(4.15)和(4.17)式，我们进一步得出国外专业化生产的中间产品均衡产量和均衡价格为：

$$x_{1t}^* = \frac{H_Y}{\theta_1}\left(\frac{(1-\alpha)^2}{W_G}\right)^{\frac{1}{\alpha}};\ p_{x1} = \frac{\theta_1 W_G}{1-\alpha} \tag{4.18}$$

由于物质资本的价格为 r，则国内中间产品部门的最大化利润为：

$$\underset{x2(\pi 2)}{\mathrm{Max}} = \int_\Gamma^1 (p_{x2}x_{2t} - r\theta_2 x_{2t})\,dt = \int_\Gamma^1 \{(1-\alpha)H_Y^\alpha(\theta_2 x_{2t})^{\beta-1}\theta_2 x_{2t} - r\theta_2 x_{2t}\}\,dt \tag{4.19}$$

求解(4.19)式最大化的一阶条件为：

$$\frac{\partial \pi 1}{\partial x_{2t}} = (1-\alpha)\beta H_Y^\alpha(\theta_2)^\beta(x_{2t})^{\beta-1}(1-\Gamma) - \theta_2 r(1-\Gamma) = 0 \tag{4.20}$$

结合(4.14)、(4.15)和(4.20)式，我们进一步得出国内中间产品的均衡产量和均衡价格为：

$$x_{2t}^* = \frac{H_Y}{\theta_2}\left(\frac{(1-\alpha)^2}{r}\right)^{\frac{1}{\alpha}};\ p_{x2} = \frac{\theta_2 r}{1-\alpha} \tag{4.21}$$

通过把(4.18)和(4.21)式代入(4.5)式，我们可以求出最终产品部门的最优产出为：

$$\begin{aligned} Y^* &= H_Y^\alpha\left(\int_0^\Gamma(\theta_1 x_{1t}^*)^\beta dt + \int_\Gamma^1(\theta_2 x_{2t}^*)^\beta dt\right) \\ &= (1-\alpha)^{\frac{2(1-\alpha)}{\alpha}}\left((W_G)^{\frac{\alpha-1}{\alpha}}\Gamma + (r)^{\frac{\alpha-1}{\alpha}}(1-\Gamma)\right)H_Y \end{aligned} \tag{4.22}$$

进一步，结合(4.14)和(4.22)式，我们可以得出最终产品部门人力资本的工资：

$$W_Y=\alpha(1-\alpha)^{\frac{2(1-\alpha)}{\alpha}}\left((W_G)^{\frac{\alpha-1}{\alpha}}\Gamma+(r)^{\frac{\alpha-1}{\alpha}}(1-\Gamma)\right) \tag{4.23}$$

同时，结合(4.16)、(4.19)、(4.18)和(4.21)式，我们可以得出中间产品部门的均衡垄断利润：

$$\pi_m = \underset{x1}{\text{Max}}(\pi 1) + \underset{x2}{\text{Max}}(\pi 2) = \int_0^\Gamma (p_{x1}x_{1t}^* - W_G\theta_1 x_{1t}^*)dt + \int_\Gamma^1 (p_{x2}x_{2t}^* - r\theta_2 x_{2t}^*)dt$$

$$=\frac{\alpha}{1-\alpha}(1-\alpha)^{\frac{2}{\alpha}}((W_G)^{\frac{(\alpha-1)}{\alpha}}+(r)^{\frac{(\alpha-1)}{\alpha}}(1-\Gamma))H_Y \tag{4.24}$$

(3) 研发部门

假定国内研发部门研发产品的价格为 p_A，研发部门的人力资本的工资为 W_A，结合(4.8)式，则研发部门的优化问题为：

$$\underset{H_A}{\text{Max}}(\pi_A)=p_A N_A-W_A H_A=p_A\delta H_A[(1-\Gamma)+s\Gamma-W_A H_A] \tag{4.25}$$

根据其一阶条件可以得到均衡下的研发部门的人力资本工资为：

$$W_A=p_A\delta[(1-\Gamma)+s\Gamma] \tag{4.26}$$

我们知道，研发部门在决定每一期的研发行为时，其本身就涉及研发行为的跨期决策问题。由于假定研发部门也是完全竞争的，因此，研发部门单项生产中间品方案发明的价格等于中间品部门利用该专利所获得利润的贴现值：

$$p_A(t)=\int_t^\infty \pi m(\nu)\exp(-\int_t^\nu r(x)dx)d\nu \tag{4.27}$$

通过(4.27)式对时间 t 求微分，我们得出如下中间品价格、市场利率和中间品利润之间的关系式：

$$p_A(t)=\pi_m(t)/r(t) \tag{4.28}$$

结合(4.24)、(4.25)和(4.28)式，我们可以进一步得出生产中间品方案发明的价格和研发部门人力资本的工资：

$$p_A=\frac{\alpha}{1-\alpha}(1-\alpha)^{\frac{2}{\alpha}}r^{-1}((W_G)^{\frac{\alpha-1}{\alpha}}\Gamma+(r)^{\frac{\alpha-1}{\alpha}}(1-\Gamma))H_Y \tag{4.29}$$

$$W_A=\frac{\alpha}{1-\alpha}(1-\alpha)^{\frac{2}{\alpha}}r^{-1}\left((W_G)^{\frac{\alpha-1}{\alpha}}\Gamma+(r)^{\frac{\alpha-1}{\alpha}}(1-\Gamma)\right)H_Y\delta[(1-\Gamma)+s\Gamma] \tag{4.30}$$

三、均衡的决定

我们这里假设人力资本总量是外生给定的，人力资本在三个部门可以自由流动，三个部门人力资本之和共同构成整个人力资本总量，因此，三个部门人力资本和整个经济人力资本之间的关系为：

$$H = H_A + H_m + H_Y \tag{4.31}$$

由于我们假定劳动力市场是完全竞争的市场组织形式，因此，在均衡状态下，三个部门的人力资本的工资是相等的，即 $W_Y = W_A = W_G$。在考察最终产品部门和研发部门时，由(4.23)和(4.30)式我们可以得出如下关系：

$$\alpha(1-\alpha)^{\frac{2(1-\alpha)}{\alpha}}\left((W_G)^{\frac{\alpha-1}{\alpha}}\Gamma+(r)^{\frac{\alpha-1}{\alpha}}(1-\Gamma)\right)$$

$$=\frac{\alpha}{1-\alpha}(1-\alpha)^{\frac{2}{\alpha}}r^{-1}\left((W_G)^{\frac{\alpha-1}{\alpha}}\Gamma+(r)^{\frac{\alpha-1}{\alpha}}(1-\Gamma)\right)H_Y\delta[(1-\Gamma)+s\Gamma] \tag{4.32}$$

根据(4.32)式等式关系，我们进一步得出如下关于最终产品部门的人力资本与垂直专业化深化之间的内在联系：

$$\Gamma=\frac{1}{1-s}\left(1-\frac{r}{(1-\alpha)H_Y\delta}\right) \tag{4.33}$$

进一步，我们根据(4.6)式可以得出中间品部门的最优的人力资本水平：

$$H_m = \int_0^{\Gamma}(\theta_1 x_{1t}^{*})dt = \theta_1 x_{1t}^{*}\Gamma \tag{4.33}$$

结合(4.18)和(4.33)式，我们得出中间产品部门的人力资本工资为：

$$W_G=(\frac{H_Y}{H_m})^{\alpha}\Gamma^{\alpha}(1-\alpha)^2 \tag{4.34}$$

令 $x = H_Y/H_m$，并通过结合(4.23)和(4.34)式，我们得出如下关系式：

$$(x)^{\alpha}(\Gamma)^{\alpha}(1-\alpha)^2=\alpha(1-\alpha)^{\frac{2(1-\alpha)}{\alpha}}\left([(x\Gamma)]^{\alpha}(1-\alpha)^2]^{\frac{\alpha-1}{\alpha}}\Gamma+(r)^{\frac{\alpha-1}{\alpha}}(1-\Gamma)\right) \tag{4.35}$$

通过(4.35)式对 x 求微分，我们得出最终产品部门人力资本和中间产品部门人力资本之间的最优分配关系为：

$$\frac{H_Y}{H_m}=\frac{1}{(1-\alpha)} \tag{4.36}$$

由(4.36)式我们可以得知，最终产品部门人力资本和中间产品部门人力资本之间的最优分配关系为最终产品部门人力资本和中间产品部门人力资本之比为中间品投入组合 X 的边际报酬的倒数。进一步，结合(4.33)和(4.36)式，我们得出关于中间产品部门的人力资本与垂直专业化深化之间的内在联系：

$$\Gamma=\frac{1}{1-s}\left(1-\frac{r}{H_m\delta}\right) \tag{4.37}$$

进一步，我们通过结合(4.31)、(4.33)和(4.37)式可以得出研发部门的人力资本与垂直专业化深化之间的内在联系：

$$\Gamma=\frac{1}{1-s}\left(1-\frac{r(2-\alpha)}{(H-H_A)\delta(1-\alpha)}\right) \tag{4.38}$$

根据平衡增长路径的性质：$g_y=g_c=g_n=\dot{c}/c$，可以得到在均衡条件下垂直专业化、人力资本之间的关系。把(4.38)式带入到(4.9)式中并结合(4.2)式，我们得到如下关系：

$$\theta H\{1+(1-(1-s)\Gamma)\}\delta(1-\alpha)=(1-\Gamma)(r-\rho)(1-\alpha)+r\theta(2-\alpha) \tag{4.39}$$

通过对(4.39)式作简单的等价转换，我们得出如下关系：

$$\Gamma=\frac{(r-\rho)(1-\alpha)-r\theta(2-\alpha)-2\theta H\delta(1-\alpha)}{(r-\rho)(1-\alpha)-\theta H\delta(1-\alpha)(1-s)} \tag{4.40}$$

式(4.40)是本书的结论性方程，描述了在均衡状态下人力资本水平与产业垂直专业化以及产业全球价值链的位置之间的关系。根据(4.40)式可以看出，Γ 是产业人力资本 H 和研发效率 δ 的函数。同时，研发效率体现在人力资本水平上，因此，二者存在交互作用，表现在(4.40)式就是人力资本水平 H 和研发效率 δ 以乘积形式出现方程中。通过对(4.40)式刻画，我们得出如下关系：

$$\frac{\partial\Gamma}{\partial H}=\frac{r\theta(1-s)(2-\alpha)+(r-\rho)(1+s)(1-\alpha)}{[(r-\rho)(1-\alpha)-\theta H\delta(1-\alpha)(1-s)]^2}>0 \tag{4.41}$$

在本书的模型设定中，Γ 具有三层含义：首先，Γ 为企业外购中间品的比例，即表示垂直专业化分工的程度，因此，Γ 越大则表示垂直专业化分工的程度越大，即所谓的垂直专业化的继续深化；其次，由于本书假定外购中间品为专业化产品，外购中间品的技术含量较高（Γ 表示），则处于国际分工的价值链的位置较高。因此，Γ 越大，则表示我国在参与国际分工中所处于的价值链也越高；最后，由于在本书所设定的模型中，令发达国家专业化生产中间品种类数和发展中国家国内中间品种类数总和为1，因此，$1-\Gamma$ 则表示国内产品的技术水平。由（4.41）式可以看出，人力资本水平 H 与 Γ 之间是正比关系。因此，提高产业部门人力资本水平有助于产业垂直专业化的深化，并有助于我国在国际产业链位置的提升。

四、人力资本部门匹配和人力资本的边际效应的进一步分析

上文重点分析了产业人力资本的提升与垂直专业化的深化以及与我国产业全球价值链的位置之间的内在联系。尽管模型研究的结论表明提高产业部门的人力资本水平有助于产业垂直专业化的深化，并有助于我国在国际产业链位置的提升。但是，通过对（4.41）式进一步分析我们得出另一个结论，即 $\partial(1-\Gamma)/\partial H<0$。这表明人力资本水平的提高却不利于产业的技术进步。这个结论的所蕴含的意义是，如果我们仅仅提高整体人力资本水平，但不考虑人力资本部门间的匹配，则人力资本水平的提高虽然有助于产业垂直专业化的深化和产业全球价值链的跃迁，但在长期却不利于产业的技术进步。接下来，我们将进一步考察在既定的人力资本总量情况下人力资本的部门间匹配问题。

正如本节开头所言，我们把人力资本匹配分为两种类型：①同质性人力资本的数量匹配，表现在同质人力资本在各个部门间的合理分布；②异质性人力资本的质量匹配，表现在人力资本的结构匹配和人力资本的技术选择匹配，即对不同类型专业人力资本的需求和人力资本水平随产业技术偏向性选择的动态变化。在本章中，我们先探讨同质性人力资本的数量匹配，即所谓的人力资本的部门匹配。由于假定人力资本是同质的，则部门间的人力资本差异主要体现数量分配上，因此，人力资本的部门匹配问题

就转化为人力资本在部门间的分配问题。根据(4.31)式的人力资本的总量关系则赋予人力资本的如下分配关系，即：

$$\overline{H} = \lambda_1 H_A + \lambda_2 H_m + \lambda_3 H_Y,\ \lambda_1 + \lambda_2 + \lambda_3 = 1 \tag{4.42}$$

接下来，我们将进一步考察人力资本在部门间的匹配对产业垂直专业化的影响，由于(4.33)、(4.37)和(4.38)式反映了在人力资本总量既定的条件下，各个部门的人力资本与产业垂直专业化之间的联系，内在地体现了人力资本的部门分配对产业垂直专业影响的逻辑。通过对(4.33)、(4.37)和(4.38)式刻画并结合(4.42)式，我们得出如下关系：

(1) 研发部门人力资本匹配

根据上述描述过程，我们很容易得出第一个关于研发部门人力资本匹配与产业垂直专业化深化之间的关系：

$$(2-\alpha)r = [1-(1-s)\Gamma](1-\alpha)(1-\lambda_1)\overline{H}\delta \tag{4.43}$$

对(4.43)式刻画，我们得出如下关系：

$$\frac{\partial \Gamma}{\partial \lambda_1} = -\frac{1}{1-sH\delta(1-\alpha)}\frac{r(2-\alpha)}{}(1-\lambda_1)^{-2} < 0 \tag{4.44}$$

由(4.44)式我们发现，研发部门的人力资本分配数量与产业垂直专业化之间为反比关系，但是与我国产业的技术水平成正比关系。由于以上都是在均衡条件下分析的结果，因此，从长期来看，提高研发部门的人力资本分配数量并不利于产业垂直专业化的深化，但是有助于提高我国产业的技术水平提升。根据这个结论，我们可以解释为什么整体人力资本水平的提高虽然可以有助于产业垂直专业化的深化和国际产业链位置的提升，但不利于国内技术进步的原因。结合以上研究结论，我们的政策建议是，我国在提高产业人力资本的同时，也要合理构建人力资本的在各个部门之间的合理配置。

(2) 中间产品部门和最终产品部门的人力资本匹配

进一步地，我们得出中间产品部门和最终产品部门的人力资本的匹配与产业垂直专业化深化之间的关系，见(4.45)和(4.46)式：

$$r = [1-(1-s)\Gamma]\lambda_2\overline{H}\delta \tag{4.45}$$

$$r = [1-(1-s)\Gamma](1-\alpha)\lambda_3\overline{H}\delta \tag{4.46}$$

通过对(4.45)和(4.46)式刻画，我们得出如下关系：

$$\frac{\partial \Gamma}{\partial \lambda_3}=\frac{1}{1-s}\frac{r}{(1-\alpha)\overline{H}\delta}(\lambda_3)^{-2}>0$$

$$\frac{\partial \Gamma}{\partial \lambda_2}=\frac{1}{1-s}\frac{r}{\overline{H}\delta}(\lambda_2)^{-2}>0 \tag{4.47}$$

由(4.47)式我们发现，中间产品部门和最终产品部门的人力资本分配数量与产业垂直专业化之间都为正比关系，但是与我国产业的技术水平成反比关系。这说明从长期来看提高中间产品部门和最终产品部门的人力资本分配数量虽然有利于产业垂直专业化的深化和产业全球价值链的提升，但是不利于我国产业的技术水平的长期进步。因此，从技术进步的角度来看，还需要提高研发部门的人力资本数量。

五、主要结论

本书在前人研究的基础上构建了一个简单的理论模型，系统地阐述了产业人力资本水平、产业人力资本在各个部门之间的合理匹配对产业垂直专业化水平、产业在国际产业价值链的位置以及产业技术进步的影响。研究结果表明：提高人力资本水平虽然能够提高我国产业在全球价值链的位置，但并不必然引致我国产业技术水平的长期进步。但是，如果产业整体人力资本水平的提高伴随着人力资本在产业不同部门间的合理匹配不仅有助于产业全球价值链的跃迁，而且能够实现产业技术水平的长期进步，从而最终能够实现我国外向型经济发展方式的转变。

当然，基于模型构建以及简化模型求解的需要，本章节的研究仅仅考察同质性人力资本在各个部门的合理分布上，主要体现人力资本的数量匹配。正如前文所述，人力资本匹配不仅有“量”的匹配，更主要有“质”的匹配，同时，随着产业结构升级和技术变迁，内在地需要不同类型的专业人力资本，也内在地要求人力资本水平随产业技术变迁发生动态变化。因此，从这个意义上来讲，人力资本匹配是一个动态过程。以前文献专门指出人力资本的要素功能和人力资本的外部性特征，这些文献仅仅从静态的角度来考察人力资本的属性特征，但是，一旦引入人力资本的匹配问题，则人力资本的属性特征需要赋予动态含义。

第三节　初始人力资本选择匹配、垂直专业化与产业价值链跃迁：实证分析

在本节中，我们将暂时撇开前文的研究思路，把视角转移到检验初始人力资本选择如何与垂直专业化的不同阶段(垂直专业化程度)相匹配，从而最大化提升我国产业全球价值链位置的研究路径上来，其目的就是从另外一个角度来分析人力资本匹配问题。表面看来，本节的内容与前面章节的内容不相一致，我们之所以把本节内容与前面章节的内容放在一起讨论，其根本原因就是，初始人力资本选择与垂直专业化不同阶段匹配的问题，其实是人力资本部门匹配的“纵向”考察。因此，从这个意义上，本节的内容则从侧面反映了人力资本部门匹配问题，同时更主要体现出人力资本匹配的“质”的要求，这将进一步缓解前面章节对人力资本同质性假定的约束。我们知道，随着垂直专业化分工的轨迹不断向前发展和垂直分工的范围日益扩展，不同生产环节与工序对人力资本选择有着不同的要求，处于生产链不同地位的国家也相应地具有不同的价值回报。因此，在产业垂直专业化的不同阶段，就内在地需要选择相应的初始人力资本与之相匹配。

一、基本假设和研究框架

(一)基本假设

一方面，尽管发达国家或者价值链的领导方面临越来越高的劳动力和资源成本促使他们选择技术和资本密集的高附加值生产环节，并把附加值低的劳动和资源密集型生产环节外置于发展中国家。但是，对于具有廉价的劳动力和丰裕资源禀赋的发展中国家而言，劳动力的比较优势是他们参与国际分工最佳切入点，并且，只有他们积极参与全球垂直专业化分工，才能获取相应的比较利益，据此，我们得出经验假设1。

假设1：发展中国家参与国际分工是其获得价值链份额的基础条件，因此，发展中国家的垂直专业化程度必然影响其在全球价值链的位置。

另一方面，由于发达国家具有较高人力资本以及由此引发的先进技术的掌控和自主创新能力、价值链升级能力是发达国家掌控全球价值链如何生产、生产什么以及生产多少的“指挥棒”。但是，随着发展中国家也日益面临要素禀赋“瓶颈”的约束以及长期锁定在全球价值链的低端位置，因此，发展中国家也内在地要求通过提高劳动者素质，把比较优势转变为以劳动者素质提高的动态比较优势轨迹上来，以改变国际分工格局。同时，发展中国家也通过“边干边学”效应，在嵌入全球价值链的垂直专业化生产阶段，其产品技术含量必然会上升，附加值也会相应地上升。但是，随着垂直专业化水平的继续深化，其生产环节将会面临发达国家价值链治理的“锁定”，从而抑制了价值链的继续升级。因此，发展中国家要想改变这种被动的局势，除却整体提高人力资本水平外，还需要在垂直专业化的不同阶段，即垂直专业化生产的不同环节，通过选择与之相匹配的初始人力资本，把人力资本的要素功能和外部性特征与其所处的生产环节有效地结合起来，从而最大化地发挥人力资本的效应。

假设2：垂直专业化与产业价值链升级是先上升后下降的倒“U”形关系，并且，在垂直专业化的不同阶段，选择与之相匹配的初始人力资本能最大化地提升产业全球价值链的位置。

（二）研究框架

根据以上假说，我们构建如下计量模型来实证分析初始人力资本选择匹配、垂直专业化与产业价值链跃迁之间的内在联系，以考察初始人力资本的选择如何与垂直专业化的不同阶段相匹配，从而最大化提升我国产业全球价值链的位置。根据研究内容需要，本书设定的计量模型如下：

$$\ln Vup_{it} = \lambda \ln Vup_{it-1} + a_1 \ln hum_{it} \times \ln vss_{it} + \sum \beta_i X_{it} + c_i + \omega_t + \varepsilon_{it} \tag{4.48}$$

$$\ln Vup_{it} = \lambda \ln Vup_{it-1} + a_0 \ln vss_{it} \times a_1 \ln vss_{it}^2 + \sum \beta_i X_{it} + c_i + \omega_t + \varepsilon_{it} \tag{4.49}$$

在上式中，下标 i 代表不同的行业，t 代表样本年度，ci 是代表个体固定效应，表示所有不随时间变化影响产业价值链跃迁的个体特定因素；ω_t 表示时间固定效应，代表只随时间变化与个体特定因素无关的影响产业价值链跃迁的因素；ε_{it} 表示服从标准正态分布的随机干扰项。以上计量模型的各个变量的含义为：

(1)价值链跃迁变量(Vup)，本书用制造业细分行业的工业增加值与工业总产值比值，即附加值率来表示。由于外来中间产品的投入强度随着制造业垂直专业化水平的不断提高而不断加大，因此，依据最终产品很难衡量某个产业(产品)在全球价值链中的位置。马红旗、陈仲常(2012)认为，附加值率能很好地刻画某个产业(产品)的国内生产阶段的技术含量，并且，附加值率越高则该产业(产品)所处全球价值链的位置越高，因此，本书借助制造业的附加值率作为产业价值链跃迁的代理变量。

(2)初始人力资本(Hum)，初始人力资本一方面可以刻画人力资本的属性特征，因此，可以作为人力资本的代理变量；另一方面，用初始人力资本来刻画人力资本的属性特征更能反映人力资本的“外部效应”。根据本书所选择的的样本，我们把 1995 年人力资本作为初始人力资本变量。同时，我们把人力资本分为专业人力资本(hum1)和教育人力资本(hum2)，专业人力资本用工程技术人员的比重(HT)来衡量；受教育程度(HE)用大专及以上人员在全部职工中的比重来衡量。

(3)垂直专业化水平(Vss)，用垂直专业化水平指数来衡量，并且，刻画垂直专业化程度与我国产业价值链升级是先上升后下降的倒“U”形关系，我们在模型中引入垂直专业化水平指数的二次方项或者三次方项。本书借助 Hummels 等(2001)方法，测算出我国制造业细分行业的垂直专业化水平指数，垂直专业化水平指数的计算公式见下式：

$$VSS = \frac{1}{X}\mu A^{M}\ (I - A^{D})^{-1}X^{V} \tag{4.50}$$

数据来源于 1992、1995、1997、2002、2005、2007 的《中国投入产出表》中的基本流量表，进出口的贸易的数据来自于中国报告给联合国的进出口贸易数据库的三位数数据，时间跨度为 1992—2009 年，计算结果见第二章第一节。

(4)初始人力资本和垂直专业化水平的交互项(Hum × vss)，表示初始人力资本和垂直专业化之间的相互作用对产业全球价值链跃迁的效应，用以检验初始人力资本选择如何与垂直专业化的不同阶段相匹配，进而对产业全球价值链跃迁的影响。如果交互项系数显著为正，则表示选择的初始人力资本与垂直专业化所处的阶段相匹配，从而能够显著引致产业全球价值链的提升。

(5)此外，我们还考虑其他影响产业全球价值链跃迁的主要变量作为控制变量引入到模型中，主要有技术进步和规模经济等。技术进步变量用全要素生产率来表示，规模经济变量用产业固定资产原值与总制造业固定资产原值的比值来衡量。

由于上述模型包含了被解释变量的滞后期，因此被称为动态面板模型。对于动态面板模型，包含被解释变量的滞后项，导致解释变量与随机干扰项存在相关性，同时解释变量可能存在内生性。为此，我们采用目前一般采用的广义矩估计方法进行分析。一般来讲，广义矩估计方法分为差分矩估计(DIF-GMM)和系统矩估计(SYS-GMM)估计，然而，Blundell 和 Bond(1998)以及 Bond 等(2001)认为，差分矩估计会产生有限样本偏误的问题，但是系统矩估计结合了差分方程和水平方程，并且还增加了一组滞后的差分变量作为水平方程相应变量的工具，相对来说，系统矩估计的估计量具有更好的有限样本性质。因此，Bond 等(2001)建议使用系统矩估计而不是差分矩估计方法来估计动态面板模型。鉴于此，本书主要报告系统矩估计方法的结果。

二、实证分析结果

在本部分，我们报告实证分析的结果，首先，我们报告初始人力资本和垂直专业化交互项(Hum × vss)系数的显著性和符号。表 4.2 的第(1)列显示，模型设定通过了 Arellano-Bond 二阶序列相关检验和 Sargan 额外工具变量的有效性检验，因此，模型设定是正确的。

表 4.2　计量估计结果

变量	(1)SYS	(2)SYS	(3)SYS	(4)SYS	(5)FE	(6)SYS
Vup	0.2929*** (0.0513)	0.2865*** (0.0565)	0.7096*** (0.0271)	0.6481*** (0.0396)	—	0.4833*** (0.1593)
lnvss × lnhum1	0.0125** (0.0049)	—	0.0040* (0.0023)	—	—	—
lnvss × lnhum2	—	0.0098** (0.0050)	—	0.0072*** (0.0022)	—	—
Lnvss	—	—	—	—	-0.2610** (0.1383)	-0.2185c (0.1407)
Lnvss^2	—	—	—	—	-0.0700** (0.0349)	-0.0633** (0.0348)
控制变量	NO	NO	YES	YES	NO	YES
CONS	-1.083*** (0.0933)	-1.1006*** (0.1014)	-0.6479*** (0.1345)	-0.5879*** (0.0907)	-1.5721*** (0.1366)	-0.8560*** (0.1733)
R^2	—	—	—	—	0.4703	—
F	—	—	—	—	2.10	—
Wald chi2	0.0000	0.0000	0.0000	0.0000	—	0.0000
AR(2)	0.1362	0.1442	0.9873	0.6881	—	0.7571
Hansen	0.9849	0.9823	0.9366	0.9583	—	0.8283
观察值	165	165	105	105	225	90

注：括号内为标准差，上标“***”“**”“*”“c”分别表示1%、5%、10%和15%置信水平；SYS和FE为系统矩估计和固定效应估计。

同时，我们发现 lnvss × lnhum1 系数显著为正，这表明，初始人力资本和垂直专业化之间存在互补作用，在垂直专业化不同阶段，如果选择与此阶段相匹配的初始人力资本将更有助于产业全球价值链的提升。表 4.2 第(1)列考察的是专业人力资本和垂直专业化之间交互作用，接下来我们考察教育人力资本的情况。由表 4.2 的第(2)列检验结果显示，教育人力资本和垂直专业化交互项(lnvss × lnhum2)的系数也显著为正，并且模型设定通过了 Arellano-Bond 二阶序列相关检验和 Sargan 额外工具变量的有效性检验，这进一步证实了在垂直专业化的不同阶段，如果选择与此阶段相匹配的初始人力资本将更有助于产业全球价值链提升的结论。为检验模型设定的稳健性，接下来我们在第(3)和第(4)列通过引入控制变量来检验人力资本和垂直专业化交互项系数的显著性和符号是否发生变化。通过控制其他影响变量可以发现，不管是专业人力资本还是教育人力资本，它们和垂直专业化交互项系数的显著性和符号都没有发生变化，因此，以上实证结论是稳健的。

综合以上实证分析结果，我们证实了在垂直专业化的不同阶段，选择与此阶段相匹配的初始人力资本将能最大化地提升产业全球价值链的位置的假说。

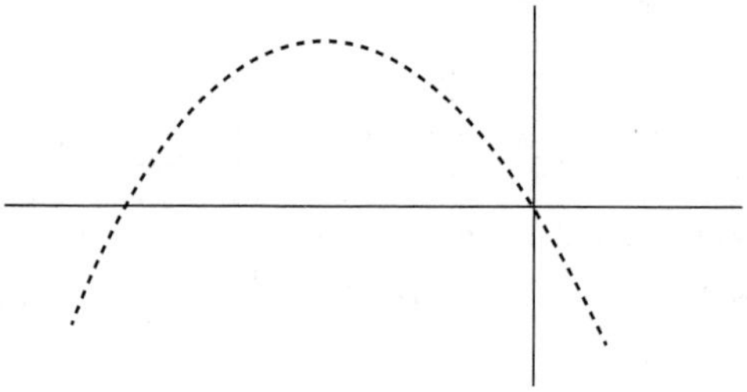

图 4.4　$\ln Vup = -0.261\ln vss - 0.07(\ln vss)^2$ 的图示

接下来，我们检验本书的第二个假说：垂直专业化与产业价值链升级是先上升后下降的倒“U”形关系，因此，我们在模型中引入垂直专业化变量的一次项和二次项，检验结果见表 4.2 的第(5)和第(6)列。首先，我们先借助固定效应估计方法进行初步判断，由第(5)列的固定效应检验结果显示，垂直专业化变量一次项和二次项系数在 5% 置信水平下都显著为负值，这个结论表明我国产业垂直专业化与其价值链升级之间呈现的是倒“U”形关系。

进一步，我们利用系统矩估计方法进行检验，由第(6)列估计果显示，垂直专业化变量一次项和二次项系数在 5% 置信水平下也都显著为负值，这个计量结果也再一次表明，我国产业垂直专业化与我国产业价值链升级之间呈现的是倒“U”形关系。进而，我们把以上计量结果以相图形式展现出来，具体见图 4.4。根据图 4.4 显示，我国产业垂直专业化与我国产业价值链升级之间的倒“U”形关系是在垂直专业化水平小于 0 的区间出现的，但在垂直专业化水平大于0的区间是单调递减的，这与假设不相符合。

由于在模型中引入垂直专业化变量的二次项来检验垂直专业化与产业价值链升级之间倒“U”形关系的假说不成立，因此，我们采取在模型中引入垂直专业化变量的三次项来进一步检验，计量模型设定如下：

$$\ln Vup_{it} = \lambda \ln Vup_{it-1} + a_0 \ln vss_{it} + a_1 \ln vss_{it}^3 + \sum \beta_i X_{it} + c_i + \omega_i + \varepsilon_{it} \tag{4.51}$$

对于(4.51)式，我们分别采用差分矩估计和系统矩估计方法进行估计，同时，我们也在模型中引入控制变量进行稳健性检验。由表4.3第(1)列差分矩估计结果显示，垂直专业化变量一次项系数在5%置信水平下显著为正值，而垂直专业化变量三次项系数在5%置信水平下显著为负值，同时，模型设定通过了Arellano-Bond二阶序列相关检验和Sargan额外工具变量的有效性检验。这个结论表明，我国产业垂直专业化与其价值链升级之间呈现出倒“U”形关系。进一步，我们在第(2)列进行系统矩估计，我们也得出与差分矩估计一致的结论。为进一步考察以上结论的稳健性，我们在第(3)和第(4)列通过引入相应的控制变量进行稳健性检验，检验结果显示，当引入一系列控制变量之后，不管是差分矩估计还是系统矩估计，都得出了与上述一致的结论。因此，通过在模型中引入垂直专业化变量的三次项，我们得出了垂直专业化与我国产业价值链升级之间呈现出是倒“U”形关系的稳健性结论。我们同样借助相图进行分析，具体见图4.5。

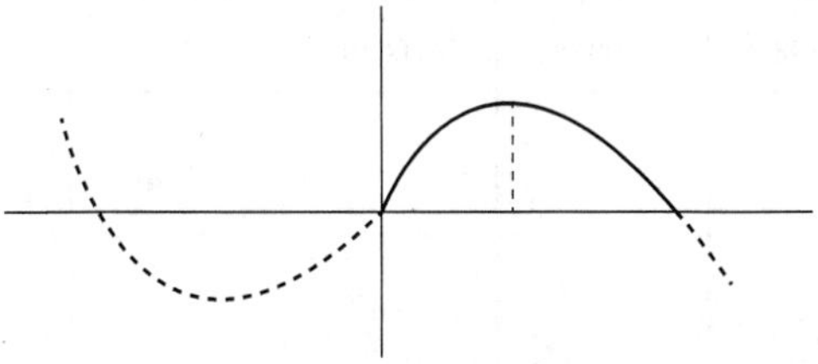

图4.5 $\ln Vup = 0.493 \ln vss - 0.04(\ln vss)^3$ 图示

根据图4.5可以看出，在垂直专业化水平大于0的区间，我国产业垂直专业化与其价值链升级之间是先上升后下降的倒“U”形关系。

之所以出现垂直专业化与产业价值链升级之间的倒"U"形关系，马红旗和陈仲常(2012)基于全球价值链治理视角做出了很好的解释。他们认为，在嵌入全球价值链初期，由于我国制造业逐渐满足发达国家价值链治理的参数(国际化生产标准)要求，并接受来自发达国家的技术指导与培训或通过"边干边学"效应，因此，垂直专业化对价值链升级带来了促进作用。但是，随着垂直专业化水平的继续深化，其生产环节将会面临发达国家价值链治理的"锁定"，从而抑制了价值链的升级。因此，从这个意义上讲，我国制造业垂直专业化与其价值链升级之间表现出倒"U"形关系。

以上实证检验表明，初始人力资本选择和垂直专业化的不同阶段之间存在互补作用，即，如果选择与垂直专业化不同阶段相匹配的初始人力资本将更有助于产业全球价值链的提升。同时，我们在表4.3的第(5)和第(6)列计量结果也可以看出，当在模型中引入人力资本和垂直专业化变量的交互项之后，其交互项系数在1%的置信水平下都显著为正，这进一步证实了以上结论的稳健性。

表4.3　计量估计结果(进一步分析)

变量	(1)DIF	(2)SYS	(3)DIF	(4)SYS	(5)SYS	(6)SYS
l. Vup	0.2009*** (0.0374)	0.0530* (0.0292)	0.2540*** (0.0581)	0.2160*** (0.0415)	0.1457** (0.0494)	0.1109*** (0.0803)
Lnvss	0.4931*** (0.0863)	0.1464*** (0.0397)	0.1519** (0.0685)	0.2946*** (0.2946)	0.3478*** (0.0514)	0.2863*** (0.0253)
Lnvss^3	-0.0397*** (0.0080)	-0.0079** (0.0038)	-0.0124** (0.0059)	-0.0256** (0.0085)	-0.0076* (0.0044)	-0.0078** (0.0036)
lnvss × lnhum1	—	—	—	—	0.0756*** (0.0181)	—
lnvss × lnhum2	—	—	—	—	—	0.0476*** (0.0128)
控制变量	NO	NO	YES	YES	YES	YES
CONS	-0.4364*** (0.0796)	-1.3191*** (0.0968)	-0.6487*** (0.1187)	-0.6478*** (0.0725)	-0.9229*** (0.1355)	-0.9363*** (0.1625)

续表

变量	(1)DIF	(2)SYS	(3)DIF	(4)SYS	(5)SYS	(6)SYS
Wald chi2	0.0000	0.0000	0.0000	0.0000	0.0000	0.0000
AR(2)	0.0574	0.6120	0.2938	0.0927	0.3978	0.3914
Hansen	0.8538	0.9611	0.8913	0.8215	0.7575	0.6312
观察值	195	135	90	150	90	90

注：括号内为标准差，上标“***”“**”“*”分别表示1%、5%和10%的置信水平；DIF和SYS为差分矩估计和系统矩估计。

由于初始人力资本选择匹配更有助于推动产业全球价值链的不断升级，因此，为避免我国产业垂直专业化和产业价值链升级之间出现倒“U”形关系，除却可以通过提高人力资本水平并由此引发的先进技术的掌控和自主创新能力，从而逐渐摆脱发达国家掌控全球价值链如何生产、生产什么以及生产多少的“指挥棒”之外，还需要在产业垂直专业化的不同阶段，选择与此阶段相匹配的初始人力资本以最大化地提升产业全球价值链的位置。

三、主要结论

本书首先提出相应的基本假设，在此基础上，通过构建计量模型实证检验了初始人力资本选择、垂直专业化和产业全球价值链跃迁之间的关系，计量回归结果得出两个核心结论：

第一，初始人力资本选择和垂直专业化的不同阶段之间存在互补作用，选择与垂直专业化不同阶段相匹配的初始人力资本将最大化地提升产业全球价值链的位置，以实现产业全球价值链的持续升级。一方面，这表明人力资本水平提高有助于产业全球价值链的不断升级，同时也表明对人力资本具有匹配性要求。

第二，我国制造业垂直专业化与其产业价值链升级之间呈现出倒“U”形关系，其根本原因在于，在价值链领导者实施的价值链治理条件下，在嵌入全球价值链初期，由于我国制造业逐渐满足发达国家价值链治理的参数要求，因此，垂直专业化对价值链升级带来了促进作用。但是，随着垂直专业化水平的继续深化，其生产环节将会面临发达国家价值链治理的

“锁定”，从而抑制了价值链的升级。

因此，为避免我国产业垂直专业化和产业价值链升级之间出现倒“U”型关系，除却可以通过提高人力资本水平并由此引发的先进技术的掌控和自主创新能力，从而逐渐摆脱发达国家掌控全球价值链如何生产、生产什么以及生产多少的“指挥棒”之外，还需要在产业垂直专业化的不同阶段，选择与此阶段相匹配的初始人力资本以最大化地提升产业全球价值链的位置，以实现产业全球价值链的持续升级。

第五章　人力资本结构匹配与产业比较优势动态演变

第一节　引　言

在本章中，我们将深入分析人力资本动态匹配的另一方面，即人力资本质量匹配问题，主要包括人力资本结构匹配和人力资本技术匹配。人力资本结构决定了一个国家中长期的竞争力，过去我们依靠低技能劳动力所形成的竞争模式，促使我国一些产业具有短期的国际竞争优势，但是，过多依靠低技能劳动力成本获得产业竞争力，容易让我们产业一直围绕低附加值产业上，从而产生“比较优势陷阱”，因此，内在地要求人力资本结构的优化适配。

本节在 Krugman(1987)之前研究的基础上，通过构建一个简单的理论模型考察了人力资本结构与产业比较优势动态演变的内在联系，为简化理论模型分析，本书把人力资本的结构简化为低技能劳动力和高技能劳动力。当然，本书相比以前的研究并没有突破性的进展，本书的贡献主要从侧面解释了“人口数量”和“人口质量”对经济发展的差异。但是，在深入解释“人口数量”和“人口质量”对经济发展的差异之前，我们有必要说明人口红利的本质是什么？对此，蔡昉(2011)给出了概括性的结论：人口红利的核心含义是由于劳动力无限供给使得新古典增长理论的劳动力短缺假设不再满足，从而保证资本报酬不会出现递减现象。我们借助蔡昉(2011)的方法来解释人口红利如何通过打破资本报酬递减现象并发挥作用的，具体见图 5.1。我们用曲线 D 表示人口红利显示性指标，用曲线 K 表示资本积累，可以看出，人口红利显示性指标是一个经历倒“U”形的曲线，而资本积累曲线是一个不断累积性提高的趋势。根据它们的曲线变动轨迹可以看出，在人口红利变化式微的同时，资本积累则呈现出不断扩大的趋势。

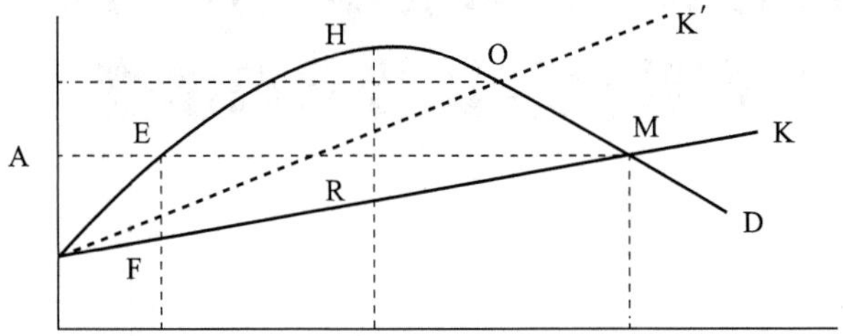

图 5.1　人口红利与资本报酬递减抑制

如果把曲线 D 与曲线 K 之间的距离看作是人口红利作用的力度，比如，由图 5.1 可以看出，在水平 A 的位置上，人口红利发挥的抑制报酬递减作用为 EF。由于资本积累曲线是一个不断累积性提高的趋势，在资本积累不断提高到更高的水平过程中，人口红利发挥的抑制报酬递减作用的轨迹是先逐渐增强后逐渐减弱的态势，并且在 H 位置达到最大值(HR)，在 M 位置为 0。根据新古典增长理论的假设，资本投入水平越高，越会出现资本报酬递减现象。我们由图 5.1 看出，资本积累的加速度越快，人口红利作用减弱的速度更快。比如，在 K′表示的资本积累曲线上，人口红利发挥的抑制报酬递减作用在 O 的位置就消失殆尽。根据以上分析表明，人口红利发挥的抑制报酬递减作用最终会消失，并且资本积累的速度越快，人口红利作用减弱的速度越快。诸多学者也证实，中国人口红利已经经历过高峰作用时期，并将于 2013 年之后迅速消失。从这个意义上来说，当前的人口红利应该是新型的人口质量红利，而不是人口数量红利，即本书所提及的通过人力资本的培育形成的人口红利，因此，这就对人力资本结构优化提出了要求。

基于本书理论和实证分析的需要，我们把一国人力资本结构分为低技能劳动力和高技能劳动力。低技能劳动力主要进行初级产品的生产，低技能劳动力的相对规模对生产领域的影响主要体现在对劳动供给上，竞争优势主要在于劳动力成本的可得性，其主要是通过低平均成本来提高国际竞争力。劳动力资源丰富和成本优势的一些产业在国际上具有短期的竞争优势。其根本原因在于：一是两国低技能劳动力的相对规模会发生改变；二是劳动力缺乏的国家更注重人力资本的培育；三是低技能劳动力和物质资本一样，会出现边际报酬递减现象。因此，低技能劳动力的相对规模对一国产业竞争力的正向作用只存在短期效应，低技能劳动力的相对规模不会产生产业比较优势长期演变。而高技能劳动力作为一种高水平的人力资本相对一般的物质资本和普通劳动力具有显著的不同，正如图 5.2 所示，人力资本积累在长期具有边际报酬递增的特征。更为重要的是，高水平人力资本除了能作为一般的生产要素之外，更多地赋予了生产知识和技术创新的内涵，因此，各国人力资本水平的高低决定各国的创新行为，新产品的研发和先进技术的获取也主要依赖于各国高素质科研人员。同时，高水平人力资本另外一个显著的特征就是它的外部性特征(Lucas，1988)，正如代谦(2006)研究所言，人力资本的外部性特征能够有效降低产品的生产成本，提高研发部门的效率，从而成为发展中国家培育其动态比较优势的核心因素。此外，人力资本本身的培育还具有惯性特征，先前较高的人力资本有助于接下来的人力资本的更好的培育。因此，一国人力资本结构对产业动态比较优势的动态演进，进而外向型经发展方式的转变具有重要作用。

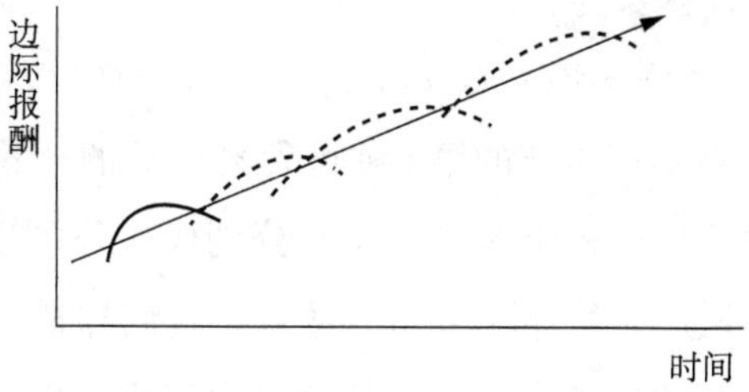

图 5.2　人力资本与边际报酬

本章内容包括两个部分：第一部分内容通过构建简单的理论模型，把一国人力资本结构分为低技能劳动力和高技能劳动力，用以考察人力资本结构与产业比较优势动态演进的内在关系。研究结果表明，低技能劳动力相对规模只具有静态比较优势，而高技能劳动力相对规模才具有动态比较优势；第二部分内容通过把人力资本结构分为高层次人力资本、一般层次人力资本和低水平人力资本三类形式，实证分析了人力资本结构和产业比较优势动态演变的内在联系。这一部分内容主要得出两个研究结论：①人力资本的外部性不仅仅具有静态外延特征更具有动态外延特征；②要想实现产业结构的不断升级，内在地需要人力资本结构的不断优化，提高高层次人力资本的占比，使得人力资本结构与产业结构的不断升级相匹配。

第二节　简单的理论模型分析

一、基本的模型设定

在具体分析之前，需要做一些假定：①本书主要考察两个国家的情况，即本国和外国，每个国家只有劳动力一种要素，而且劳动力可以生产任何 N 种可贸易产品和一种不可贸易产品；②每个国家的人力资本结构主要有两种类型，即高技能劳动力和低技能劳动力。

如果假定任何可贸易产品的生产函数都是规模报酬不变的，因此，每种可贸易产品的生产函数为：

$$X_i(t) = A_i(t)L_i(t)\text{；}\ x_i(t) = a_i(t)l_i(t) \tag{5.1}$$

这里，X_i 表示在本国生产的第 i 种可贸易产品的产量，L_i 表示生产该产品的本国劳动力数量；相应地，x_i 和 l_i 分别代表外国生产第 i 种可贸易产品的产量和生产该产品的外国劳动力数量。我们知道，在其他条件不变的情形下，一个产业的生产率越高，其竞争力越强。借助 Krugman(1987)的假定，在每个国家的每个产业中，资源的生产率取决于经验积累指数，即：

$$A_i(t) = E_i(t)^{\lambda}\text{；}\ a_t(t) = e_t(t)^{\lambda} \tag{5.2}$$

其中，$\lambda > 0$，在本书中表示生产经验累积对生产率的作用效果，λ 越大，生产经验累积对生产率的作用越大①。$E_i(t)$ 和 $e_i(t)$ 分别表示本国第 i 产业的经验累积指数和外国第 i 产业的经验累积指数。这里的生产经验累积主要来自两个方面：一是自主创新或干中学效应；二是来自技术引进或者模仿他国技术。不管是自主创新还是技术引进，都存在门槛值，因此人力资本结构发挥着重要的作用。高技能劳动力占比越大，则 λ 越大，生产经验累积对生产率的作用效果越显著；相反，低技能劳动力占比越大，则 λ 越小，生产经验累积对生产率的作用效果越不显著。

根据前文假定，一国的人力资本结构由高技能劳动力和低技能劳动力构成。假定低技能劳动力不具有自主创新和吸收国外技术的能力，他们在生产中更多的是重复性劳动，低技能劳动力在生产中所积累的生产经验是时间的单调凹函数。因此，当考虑低技能劳动力时候，λ 界定在 $0<\lambda<1$ 之内。劳动力质量越低，λ 越趋于0。但是，高技能劳动力能越过自主创新的门槛，具有自主创新和吸收国外技术的能力。因此，高技能劳动力对生产经验或者生产率的作用具有指数效应，因此，考虑到高技能劳动力时，这里的 $\lambda>0$，并且，劳动力质量越高，λ 越大。具体情况如图5.3。

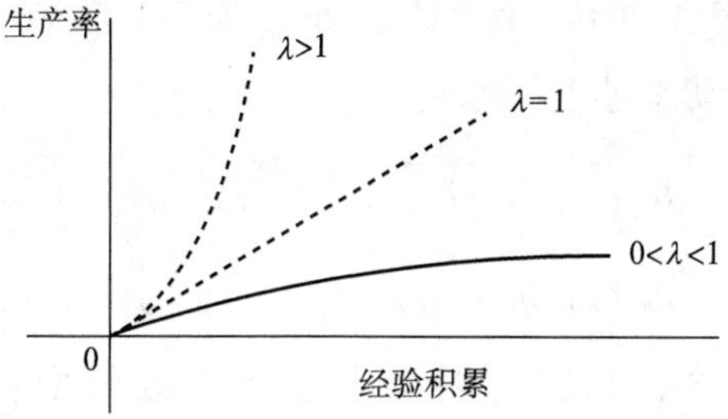

图5.3　劳动者质量与生产经验累积效应

Redding(1999)认为，如果一国某个产业具有动态比较优势，则该产业在生产其产品的机会成本增长率随时间是不断递减的，同时，如果产业的生产率越高，其国际竞争力越强。因此，可以用两个国家的产业相对生产

① 按照 Krugman 的假定，λ 应在(0，1)区间内，由于本文把人力资本放进模型中分析人力资本对生产经验作用，因此，本文将对 λ 赋予不同的含义，其赋值区间也将发生变化。

率来度量一国某个产业的相对国际竞争力或者动态比较优势的演变。

$$r_i(t)=\frac{A_t(t)}{a_t(t)}=\frac{E_i(t)^{\lambda}}{e_t(t)^{\lambda}} \tag{5.3}$$

现实中，国际贸易中的外部经济往往使得这些经济向国外溢出，本国的企业会向国外企业学习，因此，我们假定知识可以在国家之间传播。借助 Krugman(1987)生产经验的假定，我们把本国和外国的生产的经验累积指数分别表述为：

$$E_t(t)=\int_{-\infty}^{t}[X_i(z)+\mu x_i(z)]dz$$

$$e_i(t)=\int_{-\infty}^{t}[\mu X_i(z)+x_i(z)]dz \tag{5.4}$$

这里，μ 表示经验国际化的量并且 $0\leqslant\mu\leqslant1$。如果 $\mu=0$，表示学习完全在国内进行，通过自主研发来提高技术进步；若 $\mu=1$，表示学习曲线可以用世界变量总和来定义，并且，我们还假定 μ 处于二者之间。

二、动态性

通过对(5.4)式本国和外国的生产的经验累积指数对时间微分可以得到经验累积指数的动态过程：

$$dE_i(t)/dt=\dot{E}_i(t)=X_i(t)+\mu x_i(t)$$

$$de_i(t)/dt=\dot{e}_i(t)=\mu X_i(t)+x_i(t) \tag{5.5}$$

进而由(5.5)式，我们可以得出经验指数的变化率，见(5.6)和(5.7)式：

$$\frac{dE_i(t)/dt}{E_i(t)}=\frac{\dot{E}_i(t)}{E_i(t)}=\frac{X_i(t)+\mu x_i(t)}{E_i(t)} \tag{5.6}$$

$$\frac{de_i(t)/dt}{E_i(t)}=\frac{\dot{e}_i(t)}{e_i(t)}=\frac{\mu X_i(t)+x_i(t)}{e_i(t)} \tag{5.7}$$

考虑到两国相对劳动力禀赋的动态变动在短期内不会收敛于不变水平，为进一步分析，我们考察两国经验指数的相对变化，由(5.6)和(5.7)式，我们可以得出两国经验指数的相对变化，具体表述为如(5.8)式：

$$\frac{\dot{E}_i(t)}{E_i(t)}=\frac{\dot{e}_i(t)}{e_i(t)}=\frac{X_i(t)+\mu x_i(t)}{E_i(t)}-\frac{\mu X_i(t)+x_i(t)}{e_i(t)} \tag{5.8}$$

Krugman(1987)认为，两国经验指数的相对变化从较长期来看将趋于相等，因此，由(5.8)式我们进一步得出如下关系：

$$\frac{E_i(t)}{e_i(t)}=\frac{X_i(t)+\mu x_i(t)}{\mu X_i(t)+x_i(t)} \tag{5.9}$$

接下来，我们令两国生产要素的相对值为 $Z_i(t)=L_i(t)/l_i(t)$。这里需要对该式式给予注解，两国相对劳动力具有两层含义：①当 L_i 和 l_i 表示低技能劳动力时，这 $z_i(t)$ 表示两国低技能劳动力的相对水平或者称为劳动力相对规模；②当 L_i 和 l_i 表示高技能劳动力时，这 $z_i(t)$ 表示两国高技能劳动力的相对水平。结合(5.1)、(5.3)和(5.9)式，我们得出两国高技能或低技能劳动力相对水平与产业比较优势动态演变的内在联系(为简化分析，我们省去下标 i)：

$$[r(t)]^{1/\lambda}=\frac{r(t)Z(t)+\mu}{\mu r(t)Z(t)+1} \tag{5.10}$$

三、模型属性刻画

为具体说明(5.10)式所表达的内在逻辑关系，我们先对(5.10)式的属性进行刻画，首先，(5.10)式等式两边具有一致的变动关系，这意味着“等号”在任何时候都成立，进一步，我们把(5.10)式分别表述成为如下函数表达式：

$$y_1=f(r)=r^{1/\lambda};\ y_2=f(r,\ z)=\frac{rZ+\mu}{\mu rZ+1} \tag{5.11}$$

通过刻画(5.11)式的第一个关系式，得出如下结论：

(1) 当 L_i 和 l_i 表示低技能劳动力时，$z_i(t)$ 表示两国低技能劳动力的相对水平，因此 $0<\lambda<0$，则：

$$\frac{\partial y_1}{\partial r}=\frac{1}{\lambda}r^{\frac{1}{\lambda}-1}>0;\ \frac{\partial^2 y_1}{\partial r^2}=\frac{1}{\lambda}(\frac{1}{\lambda}-1)r^{\frac{1}{\lambda}-2}>0 \tag{5.12}$$

(2) 当 L_i 和 l_i 表示高技能劳动力时，$z_i(t)$ 表示两国高技能劳动力相对水平，因此 $\lambda>1$，则：

$$\frac{\partial y_1}{\partial r}=\frac{1}{\lambda}r^{\frac{1}{\lambda}-1}>0;\quad \frac{\partial^2 y_1}{\partial r^2}=\frac{1}{\lambda}(\frac{1}{\lambda}-1)r^{\frac{1}{\lambda}-2}<0 \tag{5.13}$$

接下来，我们继续刻画(5.11)式的第二个关系式，这里我们需要考察一下如下三种情况：$\mu=0$，$0<\mu<1$ 和 $\mu=1$。若 $\mu=0$，则表示学习完全在国内进行，通过自主研发来提高技术进步；若 $\mu=1$，表示学习曲线可以用世界变量总和来定义，其含义是完全从国外引进技术或者完全学习国外技术；若 $0<\mu<1$，表示既有技术引进也有自主研发或者“边干边学”。

（1）当 $\mu=0$，学习完全在国内进行，通过自主研发来提高技术进步，则：

$$\frac{\partial y_2}{\partial r}=z>0,\quad \frac{\partial^2 y_2}{\partial r^2}=0;\quad \frac{\partial y_2}{\partial z}=r>0,\quad \frac{\partial^2 y_2}{\partial z^2}=0 \tag{5.14}$$

（2）当 $0<\mu<1$，既有技术引进也有自主研发，则：

$$\frac{\partial y^2}{\partial r}=(1-\mu^2)z(\mu rz+1)^{-2}>0;\quad \frac{\partial^2 y_2}{\partial r^2}=-2(1-\mu^2)z^2\mu(\mu rz+1)^{-3}<0$$

$$\frac{\partial y^2}{\partial z}=(1-\mu^2)z(\mu rz+1)^{-2}>0;\quad \frac{\partial^2 y_2}{\partial z^2}=-2(1-\mu^2)r^2\mu(\mu rz+1)^{-3}<0$$

$$\tag{5.15}$$

（3）当 $\mu=1$，完全从国外引进技术或者完全学习国外技术，则：

$$\frac{\partial y_2}{\partial r}=0,\quad \frac{\partial^2 y_2}{\partial r^2}=0;\quad \frac{\partial y_2}{\partial z}=0,\quad \frac{\partial^2 y_2}{\partial z^2}=0 \tag{5.16}$$

四、动态比较优势分析

（1）$0<\lambda<1$ 的情形：

接下来采用相图来分析（5.10）式所蕴含的内在逻辑关系，根据(5.12)—(5.16)式所体现的关系，我们画出如下相图，见图5.4。

① 当 $\mu=0$ 时：

首先，我们分析 $\mu=0$ 的情形，由图5.4所示，随着 z 的增加，$f(r,z)$曲线向上等距离移动($\Delta z1=\Delta z2$)，在移动的过程中，国际竞争力指数(r)由 r_1 上升到 r_2，然后上升到 r_3，但是由(5.12)式所描述的函数属性

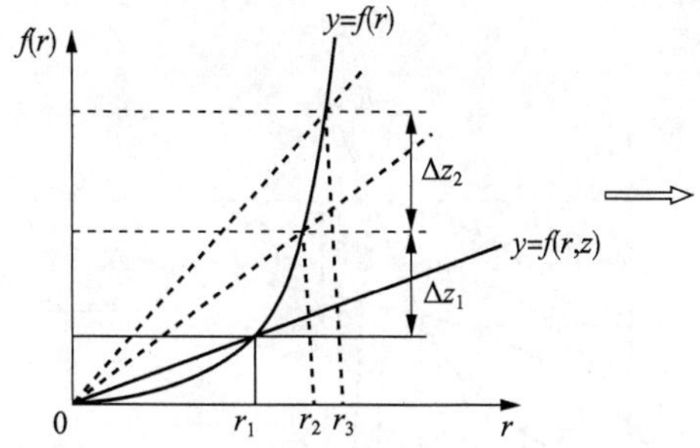

图 5.4　相对低技能劳动力的长期决定

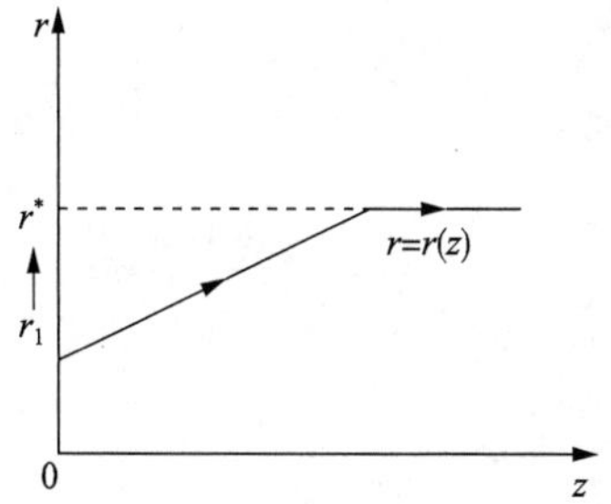

图 5.5　相对低技能劳动力与产业比较优势

特征，国际竞争力指数上升的幅度将越来越小，具体体现在图形上，即 $|r_3 - r_2| > |r_2 - r_1|$。可以预见，随着 z 的继续增加，r 增加的幅度趋于0。我们把图5.4所表达的含义展现在图5.5上，由图5.5可以看出，随着 z 增加，刚开始，r 按照直线型递增（因为 $\frac{\partial y_2}{\partial_z} = r > 0$，$\frac{\partial^2 y_2}{\partial z^2}$，所以，$r$ 按照直线型变动），但是最终递增到 r^* 的位置保持不变。根据以上分析可知，当 $0 < \lambda < 1$ 时，此时，z 表示两国低技能劳动力的相对水平，对于低技能劳动力来说，两国低技能劳动力的相对水平主要体现两国的劳动力的相对规模。这表明，劳动力的相对规模增加，即一国比另一国的劳动力越充裕，该国的产业国际竞争力比另一国家的产业竞争力将变大，但是最终具有劳动力相对规模的一国，其产业国际竞争力将保持一个恒定的值不变，表现在图5.5上，就是国际竞争力保持在 r^* 位置的水平部分。

② 当 $0<\mu<1$ 时：

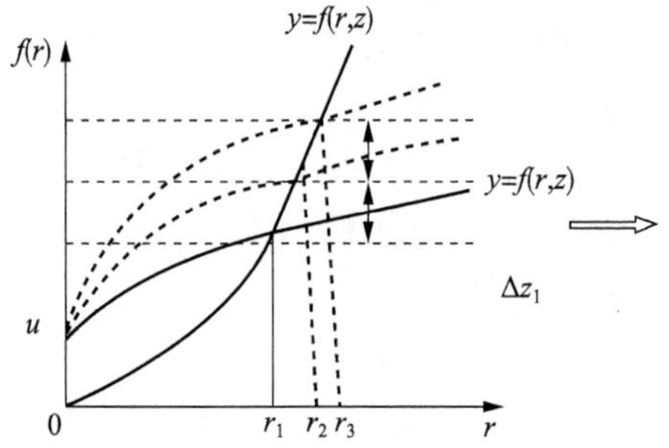

图 5.6　相对低技能劳动力的长期决定

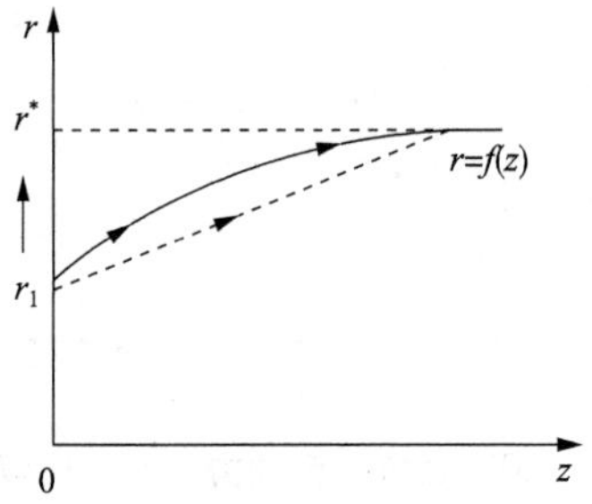

图 5.7　相对低技能劳动力与产业比较优势

接下来，我们分析 $0<\mu<1$ 时的情形，根据(5.12)和(5.15)所描述的属性特征，我们画出如图 5.6 所展现的相图。由图 5.6 可以看出，随着 z 增加，一国相对另一国的产业国际竞争力也增加，但是增加的幅度越来越小，最终将趋于 0。正如图 5.7 所描述的那样，一国的产业国际竞争力最终递增到 r^* 的位置保持不变。但是，图 5.3 所展现的产业国际竞争力随劳动力相对规模的变动路径与图 5.5 有所不同。图 5.7 的 $r=f(z)$ 曲线是凸的，而图 5.5 的 $r=f(z)$ 曲线为斜率不变的直线，但是 $r=f(z)$ 曲线最终变为水平线。

③ 当 $\mu=1$ 时：

我们继续考察当 $\mu=1$ 时的情形，根据(5.12)和(5.16)所描述的属性特征，我们画出如图 5.8 所展现的相图。由图 5.8 可以看出，两条曲

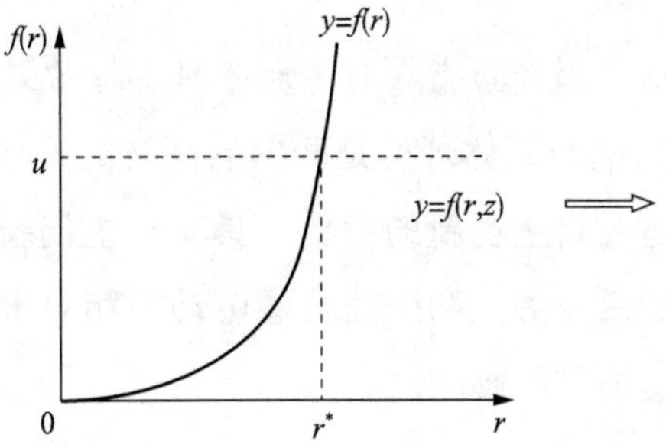

图 5.8　相对低技能劳动力的长期决定

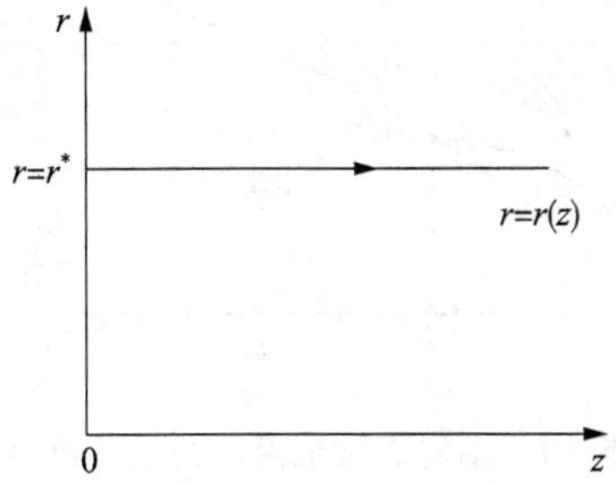

图 5.9　相对低技能劳动力与产业比较优势

线相交于 r^* 位置，这说明，如果一国比另一国具有低技能劳动力相对规模，该国的产业就具有 r^* 当量的比较优势。但是由(5.16)式知道，z 的变动并不使曲线 $f(r,\ z)$ 发生任何移动，这表明，当 $\mu=1$ 时，低技能劳动力相对规模的继续变动并不改变该国的相对比较优势。正如图 5.9 所示的那样，产业国际竞争力随劳动力相对规模的变动一直保持在一条水平线上。

综合以上分析，当我们仅仅考虑 $0<\lambda<1$ 情形时，即我们仅仅关注低技能劳动力时的情形，$Z(t)=L_i(t)/l_i(t)$ 式表明的是两国低技能劳动力的相对规模，根据以上分析得出本书的一个核心结论：如果一国比另一国具有低技能劳动力相对规模，即该国普通劳动力丰富，该国的产业则具有国际竞争力，但是，丰富的低技能劳动力资源并不能给该国带来长期的竞争优势，具体表现就是，该国低技能劳动力的相对规模并不能使其产业比较优势发生长期的动态演变。

（2）$\lambda>1$ 的情形：

由以上分析知道，当经验指数对生产率具有指数效应时，即 $\lambda>1$ 时，此时，$Z_i(t)=L_i(t)/l_i(t)$ 式体现的是两国的高技能劳动力的相对水平。由于高技能劳动力能越过自主创新的门槛，具有自主创新和吸收国外技术的能力。接下来，我们重点关注两国高技能劳动力相对水平的变动对两国产业相对比较优势动态演进的影响。

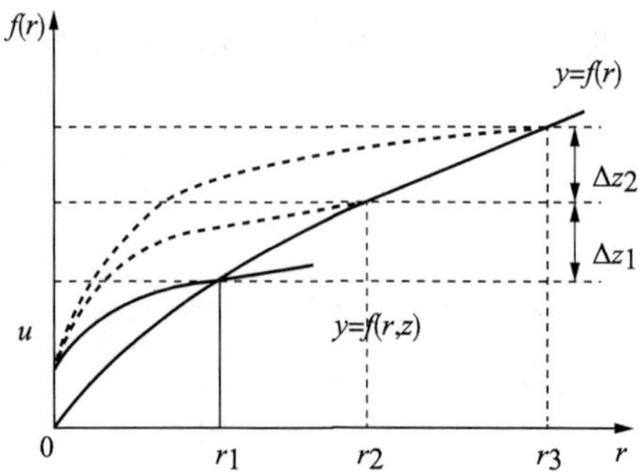

图 5.10　相对高技能劳动力的长期决定

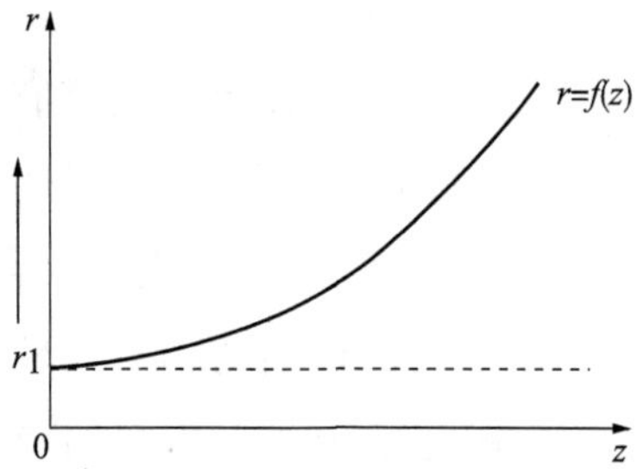

图 5.11　相对高技能劳动力与产业比较优势

由于(5.10)式是一个恒等式，因此存在均衡解。在具体求解这个恒等式或者分析这个恒等式所蕴含的内在逻辑之前，我们先做个注解：①如果 $\mu=0$，这意味着学习完全在国内进行，通过自主研发来提高技术进步和生产率，但是在这种情况下，(5.10)式只能产生角点解，因此不具有一般性；②当 $\mu=1$ 时，表示学习用国外变量来定义，其含义是完全从国外引进技术或者完全学习国外技术。这种情况对于一个具有一定人力资本水平的国家并不具有一般性，因此，这种情况也不是本书的考察范围之列。基于此，本书主要关注 $0<\mu<1$ 时的情形，具体分析过程及其解释如下：

当 $0<\mu<1$ 时，表示既有技术引进也有自主研发，因此人力资本具有重要作用，同时(5.10)式存在中间解。具体由图5.10可以看出，随着 z 的增加，即一国相对另一国高技能劳动力的增加，$f(r,z)$ 曲线向上等距离移动($\Delta z1=\Delta z2$)，在移动的过程中，国际竞争力指数(r)由 r_1 上升到 r_2，然后上升到 r_3，并且国际竞争力指数上升的幅度将越来越大，具体体现在图形上，即 $|r_3-r_2|>|r_2-r_1|$。可以预见，随着 z 的继续增加，r 增加的幅度越来越大。我们把图5.10所表达的含义展现在图5.11上，由图5.11可以看出，随着 z 增加，产业国际竞争力随相对高技能劳动力水平的变动呈现以加速度的方式不断递增上升变动。我们知道，一个具有更高的人力资本的国家，能够使得该国产业的生产率或者技术进步具有剥离性的提高。较高的人力资本不仅能够具有吸收国外先进技术的能力，更为重要的是能够进行自主研发或者技术创新。自主研发或者技术创新的结果本质上就是新产品的开发，其结果就是能够在国际市场上具有显著的长期竞争力。作为本书的研究着落点，改变外向型经济发展方式，提升外贸产业结构，使我国外向型产业能够在国际产业链中占据较高位置，作为长期过程来考虑，人力资本扮演着重要角色，而不是相对的普通劳动力规模，劳动力相对规模在短期内也具有一定的比较优势。

五、简要小结、原因和启示

(一)主要结论

本节在Krugman(1987)研究理论的基础上，通过构建一个简单的理论模型考察了一国人力资本结构与产业比较优势动态演进的内在联系，从而为我国外向型经济发展方式的转变以及外贸产业结构的升级提供理论依据。当然，本书的研究相比以前的研究并没有突破性的进展，但是我们可以认为，本书的研究解释了人口数量和人口质量在产业国际竞争优势上的差异。基于本书的研究，概括起来主要有两点结论：(1)低技能劳动力相对规模对产业国际竞争力只有短期效应，不具有长期效应，相对来说只存在静态比较优势；(2)高技能劳动力相对水平对产业比较优势更具有长期效应，具有动态比较优势，从长期来看，两国竞争优势的差异主要体现在两国相对高技能劳动力的差异上。

(二)内在原因

(1) 相对低技能劳动力。对于低技能劳动力主要进行初级产品的生产，低技能劳动力的相对规模对生产领域的影响主要体现在对普通劳动供给上，竞争优势主要在于劳动力成本的可得性，其主要是通过低平均成本来获得比较优势，因此，劳动力资源丰富和成本优势一些产业在国际上具有短期的竞争优势。之所以说是短期，有两个原因，一是劳动力的相对规模会发生改变；二是劳动力缺乏的国家更注重人力资本的培育。因此，劳动力的相对规模对一国产业竞争力的正向作用只存在短期效应。

(2) 相对高技能劳动力，高技能劳动力作为一种高水平的人力资本相对一般的物质资本和普通劳动力具有显著的不同。我们知道，人力资本积累在长期具有边际报酬递增的特征。更为重要的是，高水平人力资本除了能作为一般的生产要素之外，更多地赋予了生产知识和技术创新的内涵，因此，各国人力资本水平的高低决定各国的创新行为，新产品的研发和先进技术的获取也主要依赖于各国高素质科研人员。同时，高水平人力资本另外一个显著的特征就是它的外部性特征(Lucas，1988)，正如代谦(2006)研究所言，人力资本的外部性特征能够有效降低产品的生产成本，提高研发部门的效率，从而成为发展中国家培育其动态比较优势的核心因素。此外，人力资本本身的培育还具有惯性特征，先前较高的人力资本有助于接下来的人力资本的更好培育。因此，一国人力资本结构对产业动态比较优势的动态演进，进而外向型经发展方式的转变具有重要作用。

(三)主要启示

人力资本结构决定了一个国家中长期的竞争力，过去我们依赖低技能劳动力的成本竞争模式，使得我国一些产业具有短期的国际竞争优势，但是，过多依靠低技能劳动力成本优势获得产业竞争力，容易让给我们产业一直围绕低附加值产业上，从而产生“比较优势陷阱”。同时，在本书的模型中也表明，相对低技能劳动力规模优势只有可能在短期收到一时之效，要想获得持久的比较优势，需要人力资本结构不断优化，提高高技能劳动力的占比。低技能劳动力已经不能和产业结构升级相匹配，实现产业比较优势的动态演变，人力资本结构需要与之动态匹配，只有这样才能实现产业结构不断升级。

考虑到我国的实际，目前我国人口数量红利正在结束，但新型的人口红利是人口质量红利(或者二次红利)。只有辅之以相应的劳动力素质的提高，产生“二次人口红利”，才能产生持续人力资本积累，中国才能真正建立自己的比较优势，进而才能够在长期中不断地向高级产业扩张，实现自己产业结构的转变和升级，才能在国际经济竞争中占据优势地位。

因此，转变我国外向型经济发展方式，这就内在地要求人力资本的可得性以及人力资本结构的优化适配，而这种优化适配更多体现在各类型专业人力资本水平的不断提高和高技能人力资本占比的扩大。正如理论模型分析结果表明，两国相对高技能劳动力水平高低决定两国比较优势的差异大小，因此，“人才竞争”构成了国际竞争优势的核心。而这种优化适配一定需要和经济发展的不同阶段相匹配，随着国际竞争的越加强烈，对人力资本就具有更高的要求，从这个意义上说，人力资本结构是人力资本质量结构的动态匹配过程。

第三节　人力资本结构匹配与产业动态比较优势的实证分析

一、模型设定和数据说明

(一)样本选取和数据说明

由于本书主要考察人力资本结构匹配如何引致产业比较优势动态变化，因此并不对成功实现产业竞争优势的劳动密集型产业和产业竞争力明显受资源禀赋影响的资源密集型产业进行分析。基于此，我们主要选取高技术产业作为本书的研究样本，这不仅仅是基于数据可得性，更主要是因为高技术产业的竞争优势在于技术创新，因此，人力资本具有重要的作用。根据国家统计局公布的高技术产业统计分类目录，我们选择了化学药品制造业、中药材及中成药加工、生物制品制造、飞机制造及修理、航天器制造、通信传输设备、通信交换设备、通信终端设备、雷达及配套设备制造、广播电视设备制造、电子真空器件制造、半导体分立器件制造、集成电路制造、家用视听设备制造、电子计算机整机制造、医疗设备及器械制造、电子计算机外部设备制造、其他电子设备制造、办公设备制造、电子元件制造、仪器仪表制造等五大类23个行业的1998—2012年的数据作为实证分析的样本，各个行业的人力资本的特征化描述如表5.1所示：

表5.1 各个行业的人力资本的特征化描述

各个行业	人力资本结构(1998)				人力资本结构(2012)			
	高	一般	普通	R&D当量	高	一般	普通	R&D当量
化学药品制造	0.439	0.064	0.935	5081	0.807	0.092	0.907	30085
中成药制造	0.401	0.104	0.895	1561	0.738	0.047	0.952	9528
生物生化制品制造	0.539	0.128	0.871	892	0.754	0.090	0.909	2011
飞机制造及修理	0.321	0.156	0.843	13543	0.753	0.208	0.791	27017
航天器制造	0.353	0.175	0.824	3423	0.835	0.356	0.643	3562
通信设备制造	0.721	0.192	0.807	11209	0.928	0.107	0.892	108150
通信传输设备制造	0.606	0.132	0.867	1634	0.949	0.255	0.744	96786
通信交换设备制造	0.805	0.358	0.641	7835	0.925	0.339	0.660	79072
通信终端设备制造	0.610	0.144	0.855	1149	0.826	0.009	0.990	4414
雷达及配套设备制造	0.627	0.103	0.896	1904	0.954	0.119	0.880	1507
广播电视设备制造	0.549	0.099	0.900	321	0.857	0.383	0.616	18781
电子器件制造	0.357	0.172	0.827	3295	0.742	0.052	0.947	41985
电子真空器件制造	0.328	0.189	0.810	1502	0.743	0.051	0.948	557
半导体分立器件制造	0.373	0.156	0.843	469	0.871	0.063	0.936	2482
集成电路制造	0.638	0.097	0.902	1324	0.680	0.083	0.916	13766
电子元件制造	0.490	0.085	0.914	2928	0.733	0.035	0.964	35495
家用视听设备制造	0.640	0.059	0.940	3027	0.886	0.014	0.985	5048
其他电子设备制造	0.741	0.041	0.959	130	0.908	0.152	0.847	17720
电子计算机整机制造	0.664	0.200	0.799	1511	0.889	0.029	0.972	18469

续表

各个行业	人力资本结构(1998)				人力资本结构(2012)			
	高	一般	普通	R&D 当量	高	一般	普通	R&D 当量
电子计算机设备制造	0.687	0.089	0.910	1724	0.830	0.0131	0.986	6950
办公设备制造	0.471	0.091	0.908	291	0.928	0.029	0.970	1681
医疗设备及器械制造	0.495	0.042	0.957	228	0.847	0.080	0.919	3047
仪器仪表制造	0.538	0.112	0.887	4206	0.845	0.122	0.877	15935

数据来源：根据《中国高技术产业统计年鉴》数据经作者整理而成。

由表5.1我国高技术产业各个行业的人力资本的特征化描述可以看出，我国高技术产业各个行业的人力资本水平在考察期发生一定幅度的提高。首先，由R&D人员折合全时当量作为反映各个行业人力资本水平的变化来看，我国高技术产业各个行业的R&D人员折合全时当量均发生较大幅度的上升，这表明整体上我国高技术产业各个行业的人力资本水平均发生显著的提升；其次，由人力资本的分布结构来看，不管是高层次的人力资本水平还是一般人力资本水平，都有了一定程度的提高，特别是高层次的人力资本水平在每个高技术行业都有了较大幅度的提升。但是，我国高技术产业各个行业的普通劳动力的规模变化并不明显。

(二)计量模型和估计方法

本书结合时间趋势特征、人力资本结构特征和行业特征来考察产业的静态和动态比较优势，这使得一般的线性估计模型无法实现。为此，我们主要借助Rajan和Zingales(1998)的研究框架，把产业特征变量和国家特征变量结合起来，成功解释了为什么一国的金融市场越发达越有助于本国产业的迅速成长。虽然Rajan和Zingales的方法最早应用于跨国金融发展和产业增长的研究。但是近年来这一模型框架在更多领域得到应用，比如Ciccone和Papaioannou(2007)使用这一框架研究了跨国人力资本与产业增长之间的内在关系。为此，本书主要在Rajan和Zingales(1998)和Ciccone和Papaioannou(2007)的研究框架下构建本书的计量模型。但是考虑到分析人力资本的静态比较优势和动态比较优势，我们需要引入各类型人力资本变量的即期效应和长期效应。人力资本变量的即期效应用可以用人力资本变量的当期值来刻画，而长期效应很难在一般的结构计量模型进行分析。但是，由于变量的移动平均过程可以刻画变量变动的长期趋势，因此，我们用人力资本变量的移动平均过程作为分析人力资本对产业比较优势的长期影响的代理变量。同时，考虑到经济变量的惯性或部分调整特征，经济个体的当前行为取决于过去行为，因此，在我们所研究的模型中需要包含了被解释变量的滞后值。结合以上的分析过程，本书的回归模型设定如下：

$$\ln R_{it} = \lambda \ln R_{it} + \alpha_1 H\_\ char_{it} + \alpha_2 H\_\ MA_{it} + \alpha_3 \ln D\_\ str_{it} + \psi_1 (H\_\ char)_{it} \times \ln(R\&D)_{it} + \psi_2 (H\_\ char)_{it} \times \ln(LETI)_{it} + \sum \beta_i X_{it} + c_i + \omega_t + \varepsilon_{it} \tag{5.17}$$

其中，在上式中下标 i 代表不同的行业，t 代表样本年度。ci 是代表个体固定效应，表示所有不随时间变化影响产业动态比较优势的个体特定因素；ω_t 表示时间固定效应，代表只随时间变化与个体特定因素无关的影响到产业动态比较优势的因素；ε_{it} 为随机干扰项。由于上述模型为动态面板模型，我们采用目前一般采用的广义矩估计方法进行分析。一般来讲，广义矩估计方法分为差分矩估计(DIF-GMM)和系统矩估计(SYS-GMM)估计，相对来说，系统矩估计的估计量具有更好的有限样本性质。因此，Bond 等(2001)建议使用系统矩估计而不是差分矩估计方法来估计动态面板模型。鉴于此，本书主要报告系统矩估计方法的结果。

(三)变量的说明和统计描述

上述模型各个变量的经济含义为：R 为产业国际竞争力指标，数值越大表明产业竞争力越大，这里用来表示作为产业的比较优势的替代指标。用来度量产业国际竞争力水平的指标一般有出口交货值、显示比较优势指数、国际市场占有率及国际竞争力指数等。鉴于可得数据的限制，我们选择各产业历年出口交货值作为度量产业国际竞争力 R 的指标。H _ char 表示产业人力资本结构特征的指标。由于很难获取比较细致的人力资本结构的行业面板数据，比如人力资本的分布结构(衡量人力资本受教育程度不平等性的人力资本基尼系数)和人力资本的内部结构(指人力资本的各个层次或各类人力资本的构成比例，如初等教育人数、中等教育人数和高等教育人数；低技能劳动人数和高技能劳动人数）。基于本书分析的需要并结合产业数据的特征，我们选取三类指标来刻画产业人力资本的结构特征：①高层次的人力资本(H1)：用大型企业科技活动人员中科学家和工程师人数与企业科技活动人数之比来表示，用以来衡量高层次的人力资本水平；②中等层次人力资本(H2)：用企业科技活动人员人数与企业从业人员年平均人数之比来表示；低层次人力资本(普通劳动力)(H3)：用(企业从业人员年平均人数—企业科技活动人员人数)/企业从业人员年平均人数来表示，用以表示低水平人力资本。H _ MA 表示人力资本的移动平均过程，用以刻画人力资本对产业动态比较优势的长期效应。根据本书研究需要，我们选择滞后 0 期人力资本的移动平均过程[HMA(0)]来刻画人力资本的即期效应，用滞后 4 期人力资本的移动平均过程[HMA(4)]来刻画人力资本的长期效应。D _ str 表示产业的内部规模经济。对于一个特定产业来说，技术进步首先需要依赖于自身的规模扩大，内部规模经济决定产业技术积累的速度，进而决定产业比较优势的动态演进。考虑到数据的可得性，我们用产业内不同类型行业销售收入用来度量产业的内部规模。与此同时，我们在模型中引入了人力资本结构特征与自主研发的交互项(H _ char × ln(R&D))以及人力资本结构特征与技术引进的交互项(H _ char × ln(LETI))，用以考察不同类型的人力资本自主创新能力和技术吸收能力。除此之外，还需要考虑一些外在因素对产业动态比较优势的影响，比如，对外依存度(D _ open)以及汇率(E _ R)的变动。因此，我们把对外依存度和汇率作为控制变量(X)引入到模型中。本书的数据的主要来源于《中国统计年鉴》《中国高技术产业统计年鉴》及外汇管理局网站，时间跨度为 1998—2012 年。以上各个变量的统计描述见表 5.2。

表 5.2　样本的统计描述

变量		均值	标准差	最小值	最大值	样本数
产业的比较优势	R	686.6066	1495.283	0.1	9472	342
高层次人力资本	H1	0.6588179	0.2059549	0.0458333	1	337
一般层次人力资本	H2	0.1151636	0.1005521	0	0.6203508	345

续表

变量		均值	标准差	最小值	最大值	样本数
普通劳动力	H3	0.8845016	0.1005058	0.3796492	1	344
R&D 人员当量	H4	8744.97	16011.3	7	108150	336
自主研发	R&D	112100.9	207506.8	677	1645118	322
产业内部规模	D _ SR	1114.771	2025.587	1.86	12270	344
技术引进	LETI	24685.28	46635.04	0	318664	322
对外依存度	R _ open	0.5020522	0.1199528	0.3181158	0.6682173	322
汇率	E _ R	110.025	6.572686	100	119.92	323

二、实证分析结果及稳健性检验

（一）横向比较

我们分析人力资本结构，即分别考察高层次人力资本、一般层次人力资本和低层次人力资本与产业比较优势动态演变之间的内在联系。首先，我们仅报告高层次人力资本对产业国际竞争力的长期效应和即期效应的估计结果。由表 5.3 的第（1）列检验结果显示，模型设定通过了 Arellano-Bond 二阶序列相关性检验和 Sargan 额外工具变量有效性检验，说明模型设定是正确的。当控制产业内部规模经济、对外依存度和汇率等变量之后，我们发现 HMA(0) 系数在 1% 的显著性水平下显著为负值，但是 HMA(4) 系数在 1% 的显著性水平下显著为正值。这说明高层次人力资本虽然在当期不能立即引致产业国际竞争力的提升，甚至对特定产业来说，由于当期高层次人力资本的引进和培育会耗去有限的资源，从而表现在即期高层次人力资本对产业国际竞争力具有一定程度抑制作用。但是从长期来看，高层次人力资本能显著引致产业国际竞争力的大幅度提升。由于高层次人力资本除了作为一种要素投入于经济活动中并且在实际生产过程中决定先进技术的生产效率之外，其本身具有很强的外部性和自我累积和升级特征：一方面，高科技人员和高素质的劳动者在相互交流和相互作用过程中影响研发效率和生产效率（Lucas，1988），同时也会对一般普通劳动者产生“示范”作用，潜移默化的影响一般普通劳动者的技能水平；另一方面，人力资本本身具有“惯性特征”，在生产过程中逐步提升自己的人力资本水平，在人力资本累积中进一步引致人力资本的升级。因此，人力资本随着时间不断累积和升级并由此产生的外部性能够共同有效降低产品的生产成本，提高研发部门的效率，从而能在长期培育产业动态比较优势，促使产业不断向更高级的产业升级和国际竞争力的大幅度提升，最终在国际经济竞争中占据优势地位。进一步，我们考察高层次人力资本的自主创新能力和技术吸收能力，因此我们在第(2)列和第(3)列引入了滞后4期的高层次人力资本移动平均过程与自主研发的交互项和技术引进的交互项。检验结果显示，滞后4期的高层次人力资本移动平均过程与自主研发的交互项(HMA(4)×R&D)系数以及滞后4期的高层次人力资本移动平均过程与技术引进的交互项(HMA(4)×LETI)系数都显著为正值。这充分显示了在长期高层次人力资本和自主研发以及技术引进之间存在互补作用。一方面，较高的人力资本能在长期提高研发效率和技术吸收能力，另一方面，在自主研发和学习、模仿他国技术同时进一步提升自身的人力资本水平，这是一般普通劳动力不具备的特征。

接下来，我们考察中等层次人力资本与产业比较优势动态变化之间的联系，计量检验结果见第(4)—第(6)列。计量检验结果显示，模型设定都通过了Arellano-Bond二阶序列相关性检验和Sargan额外工具变量有效性检验，这说明模型设定是正确的。同时，我们由第(4)列回归结果看出，HMA(0)系数为负值但不显著，而HMA(4)系数在1%的显著性水平下显著为正值。这说明了中等层次人力资本在当期虽然不能立即引致产业国际竞争力的提升，但是从长期来看，却能显著引致产业国际竞争力的大幅度提升。并且，中等层次人力资本的HMA(0)系数为负值，这也内在地显示了当期人力资本的引进和培育会耗去有限的资源，从而在即期对产业国际竞争力具有一定程度抑制作用。之所以并不像高层次人力资本那样具有显著性，其原因可能是中等层次人力资本的引进和培育耗去的资源没有高层次人力资本大的缘故。同样，我们进一步考察中等层次人力资本的自主创新能力和技术吸收能力，因此，我们在第(5)列和第(6)列引入了中等层次人力资本的移动平均过程与自主研发的交互项和技术引进的交互项。检验结果显示，中等层次人力资本的移动平均过程与自主研发的交互项（HMA(4)×R&D）系数以及与技术引进的交互项（HMA(4)×LETI）系数都显著为正值。这显示了在长期中等层次人力资本和自主研发以及技术引进之间也存在互补作用。

最后，基于比较的目的和进一步分析的目的，我们在第(7)—第(9)列考察了低层次人力资本与产业比较优势动态变化之间的联系。计量检验结果显示，模型设定都通过了 Arellano-Bond 二阶序列相关性检验和 Sargan 额外工具变量有效性检验。同时我们发现，当考察低层次人力资本时，HMA(0)系数在 1% 的显著性水平下显著为正值，而 HMA(4)系数在 1% 的显著性水平下显著为负值。这个实证结果刚好和考察高层次和中等层次人力资本时的结果截然相反。这说明，低层次人力资本能在短期引发产业国际竞争力的提升，但是在长期却不利于产业国际竞争力的进一步提升。这是因为，对于低层次人力资本来说，其对产业竞争力的影响主要体现在其低劳动力成本上。如果普通劳动力规模较大，也就是说，非技能劳动力相对丰裕，因此，劳动力的低成本使得特定产业停滞在传统产业和低技术的产业上进行生产，其技术趋于停滞，产业结构也在国际竞争中日益边缘化。因此，如果长期过多依靠低劳动力成本获得产业竞争力，容易让给我们产业一直围绕低附加值产业上，从而陷入“比较优势陷阱”中去。同时，我们也发现低层次人力资本的移动平均过程与自主研发的交互项（HMA(4)×R&D）系数以及普通劳动力的移动平均过程与技术引进的交互项（H_ MA(4)×LETI）系数都显著为负值。这正好进一步说明了长期依靠低层次人力资本获得的竞争优势不利于技术进步和新产品的研发。

因此，就经济长期发展的过程来看，经济发展程度越高，越需要更高层次的人力资本与之相适应，人力资本结构的优化适配是与经济发展的不同阶段相匹配的。这不仅要求提高人力资本水平以引领经济增长，也需要人力资本结构的动态优化以匹配经济发展的阶段性要求。

（二）稳健性检验和进一步分析

基于实证结论稳健性检验的目的，除了把人力资本移动平均值设定滞后4期之外，我们还选择把人力资本的移动平均过程的滞后期分别设定为滞后0期、滞后3期和滞后6期，分别把滞后0期、滞后3期和滞后6期移动平均过程的人力资本引入上述模型中以检验上述结论的稳健性。我们以高层次人力资本为例进行检验，由表5.4的回归结果显示，当选择滞后0期时，当期人力资本并不能引发产业国际竞争力的提升，甚至在一定程度抑制产业国际竞争力的提升。同时，当期人力资本和自主研发以及技术引进的交互项系数也不显著。但当选择滞后3期和滞后6期时，我们发现滞后3期和滞后6期移动平均过程的人力资本系数显著为正，这说在长期甚至更长期，人力资本能显著提升产业国际竞争力。同时，滞后3期和滞后6期移动平均过程的人力资本和自主研发以及技术引进的交互项系数也都显著为正值，这说明人力资本在长期能和自主研发以及技术引进之间存在互补作用。通过把不同滞后期移动平均过程的人力资本引入到模型中检验发现，上述实证结论是稳健的。表4的检验结果还发现，当我们选择不同滞后期时，越长滞后期移动平均过程的人力资本对产业国际竞争力影响的边际效应越大。具体表现在：当选择滞后0期的移动平均过程，人力资本对产业国际竞争力影响的边际效应为-0.014，并且不显著；但当选择滞后3期和滞后6期的移动平均过程时，人力资本对产业国际竞争力影响的边际效应分别增加到1.33和2.324。即，人力资本移动平均过程的滞后期越长，其对产业国际竞争力的效应越大。这说明，人力资本能在长期对产业国际竞争力发挥作用，并且随着时间的滞后，这种效应越大，这个结论和理论部分描述的相一致。这潜在地说明了由于人力资本本身具有自我累积和升级过程，人力资本的自我累积和升级能在长期以逐期递增的幅度对产业国际竞争力发挥作用。

进一步，我们考察不同滞后期移动平均过程的人力资本与自主研发以及技术引进的交互作用。我们也发现，越长滞后期移动平均过程的人力资本与自主研发以及技术引进的交互作用效果越好。当选择滞后0期，人力资本与自主研发以及技术引进的交互项系数分别为0.087和-0.004，并且不显著；当我们选择滞后3期时候，人力资本与自主研发以及技术引进的交互项系数分别为增加到0.094和0.076；当我们选择滞后6期时候，人力资本与自主研发以及技术引进的交互项系数分别为增加到 0.271 和 0.107。这些实证结果也都表明，人力资本随时间具有自我累积和升级特征，从而能在长期愈加增强自主创新能力和技术吸收能力。虽然 Lucas(1988)认为"边干边学"效应会强化各国在不同产品上的比较优势，但"边干边学"效应随着时间的推移会消耗殆尽(Young，1991、1993)。近年来，尽管国内一些学者，(代谦，2006)，进一步分析了人力资本生产要素特征和人力资本外部性特征，他认为人力资本外部性特征提高了多样化产品的生产效率高研发部门的效率，把人力资本外部性视作产业动态比较优势的源泉。但是，在本书的研究模型和实证分析中，人力资本的自我积累和自我升级也在长期中影响比较优势与国际分工的决定因素，并且人力资本的自我积累和自我升级一方面能保持或增强持久的外部性特征，影响着比较优势的动态提升；另一方面，人力资本本身的自我积累和自我升级所体现的"惯性特征"能够使产业的动态比较优势加速度演变。因此，基于产业升级和外向型经济发展方式转变的政策考虑，我们不仅仅关注人力资本的横向积累环境，更要关注人力资本的纵向增长环境。只有相应的人力资本水平得以增长，发展中国家才能真正意义建立自己的长期比较优势，以更快的速度实现外向型经济方式的转变。

三、主要结论

本书结合时间趋势特征、人力资本结构特征和行业特征来考察人力资本结构与产业比较优势动态演变的内在联系。通过实证分析发现，实证分析的结论和前文理论部分的结论相一致。低技能劳动力尽管在短期具有比较优势，但在长期不能实现产业比较优势的动态演变。而中等层次人力资本特别是高层次人力资本，在长期能显著地引致产业比较优势的动态演变。因此，要想实现产业结构的不断升级，内在地需要人力资本结构的不断优化，提高高层次人力资本的占比，使人力资本结构与产业结构的不断升级相匹配。

同时，本书的实证分析还发现，人力资本本身还具有自我积累和自我升级所的"惯性特征"。除却作为生产要素之外，人力资本的外部性不仅仅

表 5.3　计量估计结果(两步法系统矩估计)

变量	高层次人力资本(H1)			一般层次人力资本(H2)			普通劳动力(H3)		
	(1)	(2)	(3)	(4)	(5)	(6)	(7)	(8)	(9)
L. R	0. 170 ** (0. 049)	0. 253 *** (0. 028)	0. 586 *** (0. 051)	0. 161 *** (0. 029)	0. 170 *** (0. 031)	0. 336 *** (0. 030)	0. 161 *** (0. 029)	0. 204 *** (0. 037)	0. 415 *** (0. 023)
即期效应:HMA(0)	-0. 367 *** (0. 099)	-0. 259 ** (0. 090)	-0. 039 (0. 071)	-0. 924 (0. 645)	-1. 213 ** (0. 585)	-1. 877 ** (. 931)	0. 924 (0. 645)	1. 976 *** (0. 332)	1. 744 ** (0. 779)
长期效应:HMA(4)	2. 288 *** (0. 510)	—	—	5. 428 *** (1. 146)	—	—	-5. 428 *** (1. 146)	—	
长期作用:HMA(4)×R&D	—	0. 105 *** (0. 029)	—	—	0. 490 *** (0. 132)	—	—	-0. 408 *** (0. 074)	
长期作:HMA(4)×LETI	—	—	0. 053 (0. 042)	—	—	0. 575 ** (0. 242)	—	—	-0. 376 ** (0. 144)
即期效应:R&D	-0. 015 (0. 016)	-0. 099 *** (0. 024)	—	0. 018 (0. 016)	-0. 043 * (0. 023)	—	0. 018 (0. 016)	0. 390 (0. 75)	
即期效应:LETI	—	—	-0. 059 (0. 037)	—	—	-0. 080 ** (0. 024)	—	—	0. 321 (0. 131)
D_SR	1. 118 *** (0. 055)	1. 068 *** (0. 047)	0. 757 *** (0. 058)	1. 126 *** (0. 043)	1. 114 *** (0. 042)	0. 906 *** (0. 024)	1. 126 *** (0. 043)	1. 036 *** (0. 046)	0. 842 *** (0. 025)
R_OPEN	0. 220 (0. 238)	0. 205 (0. 227)	-0. 427 ** (0. 235)	1. 336 *** (0. 142)	1. 360 *** (0. 124)	1. 227 *** (0. 240)	1. 336 *** (0. 142)	1. 371 *** (0. 127)	0. 796 ** (0. 242)

续表

变量	高层次人力资本（H1）			一般层次人力资本（H2）			普通劳动力（H3）		
	（1）	（2）	（3）	（4）	（5）	（6）	（7）	（8）	（9）
ER	-1.400**	-2.050**	-2.257***	-0.599	-0.525	0.033	-0.599	-0.223	-0.526**
	（0.623）	（0.598）	（0.316）	（0.420）	（0.431）	（0.264）	（0.420）	（0.309）	（0.228）
cons	2.685	7.269**	8.550***	-1.383	-0.997	-2.736**	4.044**	-4.020**	-1.541
	（3.213）	（2.953）	（1.530）	（2.068）	（2.073）	（1.226）	（2.028）	（1.727）	（1.692）
Waldchi2	0.000	0.000	0.000	0.000	0.000	0.000	0.000	0.000	0.000
AR(2)	0.856	0.664	0.427	0.882	0.887	0.151	0.882	0.638	0.196
Hansen	0.992	0.996	0.993	0.997	0.996	0.991	0.997	0.927	0.887
观察值	206	206	179	228	228	185	228	228	185

注：括号内为标准差，上标“***”、“**”和“*”分别表示1%、5%和10%置信水平；人力资本的长期效应是取人力资本滞后4期的移动平均值的估计结果。

表 5.4 稳健性检验结果(以高层次人力资本为例)

变量	滞后 0 期的移动平均过程, $i=0$			滞后 3 期的移动平均过程, $i=3$			滞后 6 期的移动平均过程, $i=6$		
	(1)	(2)	(3)	(4)	(5)	(6)	(7)	(8)	(9)
L. R	0.316*** (0.022)	0.284*** (041)	0.510*** (0.038)	0.198*** (0.021)	0.253*** (0.025)	0.437*** (0.031)	0.115*** (0.017)	0.449*** (0.022)	0.282* (0.150)
HMA(i)	-0.014 (0.036)	—	—	1.330*** (0.201)	—	—	2.324*** (0.331)	—	—
HMA(i) × R&D	—	0.087 (0.092)	—	—	0.094*** (0.017)	—	—	0.271*** (0.047)	—
HMA(i) × LETI	—	—	-0.004 (0.010)	—	—	0.076*** (0.016)	—	—	0.107** (0.042)
R&D	0.014 (0.012)	-0.062 (0.078)	—	0.008 (0.011)	-0.033** (0.013)	—	-0.070*** (0.012)	-0.189*** (0.031)	—
LETI	—	—	-0.025 (0.062)	—	—	-0.068*** (0.015)	—	—	-0.092** (0.036)
D_SR	0.907*** (0.036)	0.943*** (0.050)	0.710*** (0.027)	1.059*** (0.028)	1.006*** (0.028)	0.873*** (0.027)	1.237*** (0.032)	1.068*** (0.056)	0.739*** (0.066)
R_OPEN	0.704*** (0.177)	0.706*** (0.165)	0.251 (0.205)	0.269** (0.130)	0.439** (0.168)	-0.367 (0.236)	0.730*** (0.070)	0.514*** (0.212)	0.619* (0.347)
ER	-0.474 (0.282)	-0.864** (0.434)	-0.791** (0.272)	-0.739*** (0.142)	-0.329* (0.169)	-1.388** (1.398)	-2.992*** (0.519)	-3.553*** (0.615)	0.782 (0.951)

续表

变量	滞后0期的移动平均过程，$i=0$			滞后3期的移动平均过程，$i=3$			滞后6期的移动平均过程，$i=6$		
	(1)	(2)	(3)	(4)	(5)	(6)	(7)	(8)	(9)
cons	−0.299 (1.388)	2.183(2.530)	1.730 (1.319)	−0.050 (0.839)	−1.381 (0.881)	4.384** (1.398)	9.579*** (2.364)	13.073*** (2.879)	−3.897 (4.256)
Waldchi2	0.000	0.000	0.000	0.000	0.000	0.000	0.000	0.000	0.000
AR(2)	0.491	0.500	0.752	0.642	0.546	0.780	0.486	0.248	0.653
Hansen	0.804	0.859	0.708	0.999	0.510	0.584	0.982	0.861	0.389
观察值	289	289	250	233	233	203	155	155	107

注：括号内为标准差，上标“***”、“**”、“*”、“c”分别表示1%、5%、10%和15%置信水平。

具有静态外延特征更具有动态外延特征。高科技人员和高素质的劳动者在相互交流和相互作用过程中影响研发效率和生产效率，同时也会对一般普通劳动者产生“示范”作用，潜移默化地影响一般普通劳动者的技能水平，这是人力资本外部性所具有的含义。但同时，人力资本在生产过程中也逐步提升自己的人力资本水平，在人力资本累积中进一步引致人力资本的自身升级，并由此引致进一步更大程度的外部性。因此，人力资本随着时间不断累积和升级并由此产生的更大程度外部性，能够共同有效降低产品的生产成本，提高研发部门的效率，从而在长期培育产业动态比较优势，促使产业不断向更高级的产业升级和国际竞争力的大幅度提升，最终实现外向型经济发展方式的转变。

第六章　人力资本技术匹配与外向型产业结构升级

在上一章，我们只是提及了先进的技术必须和相应的人力资本水平匹配问题，即所谓的适宜技术理论，但并未进行较深入的分析。适宜技术理论表明，先进的技术必须对人力资本水平提出一定的要求。正如林毅夫(2006)所言，一个国家最适宜的技术结构内生决定于这个国家的要素禀赋结构，这表明，技术的“本地化”特征使其与应用环境的要素条件间存在适宜与否的关系(Atkinson & Stiglitz，1969)。但在这些要素中，人力资本在消化、吸收先进技术的主体作用更显得尤为重要。其潜在意义在于，如果发展中国家选择与其人力资本最相适宜的技术，则其技术变迁的成本上就会变得相对低一些。

在本章中，我们继续沿着适宜技术理论探讨人力资本、技术选择匹配和外向型产业升级问题。但是，我们研究的角度和落脚点却有别于之前的研究。首先，我们在第一部分分析了决定一个产业技术选择能力的影响因素，并在第二节重点考察了偏向性技术选择如何引致产业的动态比较优势转化和产业升级。所谓偏向性技术选择，指的是发展中国家的产业采用偏向相对丰裕要素的技术进步可能落入“比较优势陷阱”。但在完成资本的初始积累后，鼓励产业采取偏向原本稀缺要素的技术进步，则能克服“比较优势陷阱”，实现出口贸易的动态升级。基于此，当一个产业采用偏向性技术进步时，根据适宜技术理论，需要对人力资本水平提出新的要求，比如对现有的人力资本进行投资和引进更高水平的人才。采用偏向性技术进步意味着新知识和技能的需要，因此，产业的升级内在需要偏向性技术进步，而不同的技术选择需要与之相匹配的人力资本水平对应，这反过来就要求人力资本水平的不断提高和升级。通过以上分析，适宜技术理论则需要被赋予一个新的含义：其本质上就是人力资本水平、技术选择和产业升级之间不断匹配的动态过程。

当然，本书的研究与之前的理论存在逻辑上的“矛盾”。Acemoglu (2002)表明，内生的技术进步是对利润刺激的反应，而这个刺激物主要是要素的稀缺和丰裕，当稀缺要素与丰裕要素的替代弹性较高时，技术进步就会更偏向于使用丰裕要素。但是，这种技术进步的可能性并不适合普通劳动力要素丰裕的国家。借用 Acemoglu(2002)的理论，如果采用偏向丰裕的低技能劳动力的技术，就会增加大量低技能的劳动力需求，其结果就是挤出高技能的劳动力，并减少人力资本投资的积极性，其长期效应就是出现低技能替代高技能的技术进步方式。一个典型的事例发生在 19 世纪早期，由于当时有大量爱尔兰农民涌入英格兰城市，增加了英格兰城市低技能劳动力的供给，结果是，英格兰出现了低技能替代高技能的技术进步现象。但是，在完成资本的初始积累后，鼓励产业采取偏向原本稀缺要素的技术进步则有利于人力资本水平的提高和人力资本的升级。如果鼓励产业采取偏向原本稀缺要素的技术进步，就会出现两种驱动力：第一，企业对初始人力资本的选择以及对原有人力资本的投资；第二，如果采取偏向原本稀缺要素的技术进步，高技能劳动力就会需求紧缺，从而转化为能够直接诱发高技能高报酬的信号和预期，因此，随之而来的就是人力资本自发的积累和升级。

在本章内容中，我们通过构建一个简单的理论模型刻画出人力资本和技术选择动态匹配过程以及二者的适宜匹配对产业升级的影响，我们得出的结论是：一个产业的技术选择同这个产业的人力资本水平相匹配，同时，和该产业以及整个经济的人均产出、技术进步水平相关。同时，只有在二者合理匹配时，才具有促进产业结构的转化和升级的基础条件。其次，我们基于偏向性技术选择理论考察了偏向性技术选择和产业动态比较优势转化问题，我们得出的另一个结论是，当产业采用偏向性技术进步时，有助于克服“比较优势陷阱”，实现出口贸易的动态升级。那么，结合适宜技术理论和偏向性技术选择理论，我们发现，人力资本水平、技术选择和产业升级其实是一个不断匹配的动态过程。只有当他们之间不断匹配、相互引领，才能实现出口贸易的动态升级，并引致人力资本水平的不断提高和技术进步。该结论的逻辑路径见图 6. 1。

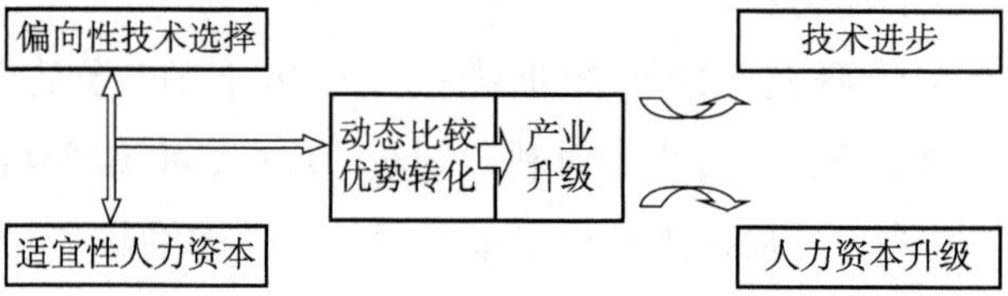

图 6. 1　人力资本水平、技术选择和产业升级动态匹配

与此同时，提升产业结构以转变外向型经济发展方式内在地要求加快人力资本积累，提高人力资本积累效率，从而有效地利用我国生产要素的比较优势结构，使其产生和发挥生产要素的动态比较优势特征。因此，我们在本章第三节探讨了在外向型经济发展方式转变背景下的技术选择和人力资本升级之间的内在联系。外向型经济发展方式的一般演化路径为：人力资本积累→技术进步→产业升级→外向型经济发展方式转变，这是一个循序渐进的过程。但是，在现代经济发展的背景下，外向型经济发展方式转变的迫切需要内在地要求产业结构升级，因此，在一个特定产业发展的不同阶段，始终存在一个潜在的技术水平。这个潜在的技术水平一方面引致产业人力资本的升级(配置更高的人力资本和人力资本的快速积累)，另一方面，加快研发有效率的投入，进而促使人力资本和研发投入相互作用的有效互补。对潜在技术的获取不像对现存的先进技术模仿和有方向性技术路径的自主创新那样，它引致人力资本的升级和技术的跳跃式的进步。其演化路径是：开放背景下的外向型经济发展方式转变内在驱动→潜在技术的获取→人力资本的升级和技术的跳跃式的进步→外向型经济发展方式转变，具体逻辑路径见图 6. 2。

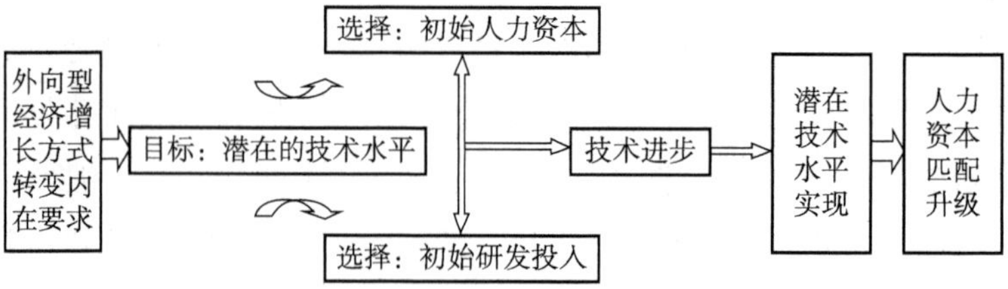

图 6. 2　潜在的技术引致和人力资本升级

根据以上描述可以看出，传统的外向型经济发展方式的一般演化路径体现了在既有的参照系指引下，人力资本逐渐积累和技术不断进步的过程。这个参照系指引体现在诸如对发达国家经济发展方式的模仿，按照发达国家的增长轨迹所实现的一种循序渐进的人力资本积累和技术进步过程。但是，我们在本章第四节构建出的关于技术引致和人力资本升级的理论模型，却体现了在没有任何参照系的情况下，对潜在的技术水平的获取如何引致人力资本升级和技术的跃迁的，这是一个跳跃式的过程。

第一节　人力资本外溢、技术选择与产业结构升级

一、基本模型设定

（一）生产部门

假定一个经济生产函数为规模报酬不变的 C-D 形式：$Y=AK^{\alpha}L^{\beta}$ 且 $\alpha+\beta=1$。其中，Y、K 和 L 分别为经济总产出、资本和劳动要素的投入，A 为技术进步水平，α 和 β 为资本和劳动的产出弹性。由 C-D 生产函数我们得出生产函数的人均形式：

$$y=\frac{Y}{L}=A\left[\frac{K}{L}\right]^{\alpha} \tag{6.1}$$

同时，我们把一个经济的劳动密集型产业、资本密集型产业和技术密集型产业的生产函数都遵循规模报酬不变的 C-D 生产函数形式：$Y_i=A_iK_i^{\alpha i}L_i^{\beta i}$ 并且 $\alpha_i+\beta_i=1$。这里，$i(=1, 2, 3)$分别代表劳动密集型产业、资本密集型产业和技术密集型产业，因此，三类产业生产函数的人均形式为：

$$y_i=\frac{Y_i}{L_i}A_i\left[\frac{K_i}{L_i}\right]^{\alpha i} \tag{6.2}$$

进一步，由(6.1)和(6.2)式我们可以得出整个经济的资本劳动比率和各个产业的资本劳动比率，见(6.3)式：

$$\frac{K}{L}=y^{\frac{1}{\alpha}}\left[\frac{1}{A}\right]^{\frac{1}{\alpha}};\ \frac{K_i}{L_i}y_i^{\frac{1}{\alpha i}}\left[\frac{1}{A_i}\right]^{\frac{1}{\alpha i}} \tag{6.3}$$

(二)产业技术选择

林毅夫(2002)把一个产业的资本劳动比与地区的资本劳动比的比值作为技术选择的反映，即：

$$T=(K_i/L_i)/(K/L)$$

这是技术选择系数的一般设定方式，体现了该产业的经济发展对自身比较优势的偏离程度。为反映整个经济人力资本外溢对产业结构升级的影响，并体现在产业升级过程中产业内人力资本与技术选择匹配关系，我们把一个产业的技术选择能力设定为如下形式：

$$TCI_i=\frac{K_i}{K}\times\frac{H}{H_i} \tag{6.4}$$

在(6.4)式中，K_i/K 体现了产业本身的技术选择能力，H/H_i 反映了整个经济人力资本水平对产业的外溢情况(H 为整个经济人力资本，H_i 为单个产业人力资本)，因此，TCI 综合考察了产业本身的技术选择能力以及整个经济人力资本水平外溢对产业技术选择能力的影响。

二、内部经济与外部经济对产业技术选择能力的影响

为进一步深入分析，我们首先假定一个产业的人力资本(技能劳动力)是该产业劳动人数的比例函数，即 $H_i=\lambda_i L_i$，同理，整个经济的人力资本也是整个经济劳动人数的比例函数：$H=\lambda L$。结合(6.3)和(6.4)式，我们把各个产业的技术选择能力表述为如下：

$$TCI_i=\frac{K_i/H_i}{K/H}=(\frac{\lambda}{\lambda_i})\frac{K_i/L_i}{K/L}=(\frac{\lambda}{\lambda_i})y_i^{\frac{1}{\alpha i}}y^{-\frac{1}{\alpha}}A_i^{-\frac{1}{\alpha i}}A^{\frac{1}{\alpha}} \tag{6.4}$$

对于一个产业长期发展来说，选择合适的技术需要和该产业的人力资本水平相匹配。但是，通常意义来说，恰当衡量一个产业的人力资本水平不能用该产业的人力资本绝对量来衡量，而是用该产业的人力资本相对水平的高低来衡量，即一个产业的技能劳动力(人力资本)相对于该国非技能劳动的大小作为该产业人力资本水平体现(代谦，2006)。因此，我们定义一个产业的相对人力资本水平为 $h_i=H_i/l_i$。相应地，整个经济的相对人力资本水平为 $h=H/l$。这里，l_i 和 l 分别为各个产业及整个经济的非技能劳

动力，h_i 和 h 即为各个产业及整个经济的相对人力资本水平。由于非技能劳动力和人力资本共同构成该产业或整个经济的劳动力总数，即：

$$l_i + H_i = L_i;\ l + H = L \tag{6.5}$$

根据上述分析并结合(6.5)式，我们得出如下表达式：

$$\frac{\lambda}{\lambda_i} = \frac{h\,(1 + h_i)}{h_i\,(1 + h)} \tag{6.6}$$

(6.6)式表达一个产业的相对人力资本水平在整个经济中人力资本水平份额，体现了该产业人力资本在整个经济中的结构。把(6.6)式带入(6.4)式，我们得出如下反映产业人力资本与产业技术选择能力的关系式：

$$TCI_i = \frac{h(1 + h_i)}{h_i(1 + h)} y_i^{\frac{1}{\alpha i}} y^{-\frac{1}{\alpha}} A_i^{-\frac{1}{\alpha i}} A^{\frac{1}{\alpha}} \tag{6.7}$$

由(6.7)式我们可以看出，一个产业的技术选择能力同这个产业和整体经济的人力资本水平相关，同时，和该产业以及整个经济的人均产出、技术进步水平相关。

假说1：一个产业的技术选择能力同这个产业和整体经济的人力资本水平相关，同时和该产业以及整个经济的人均产出、技术进步水平相关。

由于 $0 < \alpha$，$\alpha i < 1$，我们从(5.7)式发现：

$$\frac{\partial TCI_i}{\partial y_i} > 0,\ \frac{\partial^2 TCI_i}{\partial {y_i}^2} > 0;\ \frac{\partial TCI_i}{\partial A_i} < 0,\ \frac{\partial^2 TCI_i}{\partial A_i^2} > 0 \tag{6.8}$$

$$\frac{\partial TCI_i}{\partial y} < 0,\ \frac{\partial^2 TCI_i}{\partial y^2};\ \frac{\partial TCI_i}{\partial A} > 0,\ \frac{\partial^2 TCI_i}{\partial A^2} > 0 \tag{6.9}$$

根据(6.8)和(6.9)关系，我们绘制出产业的技术选择能力与内部经济和外部经济的关系的相图。

由图6.3可以看出，产业的技术选择能力是产业的产出水平的凸函数，这表明，随着产业产出的增加，该产业的技术选择能力也增加，并且技术选择的空间更大。但是随着该产业技术的不断进步，其技术选择能力将下降，技术进步得越快，其技术选择的空间将越小。图6.4反映了一个产业的技术选择能力和外部经济的关系，由图6.4可以看出，随着外部经济的发展，该产业的技术选择能力将下降，但是外部的技术进步有助于该产业的技术选择能力的提高。以上分析表明，一个产业的技术选择能力不仅和本产业的发展水平和技术进步水平有关，而且和外部经济的发展水平和技术进步水平有关。产业的发展水平通过“边干边学”效应有助于推动该产业的技术选择空间的扩大，但是随着产业技术进步的不断提高，该产业的技术选择空间将下降，这表明该产业将走向“技术专业化”路径。外部经济对产业的技术选择具有双向效应，一方面，外部经济的技术进步有助于产业的技术选择，某个产业通过学习、模仿其他产业的技术，从而有助于该产业的技术进步，也进一步扩大该产业的技术类别，但外部经济的发展伴随着技术的竞争，在一定程度上约束了该产业的技术选择。由此，我们得出如下假说：

假说 2：产业内部的发展水平有助于扩大该产业的技术选择能力和技术选择空间提升，但是，随着产业的技术进步水平的不断提高，该产业的技术选择空间将缩小。但是，外部经济对产业的技术选择具有双向效应，一方面，外部的技术进步有助于该产业的技术选择，但是各个产业的竞争也在一定程度上约束了该产业的技术选择。

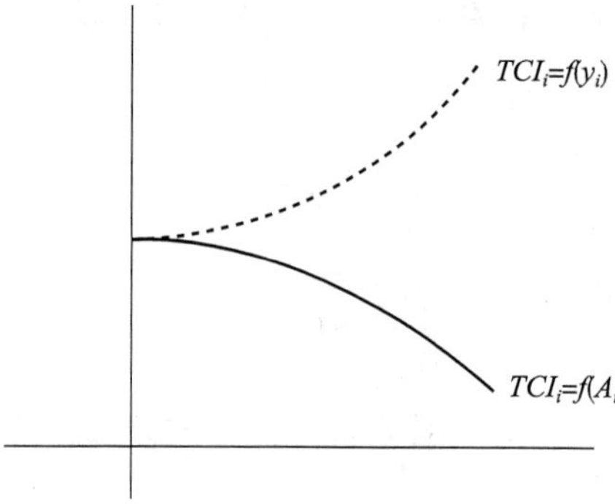

图 6.3　技术选择与内部经济的关系

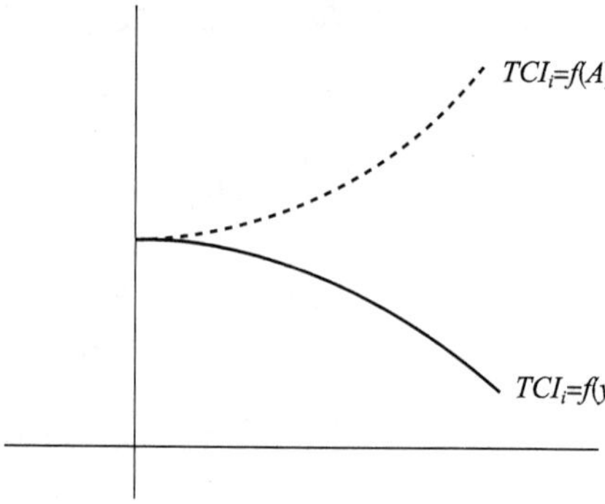

图 6.4　技术选择与外部经济的关系

三、人力资本外溢对产业技术选择能力的影响

考虑到整个经济的人力资本水平外溢对产业技术选择能力的影响，通过对(6.7)式进行微分刻画，我们得出如下关系：

$$\frac{\partial TCI_i}{\partial (h/h_i)} = \frac{1}{(1+h)^2} y_i^{\frac{1}{\alpha i}} y^{-\frac{1}{\alpha}} A_i^{-\frac{1}{\alpha i}} A^{\frac{1}{\alpha}} > 0 \qquad (6.10)$$

从(6.10)式可以看出，整个经济的人力资本水平外溢对产业技术选择能力具有正向影响，这表明，整个经济的人力资本水平越高，产业的技术选择能力越强。这体现了一国的人力资本的整体水平决定着该国产业的技术选择能力，因此，从根本上实现产业结构升级，首先要从整体上提高该国的人力资本水平。

进一步，我们通过(6.7)式得出关于整个经济人力资本水平外溢对产业技术选择能力的影响幅度的变化情况，见(6.11)式：

$$\frac{\partial^2 TCI_i}{\partial(h/h_i)^2}=0 \tag{6.11}$$

由(6.11)式可以知道，整个经济人力资本水平外溢对产业技术选择能力的影响幅度的变化为0，这表明，整个经济的人力资本水平影响着产业的技术选择能力，但是不能决定产业技术选择能力的进一步提升，这可能涉及人力资本结构和人力资本匹配问题。由此，我们得出如下假说：

假说3：提高一国整体人力资本水平是提高该国产业的技术选择能力，进而实现产业结构优化和升级首要条件，但是整体人力资本水平并不能决定产业技术选择能力的进一步提升。

四、人力资本匹配、技术选择和产业结构升级

产业结构转化和升级是一个动态过程，其本质是对生产要素的重新配置。人力资本是产业结构转化的基础，决定了产业结构转化的速度，方向和效果。由于产业异质性特征，人力资本对不同产业的影响会存在差异，因此，这就需要满足人力资本结构和产业结构相匹配的要求。当然，为了保证产业结构的转化和升级，必须有技术上的支持，这样的支持并不是什么样的技术都可以担当起来的，根据适宜技术选择理论（Acemoglu，1998；Basu and Weil，1998；邹薇和代谦，2003；林毅夫和张鹏飞，2005），由于在数量、结构和类型上不同的人力资本一方面影响各种要素生产力发挥的差异，从而对技术进步产生不同的作用；另一方面，选择和不同类型的人力资本相匹配的技术将能更大限度地促进产业结构的转化和升级。因此，应针对不同产业类型来选择合适该产业人力资本水平相匹配的技术才能更

大限度地促进产业结构的转化和升级。接下来，我们来考察人力资本匹配、技术选择和产业结构升级之间的内在联系。由(6.7)式，我们通过简单的运算，得出(6.12)和(6.13)式：

$$y_i=(TCI_i)^{\alpha i}\left[\frac{(h_i)}{(1+h_i)}\right]^{\alpha i}\left[\frac{(1+h)}{(h)}\right]^{\alpha i}y^{\frac{\alpha i}{\alpha}}A_iA^{-\frac{\alpha i}{\alpha}} \tag{6.12}$$

$$\frac{y_i}{y}=(TCI_i)^{\alpha i}\left[\frac{(h_i)}{(1+h_i)}\right]^{\alpha i}\left[\frac{(1+h)}{(h)}\right]^{\alpha i}y^{\frac{\alpha i}{\alpha}-1}A_iA^{-\frac{\alpha i}{\alpha}} \tag{6.13}$$

由(6.12)和(6.13)式可知，作为产业目标的人均产出以及体现产业结构的某个产业的人均产值和总产值的比重受到技术选择能力和该产业的人力资本水平的影响。为更清晰地展现他们之间的变动关系，我们对(6.13)式进行刻画，得出(6.14)和(6.15)式：

$$\frac{\partial(y_i/y)}{\partial(TCI_i)}=\alpha i(TCI_i)^{\alpha i-1}\left[\frac{(h_i)}{(1+h_i)}\right]^{\alpha i}\left[\frac{(1+h)}{(h)}\right]^{\alpha i}y^{\frac{\alpha i}{\alpha}-1}A_iA^{-\frac{\alpha i}{\alpha}}>0 \tag{6.14}$$

$$\frac{\partial(y_i/y)}{\partial(h_i)}=\alpha i(TCI_i)^{\alpha i}\left[\frac{(h_i)}{(1+h_i)}\right]^{\alpha i-1}\frac{1}{(1+h_i)^2}\left[\frac{(1+h)}{(h)}\right]^{\alpha i}y^{\frac{\alpha i}{\alpha}-1}A_iA^{-\frac{\alpha i}{\alpha}}>0 \tag{6.15}$$

通过(6.14)和(6.15)式我们发现，技术选择能力对产业结构有正影响，同时产业人力资本水平对产业结构也有正影响。这说明对特定产业选择超前技术和提高其人力资本水平，都有助于增加其在国民经济中的比重，有利于产业结构升级。但同时，如果特定产业采用较先进的技术，它不具备吸收先进技术的能力和基础，而先进技术的引入则增加了其要素投入的负担比率，这样反而不利于其产业结构转化和升级。也就是说，如果人力资本在数量、结构和类型上不能适应产业结构升级的技术要求，那么，产业结构升级就会弱化，甚至阻碍了产业结构转化和升级的速度。因此，选择和产业人力资本相匹配的技术水平对于产业结构转化的速度和效果至关重要。进一步，通过对(6.13)式的等价变形，我们得出(6.16)式：

$$\frac{y_i}{y}=\left[(TCI_i)\left(\frac{h_i}{1+h_i}\right)\right]^{\alpha i}\left[\frac{(1+h)}{(h)}\right]^{\alpha i}y^{\frac{\alpha i}{\alpha}-1}A_iA^{-\frac{\alpha i}{\alpha}} \tag{6.16}$$

由(6.16)式可以看出，产业人力资本水平和产业技术选择能力交互项对产业结构具有正向作用，这初步判断出产业的技术选择需要和该产业的人力资本水平相适应。通过(6.16)式进行刻画，我们可以得出产业人力资本水平和产业技术选择能力之间的相互作用关系对产业结构升级的影响，见(6.17)式：

$$\frac{\partial^2(y_i/y)}{\partial(h_i)\partial(TCI_i)} = \alpha i^2(TCI_i)^{\alpha i-1}\left[\frac{(h_i)}{(1+h_i)}\right]^{\alpha i-1}\frac{1}{(1+h_i)^2}\left[\frac{(1+h)}{(h)}\right]^{\alpha i} y^{\frac{\alpha i}{\alpha}-1}A_i A^{-\frac{\alpha i}{\alpha}}>0 \tag{6.17}$$

由于函数的二次偏导符号体现变量间的替代或互补关系，如果为正，则为互补关系，负号则为替代关系。由(6.17)式可以知道，产业技术选择能力与产业人力资本水平为互补关系，只要当产业技术选择能力与产业人力资本水平为互补关系，即只有二者相互匹配时，才具有促进产业结构的转化和升级的基础。因此，我们得出假说4：

假说4：产业选择的技术必须与产业人力资本水平相匹配，当二者合理匹配时，才具有促进产业结构的转化和升级基础条件。

五、主要结论

通过构建反映产业技术选择能力的指标，我们系统地刻画了决定产业技术选择能力的因素，进而分析了产业结构升级的作用机制，得出如下主要结论：

首先，一个产业的技术选择能力与该产业以及整个经济的人均产出、技术进步水平相关，产业内部的发展水平有助于扩大该产业的技术选择能力和技术选择空间提升，但是，随着产业的技术进步水平的不断提高，该产业的技术选择空间将缩小。但是，外部经济对产业的技术选择具有双向效应，一方面，外部的技术进步有助于该产业的技术选择，但是，各个产业的竞争也在一定程度上约束了该产业的技术选择。

其次，提高一国整体人力资本水平是提高该国产业的技术选择能力，进而实现产业结构优化和升级首要条件，但是，整体人力资本水平并不能决定产业技术选择能力的进一步提升，具体可能涉及人力资本结构和人力资本匹配问题。

最后，产业选择的技术必须与产业人力资本水平相匹配，当二者合理匹配时，才具有促进产业结构的转化和升级基础条件。

第二节 偏向性技术选择、人力资本的动态匹配和产业结构升级

Acemoglu(2002)表明，内生的技术进步是对利润刺激的反应，而这个刺激物主要是要素的稀缺和丰裕，当稀缺要素与丰裕要素的替代弹性较高时，技术进步就会更偏向于使用丰裕要素。但是，这种偏向技术选择可能不适合普通劳动力要素丰裕的国家。借用他的理论，如果采用偏向丰裕的低技能劳动力的技术，就会增加大量低技能的劳动力需求，其结果就是挤出高技能的劳动力，并减少人力资本投资的积极性。此外，项松林(2013)沿用新新贸易理论框架研究也显示，发展中国家的产业采用偏向相对丰裕要素的技术进步可能落入“比较优势陷阱”。但对于特定产业来说，在完成资本的初始积累后，如果鼓励产业采取偏向原本稀缺要素的技术进步，则有可能能克服“比较优势陷阱”，实现出口贸易的动态升级。基于本章第一节的内容，本书考察偏向性技术选择是如何引致人力资本的动态匹配以及产业比较优势的动态转化的，接下来我们将通过构建理论模型对此问题进行深入分析。

一、基本理论模型

(一)消费者行为

首先，我们假定经济中家庭部门拥有资本和劳动要素，并由此决定经济生产和消费行为。整个经济的资源用于消费、中间品投入和研发投入，因此，整个经济的资源约束表述如下：

$$C(t)+X(t)+Z(t)\leqslant Y(t) \tag{6.2.1}$$

其中，$Y(t)$为整个经济产出，$C(t)$为家庭消费总量；$Z(t)$为研发投入总量；$X(t)$为中间品投入总量。我们用不变跨期替代弹性效用函数来刻画代表性家庭的消费偏好，其总效用函数为：

$$U = \int_0^\infty \exp(-\rho t)\,\frac{c(t)^{1-\theta} - 1}{1-\theta}dt \qquad (6.2.2)$$

其中，ρ 为消费者主观贴现率；θ 为跨期替代弹性倒数，用以刻画边际效用弹性。

(二)生产技术

假定整个经济的总生产由偏向于低技能人力资本的产业(劳动密集型产业)和偏向于高技能人力资本的产业(资本和技术密集型产业)构成，并且各自的生产函数采取 Dixit 和 Stiglitz(1977)的形式，则偏向于劳动密集型产业的生产函数为：

$$Y_L(t) = H_L(t)^{1-a}\int_0^{NL(t)} x_L(\omega,t)^a d\omega \qquad (6.2.3)$$

其中，x_L 为投入到劳动密集型产业的中间品数量，N_L 为中间投入品种类，在这里表示劳动密集型产业的技术水平，H_L 为劳动密集型产业的人力资本水平。类似种类扩张模型(Aghion and Howitt，2009)，则均衡下中间产品投入量、产业利润以及均衡产量分别为：

$$x_L(\omega,\ t) = x_L = a^{2/1-a}H_L; \qquad (6.2.4)$$

$$\pi_L(\omega,\ t) = \pi_L(1-a)^{1+a/1-a}H_L \qquad (6.2.5)$$

$$Y_L(t) = a^{2a/1-a}N_L(t)H_L \qquad (6.2.6)$$

与此对应的是偏向于高技能人力资本的产业，即资本和技术密集型产业的生产函数为：

$$Y_H(t) = H_H(t)^{1-a}\int_0^{NH(t)} x_H(\omega,t)^a d\omega \qquad (6.2.7)$$

其中，x_H 为投入到资本和技术密集型产业的中间品数量，N_H 为中间投入品种类，在这里表示资本和技术密集型产业的技术水平，H_H 为资本和技术密集型产业的人力资本水平。

同样，在均衡下中间产品投入量、产业利润以及均衡产量分别为：

$$x_H(\omega,\ t) = x_H = a^{2/1-a}H_H \qquad (6.2.8)$$

$$\pi_H(\omega,\ t) = \pi_H = (1-a)^{1+a/1-a}H_H \qquad (6.2.9)$$

$$Y_H(t) = a^{2a/1-a} N_H(t) H_H \tag{6.2.10}$$

（三）研发部门

产品种类型技术进步主要有两种形式，即实验室装备模式和状态依赖模式。实验室装备模式的技术进步假定技术获取必须耗费一定资源，但并不决定于当前的技术状态，因此，实验室装备模式的技术进步函数可以表述为：

$$\dot{N}(t) = f(Z(t)) \tag{6.2.11}$$

其中，$\dot{N}(t)$表示为技术进步，Z为研发投入。而状态依赖模式的技术进步假定之前的技术状态对新技术的获取具有溢出效应，则状态依赖模式的技术进步函数可以表述为：

$$\dot{N}(t) = f(N(t)) \tag{6.2.12}$$

这里的$N(t)$表示之前技术状态。由于技术进步的不断提高对之前的技术状态的依赖产生负向作用，而人力资本的投入到研发过程可以有效消除这一负向效应（李尚骜，2010），因此，结合技术进步的实验室装备模式和状态依赖模式，并参考李尚骜的构建方式，本书将低技能人力资本产业和高技能人力资本产业的创新可能性前沿设定如下形式。

①低技能人力资本产业的创新可能性前沿：

$$\dot{N}_L(t) = \hbar_L Z_L(t) + \lambda_L [N_L(t)]^{1/\ell} [H_L(t)]^{\ell} \tag{6.2.13}$$

②高技能人力资本产业的创新可能性前沿：

$$\dot{N}_H(t) = \hbar_H Z_H(t) + \lambda_H [N_H(t)]^{1/\ell} [H_H(t)]^{\ell} \tag{6.2.14}$$

在这里，$\ell > 1$，表示之前的技术状态的溢出效应的边际作用递减，但是人力资本的边际作用递增。$\hbar_L$ 和 $\hbar_H$ 表示低技能产业和高技能产业的仅通过研发投入所获得的边际技术进步，体现研发“粗放型”投入所带来的技术进步。λ_L 和 λ_H 表示在一定的研发投入的条件，低技能产业和高技能产业通过人力资本与之前技术状态相互作用下所带来的边际技术进步，即体现人力资本与之前技术状态的匹配程度。

二、优化问题求解

完成以上基本假定之后，接下来我们构建优化问题来刻画平衡路径的均衡问题，我们构建的优化问题如下：

$$\text{Max:}\quad \int_0^{\infty}\exp(-\rho t)\frac{C^{1-\theta}-1}{1-\theta}dt \tag{6.2.15}$$

以上目标函数的受约束条件为：

$$ST:\quad \begin{aligned} &(1)\dot{N}_L(t)=\hbar_L Z_L(t)+\lambda\!\!\!^{-}_L[N_L(t)]^{1/\ell}[H_L(t)]^{\ell}\\ &(2)Y_L+Y_H=C+Z_L+Z_H\\ &(3)\dot{N}_H(t)=\hbar_H Z_H(t)+\lambda\!\!\!^{-}_H[N_H(t)]^{1/\ell}[H_H(t)]^{\ell} \end{aligned}$$

对上述优化问题，我们借助现值的 Hamiltonian 函数来求解，则现值的 Hamiltonian 函数为：

$$\begin{aligned} H=&\frac{C^{1-\theta}-1}{1-\theta}+\lambda_1(\hbar_H Z_H(t)+\lambda\!\!\!^{-}_H[N_H(t)]^{1/\ell}[H_H(t)]^{\ell})+\\ &\lambda_2(\hbar_H Z_H(t)+\lambda\!\!\!^{-}_H[N_H(t)]^{1/\ell}[H_H(t)]^{\ell})+\lambda_3(a^{2a/1-a}\\ &H_L H_L+a^{2a/1-a}N_H H_H-C-Z_L-Z_H) \end{aligned}$$

其中，λ_1，λ_2 和 λ_3 分别为各自的影子价格，我们可得到如下的最优化条件：

$$H_C=C^{-\theta}-\lambda_3=0 \tag{6.2.16}$$

$$H_{ZL}=\lambda_1\hbar_L-\lambda_3=0 \tag{6.2.17}$$

$$H_{ZH}=\lambda_2\hbar_H-\lambda_3=0 \tag{6.2.18}$$

$$H_{HL}=\lambda_1\lambda\!\!\!^{-}_L\ell H_L^{\ell-1}N_L^{1/\ell}+\lambda_3 a^{2a/1-a}N_L=0 \tag{6.2.19}$$

$$H_{HH}=\lambda_2\lambda\!\!\!^{-}_H\ell H_H^{\ell-1}N_H^{1/\ell}+\lambda_3 a^{2a/1-a}N_H=0 \tag{6.2.20}$$

$$H_{NL}=\lambda_1\lambda\!\!\!^{-}_L\frac{1}{\ell}N_L^{1/\ell-1}H_L^{\ell}+\lambda_3 a^{2a/1-a}H_L=-\dot{\lambda}_1+\rho\lambda_1 \tag{6.2.21}$$

$$H_{NH}=\lambda_2\lambda\!\!\!^{-}_H\frac{1}{\ell}N_H^{1/\ell-1}H_H^{\ell}+\lambda_3 a^{2a/1-a}H_H=-\dot{\lambda}_2+\rho\lambda_2 \tag{6.2.22}$$

横截性条件为：

$$\lim_{t\to\infty}\lambda_1 N_L e^{-\rho t}=\lim_{t\to\infty}\lambda_2 N_H e^{-\rho t}=0 \tag{6.2.23}$$

根据如上优化过程，我们得出如下本书重点关注的关系式：

$$\frac{N_H}{N_L}=\left(\frac{\lambda_H}{\lambda_L}\right)^{\ell/\ell-1}\left(\frac{\hbar_L}{\hbar_H}\right)^{\ell/\ell-1}\left(\frac{H_H}{H_L}\right)^{\ell} \tag{6.2.24}$$

三、均衡分析

通过对(6.2.24)式进行微分刻画，我们得出本书的第一个关系式——(6.2.25)式，该式体现了仅通过研发投入所带来的边际技术进步：

$$\frac{\partial(N_H/N_L)}{\partial(\hbar_H/\hbar_L)}=\left(\frac{\ell}{1-\ell}\right)\left(\frac{\hbar_H}{\hbar_L}\right)^{1/\ell-1}\left(\frac{H_H}{H_L}\right)^{\ell}<0 \tag{6.2.25}$$

从(6.2.25)式可以看出，仅通过产业研发投入的相对增加，如果不伴随高质量的人力资本匹配的情况下，并不引致偏向于自身的显著的技术进步，同时，越是对技术要求高的产业，在大量研发投入的同时，越需要更高质量的人力资本匹配，否则，仅通过对产业研发部门进行研发投入，不可能产生产业的动态比较优势的转化和产业结构升级。

进一步，我们考察产业的人力资本投入对产业技术进步的影响，通过对(6.2.25)式进行微分刻画，我们得出本书的第二个关系式：

$$\frac{\partial(N_H/N_L)}{\partial(H_H/H_L)}=\ell\left(\frac{\lambda_H}{\lambda_L}\right)^{\ell/\ell-1}\left(\frac{\hbar_L}{\hbar_H}\right)^{\ell/\ell-1}\left(\frac{H_H}{H_L}\right)^{\ell-1}>0 \tag{6.2.26}$$

根据(6.2.26)式可以看出，偏向性人力资本的投入可以带来偏向性技术进步，同时，我们借助 Acemoglu 的观点，偏向性技术选择可以产生产业的动态比较优势转化，即：

$$\frac{\partial(MP_H/MP_L)}{\partial(N_H/N_L)}>0$$

因此，我们根据(6.2.26)式的逻辑演绎可以得出这样结论：如果产业人力资本要素的相对供给增加，可以引致偏向于自身的显著的技术进步，进而引致产业动态比较优势转化和产业结构升级。

接下来，我们考察产业人力资本匹配对产业技术进步的影响，根据(6.2.24)式进行微分刻画，我们得出本书的第三个关系式：

$$\frac{\partial(N_H/N_L)}{\partial(\lambda_H/\lambda_L)}=\left(\frac{\ell}{\ell-1}\right)\left(\frac{\lambda_H}{\lambda_L}\right)^{1/\ell-1}\left(\frac{\hbar_L}{\hbar_H}\right)^{\ell/\ell-1}\left(\frac{H_H}{H_L}\right)^{\ell}>0 \tag{6.2.27}$$

由(6.2.27)式我们发现，产业人力资本的动态匹配能够实现产业的技术进步，最终产生产业比较优势的动态转化和产业结构的升级。通过(6.2.27)式可以看出，高技术产业相对劳动密集型产业的人力资本匹配程度越大，越偏向于高技术产业的技术进步，这内在地说明了越是高技术产业，越需要高技能的人力资本水平相匹配，否则，不但不能实现产业的技术进步，相反，还会抑制产业的技术进步。

四、主要结论

本书借助技术进步的实验室装备模式和状态依赖模式，构建了产业创新可能性前沿函数，并结合适宜技术理论和偏向性技术选择理论，系统地分析了产业技术进步与产业人力资本匹配之间的动态关系。研究结果表明，技术进步能否实现的一个根本因素，就是在研发过程中与之相匹配的人力资本投入，如果没有相适宜的人力资本投入，仅通过实验室装备模式的技术进步，是难以实现技术进步的持续加速的。更为重要的是，越是高技术产业，越需要高技能的人力资本水平相匹配，否则，不但不能实现产业的技术进步，相反，还会抑制产业的技术进步，并最终无法实现产业的比较优势的动态转化和产业结构升级。

本书研究的意义在于：一个产业的技术选择需要同这个产业的人力资本水平相匹配，并且只有当二者合理匹配时，才具有促进产业结构的转化和升级的基础条件。而当产业采用偏向性技术进步时，有助于克服“比较优势陷阱”，实现出口贸易的动态升级。因此，只有选择好和偏向性的技术相匹配的人力资本水平时，才能形成产业的动态比较优势。因此，人力资本水平、技术选择和产业升级之间其实是一个不断匹配的动态过程。只有当他们之间不断匹配，相互引领才能形成产业的动态比较优势和出口贸易的动态升级，并且引致人力资本水平的不断提高和技术进步。

第三节　技术引致与人力资本动态匹配和升级

提升产业结构以转变外向型经济发展方式内在地要求加快人力资本积

累，提高人力资本积累效率，从而有效地利用我国生产要素的比较优势结构，使其产生和发挥生产要素的动态比较优势特征，其演化路径为：人力资本积累→技术进步→外向型经济发展方式转变。与之相对应的是，在现代经济发展的背景下，外向型经济发展方式转变的迫切需要内在要求产业结构升级，因此，对于特定产业来说，存在着一个潜在的技术水平。这个潜在的技术水平一方面引致特定产业人力资本的升级(配置更高的人力资本和人力资本的快速积累)；另一方面，加快研发有效率的投入，进而促使人力资本和研发投入相互作用的有效互补。对潜在技术的获取不像对现存的先进技术的模仿和有方向性技术路径的自主创新，它引致人力资本的升级和技术的跳跃式的进步。其演化路径是：开发背景下的外向型经济发展方式转变内在驱动→潜在技术的获取→人力资本的升级和技术的跳跃式的进步。接下来，我们利用一个简单的模型进行进一步的分析。

一、基本理论模型

(一)人力资本增长函数

外向型经济发展方式的转变内在要求产业升级，在本节的模型构建中，我们假定某一特定产业存在一个潜在的技术水平(A_t)，对这个潜在的技术水平的获取会产生技术的分阶段的更迭或者跨越式发展，而技术的更迭或者跨越式发展则需要相应的人力资本与之相匹配，并且存在一个连续的有效率的研发投入。同时，我们假定在产业升级阶段中的技术水平是人力资本累积的上限(一个逐渐逼近的过程)。基于此，我们所设定的人力资本增长函数为：

$$h_t = h(e_t R_t,\ \hat{h}_{t-1},\ A_t) \tag{6.3.1}$$

在这里，e_t 为第 t 期投入的教育程度(也可以解释初期引进的人力资本)，R_t 为当期的研发投入，并且，二者的相互作用产生第一次人力资本积累；A_t 为潜在的先进技术水平，我们假定$\{A_t\}$是外生给定的；$\hat{h}_{t-1}$ 为上一期发生技术更新和人力资本升级的人力资本临界值。根据如上模型设定，(1)式人力资本增长函数还需要满足以下三个条件：

① $h'(e_t)>0$，$h''(e_t)<0$；$h'(R_t)>0$，$h''(R_t)<0$

② $h(0R_t,\ \hat{h}_{t-1},\ A_t)=\hat{h}_{t-1}$；$h(e_t0,\ \hat{h}_{t-1},\ A_t)=\hat{h}_t-1$；$h(00,\ \hat{h}_{t-1},\ A_t)=\hat{h}_{t-1}$

③ $\lim\limits_{\substack{e_t\to\infty\\ R_t\neq 0}} h(e_tR_t,\ \hat{h}_{t-1},\ A_t)=A_t$；$\lim\limits_{\substack{R_t\to\infty\\ e_t\neq 0}} h(e_tR_t,\ \hat{h}_{t-1},\ A_t)=A_t$

以上条件的含义是：条件①表明，各个时期的人力资本增长函数为教育程度和研发程度的递增凹函数，这表明教育程度越好或者研发强度越大，人力资本增长越快，但是增长的幅度越来越小；条件②表明，如果当期没有教育或者没有研发投入以及当期的教育和研发没有能相互作用，则当期的人力资本水平为上一期人力资本的临界值；条件③说明，如果某个产业进行研发投入，并且和当期的人力资本发生相互作用，长期可以获取潜在的技术水平，内在地表明潜在的技术水平对人力资本具有牵引性。

基于以上条件，我们选择的人力资本增长函数表达为：

$$h_t=h(e_tR_t,\ \hat{h}_{t-1},\ A_t)=-(A_t-\hat{h}_{t-1})\cdot\exp(-e_tR_t)+A_t \quad (6.3.2)$$

(二)研发投入增长函数

研发投入和人力资本有效作用是产业升级的内在驱动力，与产业升级相伴随的是技术的更迭和人力资本的升级。在此假定下，本书借助郑浩(2012)关于研发投入的增长函数设定方式，其研发投入的增长函数为：

$$\dot{R}+\varsigma R_t=\Psi(A_t+1)\cdot\exp\{\varsigma(A_{t+1}-h_t)\}\cdot\phi(h_t-\hat{h}_t) \quad (6.3.3)$$

(6.3.3)式研发投入的增长函数的含义为：引发产业升级的研发投入的变动由当期的人力资本存量 h_t，下一期潜在的技术水平 A_{t+1} 和产业升级所能达到人力资本临界值 $\hat{h}_t$ 共同决定的。同时，如果当期的人力资本存量 h_t 与下一期潜在的技术水平 A_{t+1} 差距越大，则研发投入变动 $\dot{R}_t$ 越大，则产业升级的可能性则越大，因此，欲达到产业升级的条件，则人力资本将靠近人力资本临界值 $\hat{h}_t$ 越近或者潜在的技术水平 A_{t+1} 越近，因此，对于特定产业来说将发生技术更迭和人力资本升级可能性则越大。

结合(6.3.3)的具体含义，因此，参数 ς 反映研发投入的效率，

$\Psi(A_{t+1})$则表述技术水平引致的强度。而对于式 $\phi(h_t - \hat{h}_t)$，在本书中用狄利克雷(Dirichlet)冲击函数表示，其用意在于表明技术非机械式发生变动，而是具有不确定性，因此：

$$\phi(h_t - \hat{h}_t) = \begin{cases} \infty, & h_t = \hat{h}_t \\ 0, & h_t \neq \hat{h}_t \end{cases} \tag{6.3.4}$$

结合(6.3.3)式和(6.3.4)式，利用拉普拉斯变换对上述关系式进行泛函分析，进而我们得出如下关系式①：

$$R_t(\hat{h}_t) = R_t(\hat{h}_{t-1}) \cdot \exp\{-\varsigma(\hat{h}_t - \hat{h}_{t-1})\} + \Psi(A_{t+1}) \cdot \exp\{\varsigma(A_{t+1} - \hat{h}_t)\} \cdot 1 \tag{6.3.5}$$

(三)研发部门行为

对于研发部门来说，要考虑的是研发投入以及与人力资本相互作用的效率问题。当研发部门考虑到效率问题时，其行为决策将关注初始人力资本的选择和最优的研发投入，即二者的最优匹配选择。因此，我们需要设定研发部门最优行为方程 $F(e_t, R_t)$，并且该方程要满足如下条件：

① $\partial F(e_t, R_t)/\partial e_t = f(R_t)$；$\partial F(e_t, R_t)/\partial R_t = f(e_t)$

② $\partial F^2(e_t, R_t)/\partial e_t \partial R_t > 0$

条件①表明，初始人力资本对研发效率的边际效用是研发投入的函数，同时，研发投入对研发效率的边际效用也是初始人力资本的函数，他们之间存在着互为条件关系；条件②表明，初始人力资本和研发投入的适宜匹配才能引发研发效率的最大化。根据如上描述，我们设定研发部门的研发效率函数，为方便求解，我们采用如下线性函数形式：

$$F(e_t, R_t) = \tau e_t R_t - \phi e_t - \theta R_t, \quad \tau > 0 \tag{6.3.6}$$

对(6.3.6)进行刻画，即：

$$\partial F(e_t, R_t)/\partial e_t = \tau R_t - \phi$$

$$\partial F(e_t, R_t)/\partial R_t = \tau e_t - \theta$$

$$\partial F^2(e_t, R_t)/\partial e_t \partial R_t = \tau > 0$$

① 该推算过程依据郑浩(2012)的博士论文的推算结果，这里，我们只提供最终的结果。

由此可见，(6.3.6)式满足如上所要求的条件，并且，我们可以看出，(6.3.6)式本质上是研发部门的利润函数，总收入为 $\tau e_t R_t$，总成本为 $\phi e_t + \theta R_t$，其中，τ、ϕ 和 θ 分别为研发产品、初始人力资本和研发投入品的价格。

二、优化问题设定及求解

对于特定产业是否决定升级，其要考虑其研发投入以及与人力资本相互作用的效率问题，因此，我们考虑如下的优化问题：

$$\text{Max:}\ F(e_t,\ R_t) = \tau e_t R_t - \phi e_t - \theta R_t (\tau > 0)$$

$S.T.$ (1) $h_t(e_t R_t,\ \hat{h}_{t-1},\ A_t) = -(A_t - \hat{h}_{t-1}) \cdot \exp\{-e_t R_t\} + A_t$

(2) $R_t(\hat{h}_t) = R_t(\hat{h}_{t-1}) \cdot \exp\{-\varsigma(\hat{h}_t - \hat{h}_{t-1})\} + \Psi(A_{t+1}) \cdot \exp\{\varsigma(A_{t+1} - \hat{h}_t)\} \cdot 1$

上述优化问题约束条件中都存在研发投入 R_t，同时，第二个约束条件内嵌于第一个约束条件中，因此，求解上述优化问题比较困难。为简化求解上述优化问题，我们令 $x = \hat{h}_t$，并且假定 $\phi = \theta = 1$。因此，以上优化问题转化如下近似的拉格朗日函数：

$$L(x) = \left[\frac{1}{\Delta} - \tau_t\right] \ln \frac{A_t - \hat{h}_{t-1}}{A_t - x} + R_t(\hat{h}_{t-1}) \cdot \exp\{-\varsigma(x_t - \hat{h}_{t-1})\} + \Psi(A_{t+1}) \cdot \exp\{\varsigma(A_{t+1} - x)\}$$

$$\Delta = R_t(\hat{h}_{t-1}) \cdot \exp\{-\varsigma(x_t - \hat{h}_{t-1})\} + \Psi(A_{t+1}) \cdot \exp\{\varsigma(A_{t+1} - x)\} \tag{6.3.6}$$

通过求解其一阶条件，我们得出如下关键的关系式：

$$\tau_t e_t = 1 \tag{6.3.7}$$

$$\frac{1}{A_t - x} = \varsigma \ln \frac{A_t - x}{A_t - \hat{h}_{t-1}} \tag{6.3.8}$$

对于(6.3.7)式，τ_t 反映了初始人力资本与研发投入相互的边际成本，体现了初始人力资本与研发投入相互作用的效率。由(6.3.7)式可以看出，初始人力资本与研发投入相互作用的边际成本是初始教育程度的反比函数，初始选择的人力资本越高，则能快速有效地与研发发生作用，提高研发的效率。这表明，对于产业结构的跳跃式升级，初始选择的人力资本水平尤为重要，这内在地强调对引进人才的结构和质量的要求。

对于(6.3.8)式体现 $x=\hat{h}_t$ 的解，即：

$$\hat{h}_t = \underset{x=\hat{h}_t}{Arg}\left\{\frac{1}{At-x} - \varsigma \ln\frac{A_t - x}{A_t - \hat{h}_{t-1}} = 0\right\} \qquad (6.3.9)$$

(6.3.9)式展现了潜在的技术水平(A_t)、研发投入的效率ς和人力资本跃迁$\hat{h}_t$ 的关系，图6.5和图6.6能够帮助我们弄清楚模型(6.3.9)的内在逻辑。

三、均衡分析结果

(一)潜在的技术水平引致(A_t)

我们利用图6.5来阐述潜在的技术水平如何引致人力资本的进一步升级的，用图6.6来展现初始选择的人力资本如何与研发投入相互作用从而引致人力资本升级至既定的技术水平($\bar{A}$)。这体现了初始选择的人力资本水平对后续的人力资本积累和产业升级的重要性。

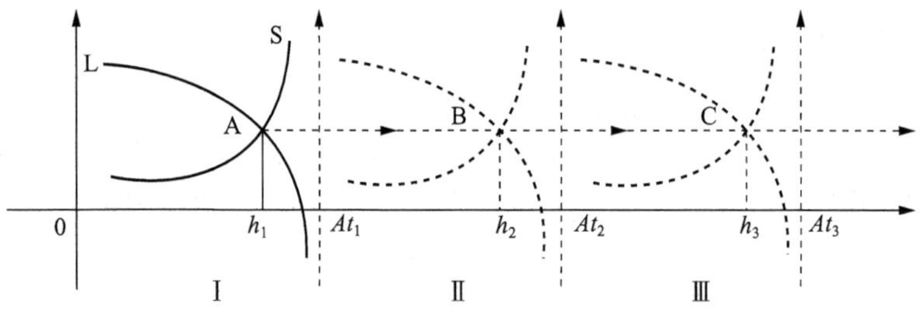

图6.5　技术引致与人力资本升级

首先，我们用L代表函数$\varsigma \ln\frac{A_t - x}{A_t - \hat{h}_{t-1}}$，S代表函数$\frac{1}{A_t - x}$，在分析潜在的技术水平如何引致人力资本升级时，我们先假定在不同时期人力资本与研发投入的相互作用效率不变，即参数ς为恒定值，仅仅考察潜在的技术水平变动对人力资本升级的作用方式，因此，(6.3.9)式的解即为曲线L和曲线 S 的交点值。

图 6.5 展现了潜在的技术水平如何引致人力资本升级的动态过程。在第Ⅰ阶段或者产业升级的第一阶段，存在一个潜在的目标技术水平 A_{t1}，在这个目标技术水平 A_{t1} 引领下，最优的选择是与该阶段研发投入相匹配的人力资本水平 $h1$。当然，人力资本与研发的最优匹配是个渐进的过程，在逐步逼近 A_{t1} 的过程中(将在后面继续分析)，存在人力资本不断积累(人力资本选择)和研发投入的不断优化。然而，技术的选择也具有阶段性的特征，在不同的阶段存在着不同的技术选择的目标。当第Ⅰ阶段的目标技术水平 A_{t1} 引领下实现最优的人力资本水平之后，产业升级进入第Ⅱ阶段，在这个阶段，存在着另一个潜在的目标技术水平 A_{t2}。同样，在这个潜在的目标技术水平 A_{t2} 引领下，存在着另一轮人力资本不断积累(人力资本选择)和研发投入的不断优化，最终实现 $h2$ 最优的人力资本水平。以此类推，随后产业升级进入第Ⅲ阶段，在又一个潜在的目标技术水平 A_{t3} 的引领下实现再一次的最优人力资本水平。可以预见，随后的阶段将存在技术进步和人力资本升级的不断演化。

(二)既定的技术水平($\bar{A}$)

图 6.6 反映了(6.3.9)式关于研发投入效率与人力资本升级之间的内在逻辑，同样用 L 代表函数 $\varsigma \ln \dfrac{A_t - x}{A_t - \hat{h}_{t-1}}$，S 代表函数 $\dfrac{1}{A_t - x}$，并且(6.3.9)式的解即为曲线 L 和曲线 S 的交点值。在这一过程中，我们主要考察在各个阶段既定的潜在的技术水平下，人力资本与研发的相互作用过程，在提高研发投入效率 ς 的同时如何在逐步逼近 A_{t1} 的过程。由图 6.6 显示，假如在初始选择的人力资本水平(引进适宜人才，即人力资本增长函数的 e_t)和研发投入的相互作用所产生的研发投入效率为 ς，此时，在相互作用中产生人力资本的不断积累，从而达到人力资本水平为 $h1$。但是，当初始引进的人力资本水平在不断提高时，能与此后持续的研发产生有效的作用，从而促使研发投入效率进一步的提高，表现在函数上为参数 ς 上升为 ς'。图 6.5 显示，曲线 L 将沿着点 E 由实线右转到虚线位置，相应的均衡位置由 a 点

移动至 b 点，因此，人力资本水平有 $h1$ 上升至 $h2$。随着人力资本水平的进一步提高，其与研发投入产生更加有效率地相互匹配，因而研发投入效率ς将再一次提高。可以预见，随着研发投入效率ς不断提高，人力资本也将不断升级，最终接近于既定的技术水平$\overline{A}$。由此可见，如果选择好初始人力资本水平(引进适宜人才)，从而在当期就能与研发投入产生有效匹配，这将引致研发投入效率的不断提高和人力资本的不断升级。

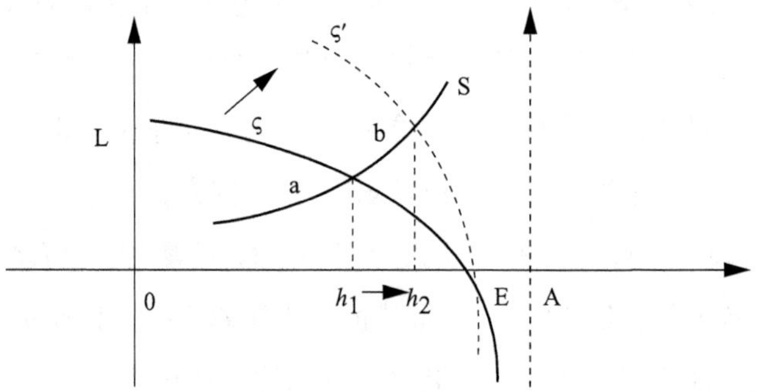

图 6.6　研发投入效率与人力资本升级

四、主要结论

如果按照传统的外向型经济发展方式的一般演化路径，通过对发达国家经济发展方式的模仿，尽管能在长期实现人力资本积累、技术进步和外向型经济发展方式的转变，但会产生对发达国家经济发展方式的路径依赖。这是一个“被牵牛鼻子”发展方式，并不能产生真正意义上的产业国际竞争力。但是，本书的理论模型给予我们另外一个启发：产业本身可以树立一个技术目标，即存在一个潜在的技术水平，在这个潜在技术目标的牵引下，通过对初始人力资本的选择和最优的研发投入，引致人力资本的进一步升级和技术水平的跳跃式进步。这体现了产业升级过程中，有目标的自我选择和没有目标的被动模仿之间的差异。有目标的自我选择是产业史无前例的自主创新过程，尽管需要经历人力资本和研发之间的不断相互作用，不断试错的试验阶段，但能够实现人力资本的升级和技术的跳跃式进步，从根本意义上实现外向型经济发展方式的转变和产业国际竞争力的提升。

第四节　人力资本匹配、技术选择和产业动态比较优势实证分析

一、指标的选择和数据说明

(1)人力资本(H)，考虑到人力资本、偏向性技术选择和产业比较优势之间是不断匹配的动态过程，如果要实证检验它们之间的动态过程，我们需要获得时间连贯的相关数据。但遗憾的是，我们很难获取连续的与所考察行业相匹配的人力资本数据。由于产业升级一定伴随着技术进步过程，因此，在产业升级并伴随技术进步过程中，如果发生人力资本向上偏移，这将意味着人力资本、偏向性技术选择和产业比较优势之间是不断匹配的动态过程，基于此，我们仅需要两期数据即可分析。由于1985年第二次和1995年第三次全国工业普查提供了各产业全部职工关于工作岗位、技术职务、学历及年龄等详尽的结构数据，根据本书研究需要，我们选取1985年和1995年的工程技术人员的比重(HT)和受教育程度(HE)(大专及以上人员在全部职工中的比重)两期数据进行比较分析。

(2)偏向性技术选择(KL)，技术选择反映了产业的经济发展战略对自身比较优势的偏离程度。由于资本劳动比反映产业物质资本和劳动力的相对要素禀赋，按照比较优势理论，资本相对于劳动力越丰富产业，越可能生产和出口相对资本密集和技术密集的产品，内在体现出产业变迁的技术偏向性。因此，我们把产业的资本劳动比率作为偏向性技术选择的反映。

(3)显示性比较优势指数(RCA)，显示性比较优势指数也称为相对出口优势指数，它反映出某类产品的比较优势所形成的结果，体现了产业比较优势的动态演进。用某种产品的出口值占该国出口总值的份额与该种产品的世界出口总值占所有产品的世界出口总值的份额的比率计算得来如下公式：

$$RCA = \frac{X_c(i)/X_c}{X_W(i)/X_W}$$

其中，$X_c(i)$和X_c分别为中国第i产品出口额和出口总额；$X_W(i)$和X_W为世界第i产品出口额和出口总额。

表 6.1　指标的统计描述

指标说明	均值	标准差	最小值	最大值
平均专业人力资本(1985—1995)	0 . 0628	0. 0233	0. 0258	0 . 1008
平均教育人力资本(1985—1995	0. 0598	0. 0316	0. 0168	0. 1099
专业人力资本(1995)	0. 0667	0. 0235	0. 0343	0. 1134
教育人力资本(1995)	0. 0654	0. 0399	0. 0169	0. 1394
偏向性技术选择指标(KL)	3. 812	2. 2888	2. 04	10. 97
动态比较优势指标(RCA)	1. 2377	1. 0180	0. 22618	4. 2516

本书选择具有代表性的15个二分位制造业部门数据进行分析，相关数据来源于相应年份的《中国投入产出表》中的基本流量表。其中，初始人力资本数据来自于《中华人民共和国1985年工业普查资料》(第八册)和《中国1995年第三次全国工业普查汇编》关于“全部乡及乡以上独立核算工业企业劳动情况统计”，各个指标的统计描述见表6. 1。

二、实证分析结果

本书借助三维立体图来考察人力资本、偏向性技术选择和产业比较优势之间的动态匹配过程，我们把1985年作为人力资本、偏向性技术选择和产业比较优势相互作用的始点位置，把1995年作为他们之间相互作用的终点位置。借助SPSS软件，得出图6. 7和图6. 8的散点图。

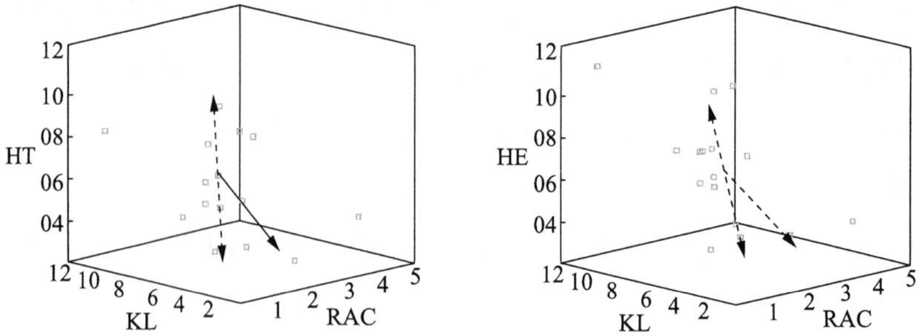

图 6.7　人力资本、技术选择和产业动态比较优势匹配(1985 年)

图6.7作为始点位置刻画了人力资本、偏向性技术选择和产业比较优势相互作用的态势。由图6.7可以看出，不管是用工程技术人员的比重来衡量的专业人力资本(HT)还是用受教育程度来衡量的教育人力资本(HE)，都存在着人力资本、偏向性技术选择和产业比较优势之间的相互匹配问题。此外，由图6.7可以看出，专业人力资本的作用效果强于教育人力资本(图6.7的第一个相图的散点比第二个相图的散点更加集中一些)。

图6.8作为终点位置刻画了人力资本、偏向性技术选择和产业比较优势相互作用的态势。从图6.8可以看出，不管是专业人力资本还是教育人力资本，也都存在着人力资本、偏向性技术选择和产业比较优势之间的相互匹配问题。从图6.7和图6.8不难看出，在人力资本、偏向性技术选择和产业比较优势之间是不断匹配的动态过程中，人力资本的作用发生向上偏移(箭头方向发生了偏移)。同时，我们也看出，图6.8显示的专业人力资本的作用效果也强于教育人力资本。

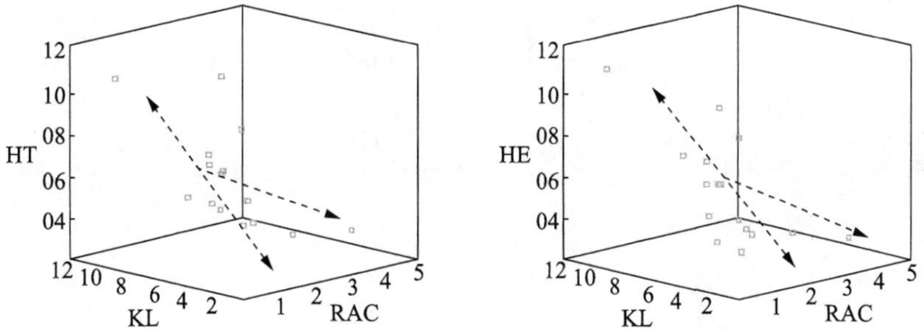

图6.8　人力资本、技术选择和产业动态比较优势匹配(1995年)

三、主要结论

在本章第一节，我们用一个简单的理论模型系统地阐述了人力资本、偏向性技术选择和产业比较优势之间的动态匹配和演进过程，并在本章的第二节进一步探讨了潜在的技术目标如何引致人力资本进一步升级和技术水平的跳跃式进步。为检验以上理论结论的可靠性，我们借助于相图进一步刻画了它们之间的相互作用过程，并且相图刻画的结论和理论部分基本一致。尽管相图分析只是近似的模拟，但也在一定程度上佐证了本书理论部分的结论。

第七章　规模经济与人力资本的动态规模经济的进一步研究

本章是对前面几章节内容的进一步扩展和补充，其研究思路是从规模经济的角度来考察外向型经济发展方式转变。前面各章主要从产业价值链跃迁、动态比较优势、产业结构升级三个方面阐述外向型经济发展方式及其转变，并且基于人力资本动态匹配的视角考察人力资本的属性特征与外向型经济发展方式转变之间的内在联系及其作用机制。但是，考察人力资本对外向型经济发展方式影响的另一个重要方面就是人力资本具有类似于学习曲线和研发的动态规模经济效应。对于发展中国家而言，实现规模经济是转变其外向型经济发展方式的根本路径选择，正是由于人力资本具有类似于学习曲线和研发的动态规模经济特征，才可以引发外向型经济发展方式发生转变。理论模型也表明，两国人力资本水平的相对变化会导致两国的生产成本的相对变化，使得本国的产品销售量在没有市场保护的情况下也显著地扩大，因此，人力资本具有引发外向型经济发展方式发生转变的动态规模经济特征。

本章节立足于产业视角，围绕规模经济这一核心思想，在区分内部规模经济与外部规模经济的基础上，系统地分析人力资本、规模经济与外向型经济发展方式转变的内在联系。本章共有三部分内容：第一部分主要是基于 Krugman(1987)等人的经典模型所设定的一些简单的延伸，意在说明规模经济的作用如何能在竞争的国际市场上赢得份额；第二部门内容围绕“规模经济”这一概念，在区分内部规模经济与外部规模经济的基础上，结合技术溢出水平不同特征，构建了一个规模经济和产业国际竞争力相互作用的模型，从而解释了内部规模经济和外部规模经济作用机制和动态过程；第三部分则在前文研究的基础上，构建了一个人力资本具有类似于学习曲线和研发的动态规模经济特征模型，其研究结果发现，人力资本的要素功能及其人力资本的外部性也具有动态规模经济效应。除此之外，实证检验结果发现，人力资本的外部性所产生知识溢出效应，也能产生动态外部规模经济。

因此，就政策而言，除了要根据产业特征有针对性扩大产业规模或者企业规模之外，还要培育人力资本的动态规模经济的功能，在人力资本集中的地区产生知识溢出效应和聚集经济效应，从而最终引致我国外向型经济发展方式发生转变。

第一节　静态规模经济的基本理论模型

我们首先探讨静态规模经济的基本理论模型，然后在此基础上引入人力资本竞争型的动态规模经济模型。我们的理论基础主要是基于 Krugman（1987）等人的经典模型的简单延伸，意在说明规模经济的作用如何能在竞争的国际市场上赢得份额。

我们假定共有两个企业：本国企业（用 h 表示）和国外企业（用 f 表示），两个企业都只生产一种产品，并且各自的产品不能完全替代，同时，假定规模经济用向下倾斜的边际成本曲线来表示。基于 Krugman（1987）的方法，我们同样用一种缩略的方式表示不同市场的需求情况，因此，在市场 i 上本国代表性企业的总收入函数为：

$$TR_i^h = TR_i^h = (x_i^h,\ x_i^f) = ax_i^h - b\{(x_i^h)^2 + x_i^h x_i^f\} \tag{7.1.1}$$

其中，a，$b>0$；式中，x_i^h 和 x_i^f 分别为本国企业和外国企业的在国际市场上的销售份额。与此相对应，在市场 i 上外国代表性企业的总收入函数为：

$$TR_i^f = TR_i^f(x_i^h,\ x_i^f) = ax_i^f - b\{(x_i^f)^2 + x_i^h x_i^f\} \tag{7.1.2}$$

由于存在着竞争，x_i^h 和 x_i^f 相互分割着整个市场，因此，每个企业的边际收入与另个企业销售量成反比关系。因此，我们有如下关系：

$$\frac{\partial^2 TR_i^h}{\partial x_i^h \partial x_i^f} < 0;\quad \frac{\partial^2 TR_i f}{\partial x_i^f \partial x_i^h} < 0 \tag{7.1.3}$$

Krugman 认为，企业本身的边际收入的作用比交叉的作用大，因此，我们得出如下关系：

$$\Delta=\frac{\partial^2 TR_i{}^h}{\partial(x_i{}^h)}\frac{\partial^2 TR_i{}^f}{\partial(x_i{}^f)^2}-\frac{\partial^2 TR_i{}^h}{\partial x_i{}^h\partial x_i{}^f}\frac{\partial^2 TR_i{}^f}{\partial x_i{}^f\partial x_i{}^h}>0 \tag{7.1.4}$$

如果我们不考虑运输成本，则各个企业的总成本表述如下：

$$TC^h = C^h(\sum x_i{}^h) \tag{7.1.5}$$

$$TC^f = C^f(\sum x_i{}^f) \tag{7.1.6}$$

这里，C 为边际成本。由于存在规模经济，因此，边际成本具有如下性质：

$$C'<0,\ C''<0 \tag{7.1.7}$$

因此，企业利润最大化的行为决策为：

$$\begin{aligned}\underset{\{x_i^h\}}{MAX}\Pi &= \sum TR_i{}^h(x_i{}^h,x_i{}^f) - C^h(\sum x_i{}^h)\\ &= \sum[ax_i{}^h - b\{(x_i{}^h)^2 + x_i{}^h x_i{}^f\}] - C^h(\sum x_i{}^h)\end{aligned} \tag{7.1.8}$$

$$\begin{aligned}\underset{\{x_i^f\}}{MAX}\Pi &= \sum TR_i{}^f(x_i{}^h,x_i{}^f) - C^f(\sum x_i{}^f)\\ &= \sum[ax_i{}^f - b\{(x_i{}^f)^2 + x_i{}^h x_i{}^f\}] - C^f(\sum x_i{}^f)\end{aligned} \tag{7.1.9}$$

则一阶条件为：

$$\frac{\partial\Pi}{x_i{}^h} = a - b(2x_i{}^h + x_i{}^f) - \mu^h = 0 \tag{7.1.10}$$

$$\frac{\partial\Pi}{x_i{}^f} = a - b(2x_i{}^f + x_i{}^h) - \mu^f = 0 \tag{7.1.11}$$

这里，μ^h 和 μ^f 分别表示本国企业和外国企业的边际成本。根据(7.1.10)和(7.1.11)，可以求出本国企业和外国企业市场的占有份额：

$$x_i{}^h=\frac{a+\mu^f-2\mu^h}{3b} \tag{7.1.12}$$

$$x_i{}^f=\frac{a+\mu^h-2\mu^f}{3b} \tag{7.1.13}$$

根据(7.1.12)和(7.1.13)式我们不难发现，规模经济决定着本国企业和外国企业的竞争力。当本国企业存在规模经济时，意味着 μ^h 表现的递减态势，由(7.1.12)可以知道，$x_i{}^h$ 和 μ^h 成反比关系，因此，本国企业的市场占有份额呈上升态势。同理，当外国企业具有规模经济时候，则外国企业的竞争力也在增强。

进一步，我们借助于相图进行一般化分析，刻画由企业优化决策所得出的反应函数的性质。根据 $TR_i^h = TR_i^h(x_i^h, x_i^f)$ 和 $TR_i^f = TR_i^f = (x_i^h, x_i^f)$ 所刻画的一般化总收入函数，得出本国企业和外国企业的反应函数的斜率分别为：

$$\frac{-\partial^2 TR_i^h/\partial(x_i^h)^2}{\partial^2 TR_i^h/\partial x_i^h \partial x_i^f} 和 \frac{-\partial^2 TR_i^f/\partial(x_i^f)^2}{\partial^2 TR_i^f/\partial x_i^f \partial x_i^h} \tag{7.1.14}$$

结合(7.1.4)式，我们得出如下关系：

$$\frac{-\partial^2 TR_i^h/\partial(x_i^h)^2}{\partial^2 TR_i^h/\partial x_i^h \partial x_i^f} > \frac{-\partial^2 TR_i^f/\partial(x_i^f)^2}{\partial^2 TR_i^f/\partial x_i^f \partial x_i^h} \tag{7.1.15}$$

因此，结合(7.1.3)和(7.1.15)式，我们绘制出本国企业和外国企业的反应函数的相图一般化形式：

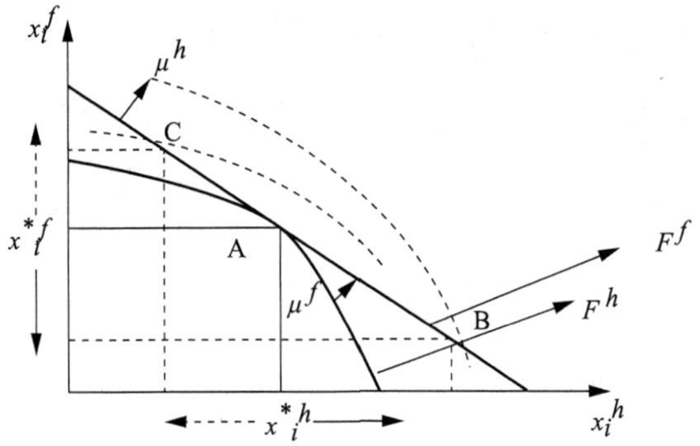

图 7.1　规模经济与竞争力

根据图 7.1 反应函数的相图一般化形式变动可以看出：如果本国企业具有规模经济，即 μ^h 减小，则本国企业的反应函数由实线向右上方平移至虚线部分，因此，均衡位置由 A 点移至 B 点。此时，我们发现本国企业的市场份额增加而外国企业的市场份额减少。同理，当外国企业具有规模经济时，即 μ^f 减小时，则外国企业的反应函数由实线向右上方平移至虚线部分，因此，均衡位置由 A 点移至 C 点。此时，我们发现外国企业的市场份额增加而本国企业的市场份额减少。由此可见，规模经济可以在一定程度上解释企业的国际竞争力。因此，基于外向型经济发展方式转变的角度，提高外向型产业的国际竞争力，不仅需要一定的规模，更需要实现规模经济。

本书通过构建一个简单的模型分析了规模经济的作用机制，但是，仅仅是基于分析的目的，本书的模型需要设定一些假设：模型是寡头垄断而不是完全竞争的，以及假定成本递减而不是报酬不变。但是，规模经济可以不必是静态的。与学习曲线和研发的动态规模经济一样，本书将在接下来的分析中较深入地研究人力资本的动态规模经济。

第二节　规模经济延伸：内部规模经济、外部规模经济与产业国际竞争力

一、问题提出与理论分析

在本节中，我们基于产业国际竞争力的角度来考察规模经济与外向型经济发展方式转变的作用机制。规模经济的作用方式可能来自内部规模，也可能来自外部规模，或者二者兼而有之，比如，如果产业规模的大小对产业国际竞争力起决定性的作用，那么，为什么作为世界上最大的钢铁生产国和消费国、第三大汽车生产国和消费国，中国在如此巨大的生产规模和消费规模下却没有形成钢铁和汽车工业的国际竞争力呢？在2007年中国还有118家汽车整装企业和6999家钢铁生产企业，而美国、日本、韩国的钢铁和汽车产业市场结构却是寡头垄断的，因此我们推测：更加集中的市场结构可能会对产业国际竞争力产生更重要的影响，或者产业内企业的规模可能会比产业规模对产业国际竞争力产生更重要的影响。但是，问题并不止于此，如果企业自身规模对产业国际竞争力有着更为重要的影响，如果越集中的市场结构产业竞争力越高，那么，中国为什么在市场结构接近完全竞争的纺织、服装、玩具等劳动密集型产业中却极具国际竞争力呢？也就是说，在劳动密集型产业，为什么是产业规模而不是企业规模对产业国际竞争力起着决定性作用呢？而在汽车、钢铁等资本和技术密集型产业，企业规模为什么又起着决定性作用？

为回答这一悖论，有必要回顾一下贸易理论关于规模经济的假设。贸易理论在研究规模经济时，一般单独分析外部规模经济或单独分析内部规模经济，从而规避不同性质的规模经济对产业竞争力的不同作用和作用机制的差异。一般来讲，除了向国外引进技术外，本国企业还可以通过自身的积累以及向产业内其他企业学习等途径获得生产技术。因此，如果产业技术外溢比较普遍，或者产业内其他企业积累的生产经验可以在整个产业内被分享，企业既可以通过自我积累获得技术，也可以学习产业内其他企业的技术，在这种情况下，每个企业的技术进步不仅受限于自身的规模，也受到整个产业规模的影响，因此，当产业技术外溢比较普遍时，内部规模经济和外部规模经济都影响着企业技术积累的速度，进而影响产业国际竞争力。相反，如果产业内技术溢出比较困难，企业很难从产业内其他企业那里获得技术，那么，每个企业的技术进步主要依赖于自身的规模扩大，在这种情况下，外部规模经济对企业技术积累的作用不太明显，仅内部规模经济决定企业技术积累的速度，进而决定产业国际竞争力。

在现实中，企业既依赖自身的技术积累，同时也向产业内其他企业学习经验和技术，对于技术溢出不完全或者完全不溢出的产业，企业更多地依赖于自身的技术积累，此时，内部规模经济起主导作用。在这种情况下，对于特定企业来说，如果不伴随着自身规模的扩大和市场结构的集中，产业规模就不会同产业竞争力发生正向关系。但是，对于技术溢出相对普遍的产业（比如劳动密集型产业），整个产业就类似于一家企业共同拥有产业内的经验积累和技术进步，产业规模提高带来的技术进步在整个产业内分享，此时，外部规模经济对产业国际竞争力有决定性的影响。

接下来，我们用一个简单理论模型进行刻画：我们知道，在其他条件不变的情形下，一个企业的生产率越高，竞争力就越强。我们假定有两个国家，在每个国家的产业中，资源的生产率 $R_i(t)$ 取决于经验积累指数：

$$R_i(t) = E_i(t)^{\lambda}$$
$$R_i^{\varepsilon}(t) = E_i^{\varepsilon}(t)^{\lambda} \tag{7.2.1}$$

其中，$0<\lambda<1$，表明存在动态的规模经济，其中 $E_i(t)$ 和 $E_i^{\varepsilon}(t)$ 分别表示本国企业的经验积累指数和外国企业的经验积累指数。由于企业生产率越高，其国际竞争力越强，因此，我们用(7.2.2)式度量一国产业的相对国际竞争力。

$$r=R_i(t)/R_i^{\varepsilon}(t) \tag{7.2.2}$$

借助于 Dornbusch、Fischer 和 Samuelson(1977)及 Krugman(1987)等人的研究，我们可将本国企业的经验指数定义如下：

$$E_i(t)=\int_{-\infty}^{t}[\gamma q_i(x)+\phi(Q_i(x)-q_i(x))+\eta Q_i^{\varepsilon}(x)]dx \tag{7.2.3}$$

其中，q_i 表示可贸易产品 i 在本国单个企业的产量，Q_i 代表本国产业总产量。在这里，γ 为自经验积累系数，体现自身产量对企业经验积累的影响，用来度量内部规模经济的作用。ϕ 为技术外溢系数，体现产业总产量对企业经验积累的影响，度量外部规模经济的作用。

通过对(7.2.3)式进行等价变换，得到式(7.2.4)：

$$E_i(t)=\gamma\int_{-\infty}^{t}[q_i(x)+\theta(Q_i(x)-q_i(x))+\mu Q_i^{\varepsilon}(x)]dx \tag{7.2.4}$$

在这里，$\theta=\phi/\gamma$，且 $0\leqslant\theta\leqslant1$。若 $\theta=0$，则 $\phi=0$，表示产业技术完全不外溢，此时，仅内部规模经济对企业经验积累发挥作用，而外部规模经济不发挥任何作用。若 $\theta=1$，则 $\phi=\gamma$，表明产业具有完全的技术溢出，此时，内部规模经济和外部规模经济都对企业经验积累发挥作用，并且作用的效果相同。

进一步，我们令 $q_i/Q=s$，则(7.2.4)式转化为如下形式：

$$E_i(t)=\gamma\int_{-\infty}^{t}[\sigma Q_i(x)+\mu Q_i^{\varepsilon}(x)]dx \tag{7.2.5}$$

其中，$\sigma=(1-\theta)s+\theta$。(7.2.4)式表明，产业的学习曲线可以用国内变量和国外变量共同决定，并且单个企业的技术是整个产业技术的一部分。

同理，我们得到国外企业的经验积累指数：

$$E_i^{\varepsilon}(t)=\gamma\int_{-\infty}^{t}[\sigma Q_i^{\varepsilon}(x)+\mu Q_i(x)]dx \tag{7.2.6}$$

为研究内部规模经济和外部规模经济对产业国际竞争力的不同作用，我们进行模型的均衡分析。假定一部分产品可以在本国生产，一部分产品可以在外国生产。对于那些本国有竞争优势、可在本国生产的产品，外国产业产量 $Q_i^{\varepsilon}(t)=0$。结合(7.2.2)、(7.2.5)和(7.2.6)式，得出一国产业的相对国际竞争力为：

$$r=(\sigma/\mu)^{\lambda} \tag{7.2.7}$$

(7.2.7)式表明，如果一种产品具有竞争优势，那么，这种竞争优势会随着产量的积累而加强。通过对(7.2.7)对刻画，我们得出本书两个重要的关系式：

$$\partial r/\partial\theta=\lambda(\sigma/\mu)^{\lambda-1}(1/\mu)(1-s)\geqslant 0$$

$$\partial r/\partial s=\lambda(\sigma/\mu)^{\lambda-1}(1/\mu)(1-\theta)\geqslant 0 \tag{7.2.8}$$

对(7.2.8)式分析可以得出如下结论：

①若 $\theta=1$，存在技术完全外溢，则 $\partial r/\partial s=\lambda(\sigma/\mu)^{\lambda-1}(1/\mu)(1-\theta)=0$，这表明企业规模不影响产业竞争力。

②若 $\theta=0$，技术完全不外溢，$\partial r/\partial s=\lambda(s/\mu)^{\lambda-1}(1/\mu)>0$，在技术引进份额 μ 不变的情形下，产业国际竞争力仅仅是企业规模的函数。因此，企业规模完全决定了产业国际竞争力。

③若 $0<\theta<1$，技术不完全溢出，可以证明产业规模和企业规模都对产业国际竞争力产生作用。

同时，由(7.2.8)式可以看出，企业规模越对产业竞争力的效应和技术外溢程度成反比关系，技术外溢程度越小，企业规模越对产业竞争力越起到决定性作用。

综上所述，由于产业技术外溢程度不同，外部规模经济和内部规模经济对产业国际竞争力具有不同作用，当产业技术完全外溢时，外部规模经济具有决定性作用；当产业技术完全不外溢时，仅内部规模经济发挥作用，外部规模经济没有任何作用；但是，当技术不完全溢出时，内部规模经济和外部规模经济都对产业国际竞争力产生作用，并且，技术外溢程度越小，内部规模作用越大而外部规模经济作用越小。

二、样本选择与计量模型设定

（一）样本选择

接下来，我们对前面理论部分的结论进行实证检验，根据上述理论部分描述可以知道，产业技术溢出程度不同，外部规模经济和内部规模经济对产业国际竞争力的作用也不同。

表 7.1　高技术产业特点及样本选择

<table>
<tr><th colspan="2">企业名称</th><th>特点</th><th>技术外溢程度 θ</th><th>样本选择</th></tr>
<tr><td colspan="2">劳动密集型产业</td><td>技术溢出相对普遍，企业更多地从整个产业获取生产经验。整个产业类似于一家企业共同拥有产业内的经验积累和技术进步，产业规模提高带来的技术进步在整个产业内分享，因此产业规模对产业国际竞争力有决定性的影响</td><td>$\theta \to 1$</td><td>已具有国际竞争力，并不对此分析</td></tr>
<tr><td rowspan="2">资本和技术密集型产业</td><td>大型企业</td><td>属于高技术产业，存在内部规模经济，技术溢出是不完全的。</td><td>$0 < \theta < 1$</td><td>样本一</td></tr>
<tr><td>三资企业</td><td>三资企业是产业内技术溢出者，而不是输入方，三资企业的技术向产业内溢出，因此产业对三资企业的技术溢出是非常低的。</td><td>$\theta \to 0$</td><td>样本二</td></tr>
</table>

考虑到选择检验样本的局限性和针对性，仅仅基于检验的目的，本书采取的策略是按照行业的属性特征选取不同的样本。由于本书重点关注中国资本和技术密集型产业的国际竞争力，因此，并不对成功实现产业竞争优势的劳动密集型产业和产业竞争力明显受资源禀赋影响的资源密集型产业进行分析。根据国家统计局公布的高技术产业统计分类目录，我们选择了化学药品制造业、中药材及中成药加工、生物制品制造、飞机制造及修理、航天器制造等 23 个行业的 1998—2012 年的数据作为实证分析的样本。此外，我们把样本分为大型企业和三资企业，由于本书选择的样本为高技术产业具有不同技术溢出程度。同时，资本和技术密集型的大型企业存在内部规模经济，并且技术溢出是不完全的（$0 < \theta < 1$），因此，本书把资本和技术密集型大型企业作为检验技术不完全溢出的样本。但三资企业是产业内技术溢出者，而不是输入方，三资企业的技术向产业内溢出，因此，

产业对三资企业的技术溢出是非常低的($\theta \to 0$)，因而，本书把资本和技术密集型的三资企业作为检验技术完全不溢出的样本，二者的具体属性特征见表 7.1。

(二)研究模型与变量选择

基于前文的分析，接下来讨论本书的实证模型和具体的估计方法。由于惯性或部分调整，个体的当前行为取决于过去行为，因此，在我们所研究的模型中需要包含被解释变量的滞后项，具体见(7.2.9)式，并且(7.2.9)式被称为动态面板模型。

$$R_{i,t} = c_i + \alpha_0 R_{i,t-1} + \alpha_1 T\_\ SR_{i,t} + \alpha_2 D\_\ SR_{i,t} + \sum \beta_k X_{i,t}^T + \beta_t + \varepsilon_{i,t} \tag{7.2.9}$$

其中 R 为产业竞争力指标，数值越大表明产业竞争力越大。用来度量产业国际竞争力水平的指标一般有出口交货值、显示比较优势指数以及国际市场占有率等，鉴于数据的可得性，我们选择各个行业历年出口交货值作为产业国际竞争力 R 代理变量。在解释变量中，T _ STR 为产业规模。我们用产业总销售收入来表示产业规模；D _ STR 为企业规模。我们用产业内不同类型企业销售收入用来度量企业规模。下标 i 代表不同的行业，t 代表样本年度。c_i 是代表个体固定效应，β_t 表示时间固定效应，ε_{it} 为随机干扰项。

此外，我们还在模型中引入如下控制变量(X)：技术引进支出(ETI)：用企业技术引进经费支出作为技术引进支出指标；工资水平(NEP)：用从业年平均人数作为工资水平的代理变量；对外开放度(R _ OPEN)：用用进出口总额/GDP 进行衡量；经济增长水平(P _ GDP)：用人均实际 GDP 来衡量；由于出口受到汇率的影响，我们在模型中还引入了汇率作为控制变量(ER)。本书的数据的主要来源是《中国高技术产业统计年鉴》《中华人民共和国海关统计年鉴》《中国统计年鉴》和外汇管理局网站，以上各个变量的统计描述见表 7.2。

对于(7.2.9)式，本书将主要借助于系统矩估计方法(SYS_ GMM)进行估计，作为比较，本书也报告了差分矩估计(DIF_ GMM)的结果。此外，为检验 GMM 估计的稳健性，将滞后因变量的 GMM 估计值与 POLS(混合 OLS)的估计值相比。通常情况下，POLS 估计会高估滞后项的系数，因此，如果 GMM 估计值低于 POLS 估计值，则 GMM 估计是可靠的。

表 7.2　样本的统计描述

样本一：$0<\theta<1$						
变量		均值	最小值	最大值	标准差	样本数
产业国际竞争力	R	611.10	0.10	8454.60	1357.73	322
外部规模	T _ SR	1729.01	19.27	11926.50	2479.97	319
内部规模	D _ SR	980.44	0.00	11430.80	1779.84	322
技术引进	LETI	25608.19	0.00	318664.00	47818.82	322
从业年平均人数	LENP	124794.20	710.33	1167670.00	171183.60	322
样本二：$\theta\to 0$						
变量		均值	最小值	最大值	标准差	样本数
产业国际竞争力	R	761.96	0.00	8458.50	1514.43	322
外部规模	T _ SR	1723.39	19.27	11926.50	2469.270	322
内部规模	D _ SR	1154.45	0.00	11243.00	2004.59	322
技术引进	LETI	31523.75	0.00	370601.00	59820.49	322
从业年平均人数	LENP	165773.30	9.00	2006323.00	290156.00	322

三、实证结果分析与稳健性检验

这一节主要是对选择的样本进行计量分析以检验上述理论部分的描述，随后对结果做相应的解释。首先，我们检验技术溢出不完全($0<\theta<1$)的情况。考虑到资本和技术密集型的大型企业具有技术溢出不完全性质，同时存在内部规模经济，因此，正如理论所描述的，其产业规模和产业内企业规模都对产业国际竞争力存在着正影响。我们沿袭一般估计方法，首先进行静态估计，见表 7.3。第(1)和第(2)列报告了仅考虑产业规模和企业规模的固定效应估计和 POLS 估计结果。从回归结果可以看出，不管是固定效应估计和 POLS 估计，产业规模的系数和企业规模的系数都符合预期的符号，且都通过显著性检验，初步判断出对于资本和技术密集型的大型企业，产业规模与企业自身规模对产业国际竞争力都有显著正向作用。

表 7.3　不完全技术溢出的回归结果（$0<\theta<1$）

变量	（1）FE	（2）POLS	（3）DIF	（4）SYS	（5）DIF	（6）SYS	（7）DIF	（8）SYS	（9）DIF	（10）SYS	（11）POLS
L. R	—	—	0. 535 *** （0. 121）	0. 653 *** （0. 091）	0. 520 ***（0. 096）	0. 567 ** （0. 197）	0. 392 ***（0. 002）	0. 537 *** （0. 003）	0. 538 *** （0. 004）	0. 558 *** （0. 009）	0. 821 *** （0. 101）
T_SR	0. 135 *** （0. 023）	0. 077 *** （0. 023）	0. 118 ** （0. 065）	0. 069 c （0. 049）	0. 089 ** （0. 047）	0. 113 （0. 099）	0. 023 ***（0. 003）	0. 044 *** （0. 002）	−0. 006 （0. 009）	0. 051 *** （0. 007）	0. 001 （0. 028）
D_SR	0. 560 *** （0. 031）	0. 627 *** （0. 032）	0. 233 *** （0. 048）	0. 234 *** （0. 039）	0. 172 ** （0. 051）	0. 193 * （0. 109）	0. 306 *** （0. 003）	0. 341 *** （0. 002）	0. 247 *** （0. 013）	0. 287 *** （0. 006）	0. 209 *** （0. 070）
LETI	—	—	—	—	—	—	—	—	0. 001 ** （0. 00002）	0. 001 *** （0. 00003）	0. 0001 （0. 0005）
LENP	—	—	—	—	0. 001 （0. 001）	0. 0005 （0. 0005）	—	—	0. 001 *** （0. 0001）	0. 0001 （0. 0001）	0. 0002 （0. 0002）
P_GDP	—	—	—	—	—	—	821. 48 *** （20. 81）	776. 51 *** （19. 40）	1017. 97 *** （68. 33）	920. 86 *** （97. 677）	566. 77 ** （253. 99）
R_OPEN	—	—	—	—	110. 46 （70. 94）	91. 12 ** （53. 14）	−821. 81 *** （36. 04）	−985. 63 *** （37. 32）	−870. 07 *** （48. 28）	−1158. 22 *** （51. 98）	−990. 25 ** （461. 99）
ER	—	—	—	—	—	—	−12. 51 *** （0. 412）	−14. 59 *** （0. 526）	−15. 41 *** （0. 74）	−17. 97 *** （1. 10）	−17. 79 ** （6. 33）
cons	−169. 51 *** （25. 87）	−135. 90 *** （28. 76）	−76. 79 （55. 77）	−63. 52 （46. 25）	−148. 27 ** （84. 12）	−162. 61 ** （87. 98）	−1136. 6 *** （43. 97）	−731. 53 *** （44. 69）	−1547. 42 *** （173. 04）	−804. 96 * （433. 26）	408. 36 （333. 81）
AD_R^2	0. 903	0. 904	—	—	—	—	—	—	—	—	0. 973

续表

变量	(1)FE	(2)POLS	(3)DIF	(4)SYS	(5)DIF	(6)SYS	(7)DIF	(8)SYS	(9)DIF	(10)SYS	(11)POLS
F	1349.62	1526.72	—	—	—	—	—	—	—	—	7150.3
Waldchi2	—	—	0.00	0.00	0.00	0.00	0.00	0.00	0.00	0.00	—
AR(2)	—	—	0.142	0.224	0.291	0.266	0.214	0.108	0.429	0.913	—
Hansen	—	—	0.615	0.418	0.993	0.975	0.515	0.997	0.996	0.999	—
观察值	322	322	276	299	276	299	247	296	270	273	316

注：上标“***”、“**”、“*”、“c”分别表示1%、5%、10%和15%置信水平；DIF和SYS为差分矩估计和系统矩估计；FE和POLS为固定效应估计和混合OLS估计。

考虑到经济行为的惯性，前期的经济行为可能对本期的行为具有重要影响，利用的静态面板数据回归可能是有偏差的，为此我们利用模型(7.2.9)进行动态面板数据模型回归，见第(3)列—第(11)列。第(3)和第(4)列报告了不加入控制变量的差分矩估计和系统矩估计结果。从回归结果可以看出，不管是差分矩估计还是系统据估计，企业规模的系数符合预期的符号，而且都通过了显著性检验。虽然产业规模的系数符合预期的符号，但没有通过系统矩估计的显著性水平。但是，这两个模型设定都通过了 Arellano-Bond 检验和 Sargan 检验。相比之下，差分矩估计的系数稍微大于系统矩估计的系数。第(5)—(6)列加入企业从业人数(工资水平)、贸易开放度控制变量回归结果。根据回归结果显示，相比第(3)和第(4)列回归结果，产业规模系数的差分矩估计稍微降低，但是，系统矩估计则有增加，从0.06 增加到0.113。而企业规模的系数不管是差分矩估计还是系统据估计都有所增加，且都至少具有 5% 的置信水平。但是，控制变量除了贸易开放度的系统矩估计通过了 5% 的显著性水平，其他都没有通过了显著性检验。这一结果令人意外，这表明可能某些其他控制变量是重要的，因此，我们在第(7)—第(8)列加入了经济增长水平、贸易开放度和汇率控制变量。同样，不管是差分矩估计还是系统估计，产业规模和企业规模系数的显著性和符号性都没有发生变化，因此，模型估计的结果是稳健的，同时也通过了 Sargan 检验和序列相关检验。根据控制变量的回归结果来看，经济增长显著为正，但是贸易开放度系数和汇率系数显著为负值。第(9)和第(10)列是基于参数稳健性检验的目的，因此，把所有变量都放入模型中进行回归，由第(9)和第(10)列回归结果可以发现，除了企业从业人数由不显著变为显著外，其他变量的估计结果都是稳健的，产业规模的系数稳定在(0.02 -0.12)，企业规模系数稳定在(0.17 -0.34)。同时，我们还发现控制变量中技术引进的系数显著为正。这表明，技术引进规模有利于大型企业国际竞争力，一个可能的解释是 20 世纪 90 年代“市场换技术”的战略方针提出之后，我国人力资本已经具备吸收国外技术的能力，技术自主创新能力得以增强，从而提高产业竞争优势；企业从业人数系数也显著为正，这说明劳动力的比较优势有利于培育产业竞争优势，显然，我国大型企业的国际竞争力的增强部分得益于中国劳动力相对低廉的工资水平。

为检验 GMM 估计的稳健性，我们将滞后因变量的 GMM 估计值与 POLS 的估计值比较，由表 7.3 的第(11)列 POLS 估计结果可以看出，POLS 估计倾向于高估滞后因变量的系数(=0.821)。也就是说，合理的 GMM 估计值应低于 0.821。很容易看出，无论是差分矩估计还是系统矩估计，都是有效估计。

综合上面实证结果表明，对于资本和技术密集型的大型企业，其产业规模与企业规模都对产业国际竞争力有显著正向作用，因此，以上实证结果支持本书理论假说，即，在存在不完全技术溢出的情形下，外部规模和内部规模都对产业国际竞争力存在着正影响。

表 7.4 是资本和技术密集型的三资企业样本的回归结果。同样，首先进行静态分析，见表 7.4 的第(1)列—第(2)列。回归结果显示，产业规模的系数显著为负值而企业规模的系数显著为正值，初步判断出：对于技术完全不溢出的产业，其产业国际竞争力依赖于内部规模经济，而与外部规模经济无关。为避免静态模型的缺陷，接下来利用(7.2.9)式进行实证检验。由回归结果显示，从第(3)列—第(10)列，所有模型设定都通过了 Arellano-Bond 检验和 Sargan 检验，因此，模型设定是正确的。按同样的方式，第(3)和第(4)列仅考虑产业规模和企业规模的估计结果。结果显示，不管是差分矩估计还是系统矩估计，企业规模的系数显著为正，但是，产业规模的系数没有通过显著性水平。这个结果和我们的预期一致，在没在技术外溢的极端情况下，内部规模经济完全决定了产业的国际竞争力，与外部规模经济无关。第(5)—(10)列为加入一系列控制变量进行敏感性回归的结果，相比第(3)和第(4)列的回归结果，产业规模和企业规模系数的符号和显著都没有改变，因此，模型估计是稳健的。在控制变量中，企业从业人数通过了差分矩估计的显著性水平，但没有通过系统矩估计的显著性水平。经济开放度通过了差分矩估计和系统矩估计显著性水平。

表 7.4　技术完全不溢出的回归结果($\theta \to 0$)

变量	(1)FE	(2)POLS	(3)DIF	(4)SYS	(5)DIF	(6)SYS	(7)DIF	(8)SYS	(9)DIF	(10)SYS	(11)POLS
L. R	—	—	0. 017 (0. 132)	0. 047 (0. 134)	0. 113 ** (0. 041)	0. 170 ** (0. 073)	0. 127 (0. 164)	0. 160 (0. 192)	0. 082 (0. 083)	0. 112 (0. 210)	0. 346 *** (0. 071)
T_SR	-0. 198 *** (0. 018)	-0. 255 *** (0. 016)	-0. 173 (0. 188)	-0. 136 (0. 105)	-0. 142 (0. 041)	-0. 081 (0. 103)	-0. 110 (0. 232)	-0. 147 (0. 103)	-0. 160 ** (0. 063)	-0. 205 (0. 135)	-0. 191 *** (0. 033)
D_SR	1. 002 *** (0. 023)	1. 045 *** (0. 02)	0. 925 *** (0. 226)	0. 835 *** (0. 126)	0. 720 ** (0. 079)	0. 700 *** (0. 155)	0. 815 ** (0. 443)	0. 816 *** (0. 223)	0. 782 *** (0. 087)	0. 885 *** (0. 227)	0. 754 *** (0. 070)
LETI	—	—	—	—	—	—	—	—	-0. 0005 ** (0. 0002)	-0. 001 *** (0. 0002)	-0. 0007 ** (0. 0004)
LENP	—	—	—	—	-0. 001 ** (0. 0004)	0. 0003 (0. 002)	—	—	0. 001 (0. 001)	0. 0003 (0. 0005)	0. 00003 (0. 0001)
P_GDP	—	—	—	—	—	—	-165. 15 (377. 83)	-9. 57 (417. 07)	-166. 16 (191. 97)	46. 20 (499. 87)	-210. 89 ** (86. 92)
R_OPEN	—	—	—	—	173. 09 ** (101. 86)	350. 53 ** (191. 67)	457. 80 (426. 10)	560. 97 ** (296. 39)	393. 05 ** (134. 12)	543. 35 ** (266. 91)	704. 16 *** (206. 43)
ER	—	—	—	—	—	—	4. 08 ** (2. 27)	7. 22 *** (1. 78)	4. 90 *** (0. 91)	7. 20 *** (1. 83)	7. 23 ** (2. 56)
cons	-53. 47 *** (12. 69)	-3. 913 (14. 07)	-49. 20 (72. 48)	-51. 10 (86. 52)	-182. 30 ** (83. 82)	-248. 55 ** (124. 02)	-157. 99 (964. 50)	-1075. 35 (1428. 17)	-213. 30 (680. 85)	-1241. 44 (1777. 08)	-373. 60 ** (206. 51)
AD_R^2	0. 981	0. 982	—	—	—	—	—	—	—	—	0. 989

续表

变量	(1)FE	(2)POLS	(3)DIF	(4)SYS	(5)DIF	(6)SYS	(7)DIF	(8)SYS	(9)DIF	(10)SYS	(11)POLS
F	6833. 54	708. 99	—	—	—	—	—	—	—	—	2160. 8
Waldchi2	—	—	0. 00	0. 00	0. 00	0. 00	0. 00	0. 00	0. 00	0. 00	—
AR(2)	—	—	0. 879	0. 793	0. 092	0. 125	0. 179	0. 131	0. 113	0. 111	—
Hansen	—	—	0. 980	0. 953	0. 130	0. 999	0. 955	0. 996	0. 715	0. 987	—
观察值	322	322	207	230	276	299	276	299	276	299	322

注:各个符号意义和表 7.3 一致。

与前面相似，第(7)和第(8)列引入了经济增长、贸易开放度和汇率控制变量进行敏感性检验，同样，不管是差分矩估计还是系统估计，产业规模和企业规模系数的显著性和符号性都没有发生变化，进一步证实了实证估计的稳健性。根据控制变量的回归结果来看，经济增长系数的差分和系统矩估计都不显著，而贸易开放度的系数和汇率系数的估计值整体显著为正值。最后，我们在第(9)—第(10)列中进一步包含了所有控制变量进行估计，结果发现，企业规模系数显著性和符号也没有发生改变。有所不同的是，产业规模系数的差分矩估计由不显著变为显著，但是其符号依然为负值，而其系统矩估计依然稳健的。同时，控制变量的显著性和符号也没有发生很大的变化，比如，技术引进系数显著为负值，这表明技术引进不能提高我国三资企业的国际竞争力，因此，提高三资企业的国际竞争力的最终途径也是要靠技术自主创新；但是贸易开放度系数显著为正值，这说明一个国家的对外开放水平有利于三资产业国际竞争力提升。

同样，为了检验我们的 GMM 估计的可靠性，依然将滞后因变量的 GMM 估计值与混合 OLS 的估计值相比。第(11)报告了模型(1)的混合 OLS 估计结果，我们发现，无论是差分矩估计还是系统矩估计，其滞后因变量系数估计值(0.02－0.17)都低于混合 OLS 滞后因变量系数估计值(0.346)。因此，通过一系列检验表明，无论是差分矩估计还是系统矩估计，都是有效估计。

上述对资本和技术密集型的三资企业样本实证分析表明，产业规模对产业国际竞争力的作用不显著，而企业规模起到决定性作用。其原因是，三资企业技术向产业内溢出，但不是输入方，因此，产业对三资企业的技术溢出是非常低的($\theta\to 0$)。这样的企业更多地依赖自身的技术积累，内部规模经济起着主导作用，因此，企业自身规模的大小对产业国际竞争力有决定性作用。对这些产业来讲，产业规模的提高假如不伴随着企业规模的扩大和市场结构的集中，产业规模就不会同产业竞争力发生正向关系。这一检验结果佐证了理论部分的又一结论：在完全没有技术外溢的情形下，内部规模决定着产业国际竞争力而外部规模是不起任何作用的。

四、对分析结果的进一步解释

对于技术完全溢出的产业($\theta \to 1$)来说，比如劳动密集型产业，产业规模对产业国际竞争力有着决定性的影响，而产业内企业规模的大小对产业国际竞争力没有决定性的影响。由于劳动密集型产业为低端产业，其主要是通过低平均成本来提高国际竞争力。但是对于劳动密集型产业，单个企业不具有外部性，不能降低成本，因此，只有产业规模的扩大来降低平均成本，才能提高国际竞争力。同时，劳动密集型产业的技术水平较低，技术研发的条件并不严苛，而且较低的技术水平则易于溢出扩散和复制，所以，企业并不需要通过规模扩大以便于新技术的研发，单个企业甚至可以直接使用其他企业的新技术，也就是说，由于技术的低水平性质和易于获得的性质，企业不需要提高规模来获得新的技术。因此，对技术完全溢出的产业，外部规模经济决定产业国际竞争力，而内部规模经济的作用则不明显。

对于技术溢出非常低的产业($\theta \to 0$)，企业规模决定着产业的国际竞争力而产业规模不起任何作用。产业内技术溢出非常低，说明单个企业通过技术溢出和扩散来获取技术的空间不大，而只能通过企业自主研发来推动技术升级。一般来说，溢出效应非常低的技术，应该属于比较高精尖的技术，那么，这种技术就必然需要人物财的大规模投入，而对于企业来说，则只有达到一定规模才能承担。因此，对于资本和技术密集型产业，特别是技术壁垒较大的产业，要通过技术升级提高竞争力，必然需要扩大企业规模。即，企业规模大→创新能力强→通过创新能力→提高竞争力。因此，对于技术溢出非常低的产业，主要靠自主创新从而提高国际竞争力，此时的企业规模具有决定性的作用。

对于技术溢出不完全的产业($0 < \theta < 1$)，产业规模和企业规模都对产业国际竞争力存在着正影响。技术溢出不完全意味着，一方面存在技术溢出扩散，但也存在技术的扩散障碍。因此，对于特定企业来说，通过产业技术外溢获取技术是不完备的，要想提升自身的技术水平，主要还需要自主研发，这就内在地要求企业规模的扩大，因此，单个企业的内部规模经

济决定研发水平进而对产业国际竞争力具有决定作用。

但同时，产业规模越大，产业技术外溢的程度越大，单个企业通过技术外溢获得技术提升的可能性就越大，因此，对于技术溢出不完全的产业来说，外部规模经济影响着单个企业的技术水平，进而对产业国际竞争力的提升具有很大程度的影响。进而，我们由(7.2.10)式可以看到，对于技术溢出不完全的产业，技术溢出程度越小，内部规模经济作用越大，而外部规模经济作用越小，即内部规模经济对产业国际竞争力的作用与产业技术外溢程度成反比关系。

$$\partial r/\partial s = \lambda(\sigma/\mu)^{\lambda-1}(1/\mu)(1-\theta) \qquad (7.2.10)$$

其根本原因就是技术外溢程度越小，通过产业技术外溢扩散获得技术的可能性越小，获得技术的成本也越大，对于单个企业，主要靠自主研发获取技术升级，因此，内部规模经济就起到决定性的作用。

表 7.5　边际效应比较

变量		C1	C2	D_ SR	D_ SR	T_ SR	T_ SR	Ad_ R^2	F
				三资	大型	三资	大型		
R	三资	0.564 (1.506)	—	0.133*** (0.012)	—	—	—	0.953	177.4***
R	大型	—	49.205** (2.363)	—	0.036*** (0.004)	—	0.012*** (0.001)	0.625	15.33***

注：括号内为标准差，上标“***”、“**”“*”分别表示1%、5%和10%置信水平；通过Hausman检验，这里选为固定效应形式。

为检验(7.2.10)式的结论，我们进一步比较资本和技术密集型的大型企业和三资企业的内部规模对产业国际竞争力边际效应。表7.5就产业规模和企业规模两个变量做静态比较分析。基于静态面板模型，我们首先利用Hausman检验，以确定选用固定效应估计方法还是随机效应估计方法。基于Hausman检验结果，我们选为固定效应形式，同时，我们利用GLS方法消除截面异方差以及利用White Period加权矩阵得到稳定方差。根据表7.5边际效应分析可以看出，对于三资企业，内部规模对产业国际竞争力作用显著，其边际效应为0.133；而对于大型企业，内部规模对产业国际竞争力作用边际效应仅为0.036。计算结果显示，三资企业的内部规模对产业国际竞争力边际效应远大于大型企业的内部规模对产业国际竞争力边际效应。这表明内部规模对产业国际竞争力的效应和技术外溢程度成反比关系，技术外溢程度越小，内部规模对产业竞争力越起到决定性作用。

五、主要结论

基于新贸易理论的基本研究框架，本书围绕规模经济这一概念，结合技术溢出水平不同特征，构建了一个规模经济和产业国际竞争力相互作用的模型，以此解释内部规模经济和外部规模经济作用机制和动态过程，因此，本书的研究是对贸易理论关于规模经济的一个补充。同时，通过选择合适的样本，利用广义 GMM 估计方法对上述理论假定进行较严格的检验，回归结果支持理论部分的结论。本书研究的主要结论概括为：①产业技术不完全外溢时，产业规模和企业规模都决定产业竞争力提升，因此，存在外部规模经济和内部规模经济；②产业技术完全不外溢，仅企业规模对产业竞争力起到决定性作用，而产业规模不起任何作用，此时仅存在内部规模经济，同时，产业技术外溢程度越小，内部规模经济作用越明显。本书研究也具有重要的政策含义：

第一，对于内部规模经济起决定作用的产业，比如高技术产业，在扩大产业规模的同时，政府不仅需要鼓励存在内部规模经济的企业进行兼并和收购，而且还要实施有利于企业间技术溢出及促进企业间技术交流的产业政策；而对于外部规模经济起决定作用的产业，比如一些劳动密集型产业，不仅需要提高产业规模以提高技术外溢效应，同时，还要构建保持市场活力的充分竞争产业政策。

第二，发挥有规模经济的企业的规模优势，“围绕主业做调整，做强主业搞重组”。对已具备内部规模经济的产业，应当对跨国公司的投资行为做出限制，合理掌握跨国公司的参股比例，避免跨国公司的过度进入以及由此而导致的市场分割，应特别警惕外资通过合资形式影响中国产业结构的集中。同时，对政府投资主导下可能存在的过度进入以及由此还来的规模经济缩小、贸易条件恶化等问题，同样要保持足够的警惕。

第三，成功提高劳动密集型产业竞争力的产业政策，不能简单复制资本密集型和技术密集型产业的成功模式。对资本密集和技术密集型产业，要特别注意对本国产业的扶持或保护可能引发的过度进入问题以及由此带来的地方保护、市场分割、规模经济缩小的严重后果。

第三节　人力资本的动态规模经济效应

一、基本理论模型分析

本章第一节构建了一个简单的模型来说明人力资本的动态规模经济效应。但是，仅仅是基于分析的目的，该模型需要设定一些基本假设：模型是寡头垄断而不是完全竞争的，并假定成本递减而不是报酬不变。但是，规模经济可以不是静态的形式，即可以不用向下倾斜的边际成本曲线表述。与学习曲线和研发的动态规模经济一样，本书将较深入地分析人力资本的动态规模经济特征。当然，本书的研究也主要是围绕 Krugman 的分析框架的一种延伸。

首先，我们假定边际成本不取决于产量，但是，由于人力资本水平的高低一方面可以决定各国的技术能力以及先进技术的实施和新产品的研发；另一方面，人力资本水平也决定先进技术在实际生产过程中的生产效率。人力资本本身所具有的外部性也能够有效降低产品的生产成本。因此，对于特定企业来说，可以通过事先的人力资本投资来降低生产成本，并且这样的做法具有类似第一节所探讨的静态边际成本下降的效应。

我们假定共有两个企业：本国企业（用 h 表示）和国外企业（用 f 表示），两个企业都只生产一种产品，并且各自的产品不能完全替代。两国代表性企业在市场 i 上的总收入函数分别为：

$$TR_i^h = TR_i^h(x_i^h,\ x_i^f) = ax_i^h - b\{(x_i^h)^2 + x_i^h x_i^f\} \qquad (7.3.1)$$

$$TR_i^f = TR_i^f(x_i^h,\ x_i^f) = ax_i^f - b\{(x_i^f)^2 + x_i^h x_i^f\} \qquad (7.3.2)$$

其中，a，$b>0$；式中，x_i^h 和 x_i^f 分别为本国企业和外国企业的在国际市场上的销售份额。但是，在本节所考虑的模型中，我们不在假定边际成本取决于产量，但是，我们假定边际成本取决于每个企业人力资本水平，即，$u^h = u^h(H^h)$，$u^f = u^f(H^f)$。如果我们不考虑运输成本，则各个企业的总成本表述如下：

$$TC^h = u^h(H^h)(\sum x_i^{\ h}) + \varsigma H^h \tag{7.3.3}$$

$$TC^f = u^f(H^f)(\sum x_i^{\ f}) + \varsigma H^f \tag{7.3.4}$$

在这里，$\varsigma > 0$，表示培育人力资本所需要的额外单位费用，并假定培育两国人力资本额外单位费用相等。因此，本国企业的利润最大化的行为决策为：

$$\underset{x_i^h, H^h}{\mathrm{Max}\Pi} = \sum [ax_i^{\ h} - b\{(x_i^{\ h})^2 + x_i^{\ h}x_i^{\ f}\}] - u^h(H^h)(\sum x_i^{\ h}) - \varsigma H^h \tag{7.3.5}$$

其一阶条件为：

$$a - b(2x_i^{\ h} + x_i^{\ f}) - u^h = 0 \tag{7.3.6}$$

$$\frac{\partial u^h}{\partial H^h}\sum x_i^{\ h} = \varsigma \tag{7.3.7}$$

同样，外国企业的利润最大化的行为决策为：

$$\underset{x_i^f, H^f}{\mathrm{Max}\Pi} = \sum [ax_i^{\ f} - b\{(x_i^{\ f})^2 + x_i^{\ f}x_i^{\ h}\}] - u^f(H^f)(\sum x_i^{\ f}) - \varsigma H^f \tag{7.3.8}$$

其一阶条件为：

$$a - b(2x_i^{\ f} + x_i^{\ h}) - u^f = 0 \tag{7.3.9}$$

$$\frac{\partial u^f}{\partial H^f}\sum x_i^{\ f} = \varsigma \tag{7.3.10}$$

由(7.3.6)式和(7.3.9)式可以看出，两国产品相互争夺市场，并且根据(7.3.7)式和(7.3.10)式发现，他们之间的竞争体现在人力资本的竞争。接下来，我们利用相图进行分析。由于人力资本水平越高，边际成本就越低，产量则越高，我们用 LL 曲线来表示这种关系。进一步地，如果产量越高，人力资本的干中学效应越大，因此，人力资本水平则越高，我们用 NN 曲线来表示这种关系，并且假定 LL 曲线的斜率大于 NN 曲线的斜率。具体见下图 7.2。

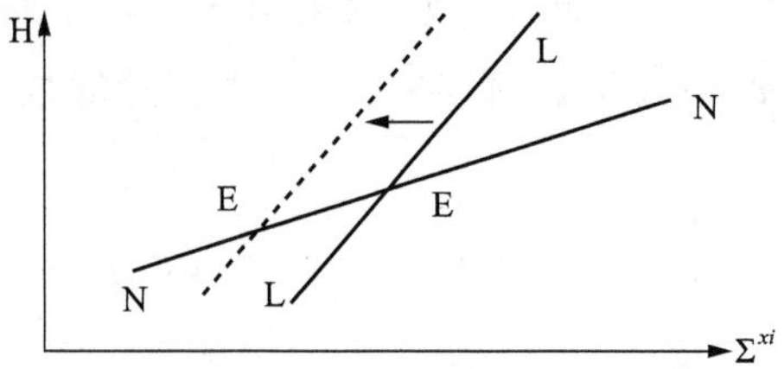

图 7.2　两国人力资本变化的反应关系

假如国外企业提高人力资本水平，即 H^f 提高，其边际成本就下降，相应地本国产量就减少。表现在相图上就是曲线 LL 向左移动，结果是 H^h 降低。其本质是，当本国产品的市场份额减少时，其收益将减少。这就促使本国企业减少人力资本引进，或者人力资本水平的培育，因此 H^h 降低。相反，如果本国企业提高其人力资本水平，国外企业也将面临类似的过程。因此，根据以上分析表明，H^h 和 H^f 成反比关系。结合以上分析，则两国人力资本的反应函数表述为：

$$H^h = f(H^f),\ \partial H^h / \partial H^f < 0 \qquad (7.3.11)$$

$$H^f = f(H^h),\ \partial H^f / \partial H^h < 0 \qquad (7.3.12)$$

进一步，结合以上反应函数，我们继续做出如下相图进行分析：

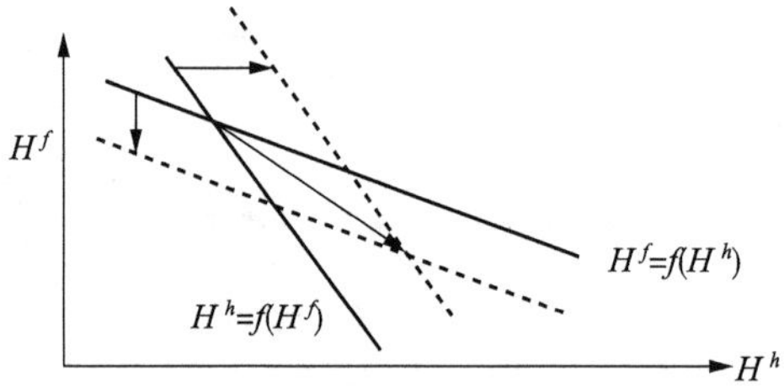

图 7.3　人力资本的相对变化与动态规模经济

对于图 7.3，在给定 H^h 和 H^f 情况下，如果本国产量上升，外国产量将下降，因此，曲线 LL 向右移动，相应地，国外的曲线则向左移。对应在图 7.3 上，就是 $H^h = f(H^f)$ 曲线向右移动，而 $H^f = f(H^h)$ 向左移动。因此，本国的边际成本下降，但是国外企业的边际成本上升。这意味着本国企业的产量在所有的市场上都会扩大，产品的国际竞争力将得以提升。

本书在 Krugman 的分析框架下，构建了一个简单的模型分析了人力资本具有类似于学习曲线和研发的动态规模经济特征。尽管本书的分析采用“倒带”的方式，但是本书的研究路径却给我们一条清晰的线条，告诉我们两国人力资本水平的相对变化产生两国的生产成本的相对变化，从而使得本国的产品销售量在没有市场保护的情况下也显著的扩大，因此，人力资本具有引发产业国际竞争力提升的动态规模经济特征。

二、实证分析

(一)数据来源和变量说明

我们依旧选取高技术产业作为本书的研究样本，根据国家统计局公布的高技术产业统计分类目录，我们选择了化学药品制造业、中药材及中成药加工、生物制品制造、飞机制造及修理、航天器制造等 23 个行业的 1998—2012 年的数据作为实证分析的样本。我们继续采用出口交货值作为衡量产业国际竞争力的指标(R)，并且作为被解释变量出现在模型中。在解释变量中，我们选择产业内不同类型行业的销售收入用来度量内部规模经济(D _ SR)，用产业总销售收入来表示外部规模经济(T _ STR)；用企业科技活动人员人数与企业从业人员年平均人数之比来表人力资本水平(H)；同时，考虑到人力资本的动态规模经济效应，我们在模型中引入人力资本变量和内部规模经济变量的交互项(H × D _ SR)以及人力资本变量和外部规模经济变量的交互项(H × T _ SR)。除此之外，我们在本模型中还加入如下一些控制变量(X)：技术引进支出(ETI)：用企业技术引进经费支出作为技术引进支出指标；对外开放度(R _ OPEN)：用进出口总额与 GDP 的比重来衡量；研发投入水平(R&D)：参照邢斐和张建华(2009)的方法，选择技术开发经费支出作为研发投入指标；同时，我们还把汇率引入到控制变量中(ER)。本书的数据的主要来源于《中国高技术产业统计年鉴》《中华人民共和国海关统计年鉴》《中国统计年鉴》及外汇管理局网站，以上各个变量的统计描述见表 7. 5。

表 7.5　各个变量的统计描述

变量	均值	最小值	最大值	标准差	样本数
R	686.6066	0.1	9472	1495.283	342
H	0.1154984	0	0.6203508	0.1005058	344
D _ SR	1114.771	1.86	12270	2025.587	344
T _ SR	1937.002	19.27	13770	2773.662	344
LETI	24685.28	0	318664	46635.04	322
R&D	112100.9	677	1645118	207506.8	322
OPEN	0.5020522	0.3181158	0.6682173	0.1199528	322
ER	110.025	100	119.92	6.572686	323

(二)模型设定和计量方法

基于前文的分析，接下来讨论本书的实证模型以及具体的估计方法。考虑惯性或部分调整，我们采用动态面板模型进行分析，具体见模型(6.3.13)。

$$\ln R_{it} = \lambda \ln R_{it-1} + \alpha_0 \ln D\_SR_{it} + \alpha_1 \ln T\_SR_{it} + \alpha_2 H_{it-1} + \psi_1 H_{it-1} \times \ln D\_SR_{it} + \Psi_2 H_{it-1} \times \ln T\_SR_{it} + \sum \beta_i X_{it} + \upsilon_i + \omega_t + \varepsilon_{it} \tag{7.3.13}$$

其中 R 为产业竞争力指标变量；H 为产业人力资本变量，考虑到人力资本的效应具有滞后性，因此，我们用滞后 1 期的人力资本变量引入到模型中；D _ STR 为内部规模经济变量；T _ STR 为外部规模经济变量；X 为一系列控制变量。下标 i 代表不同的行业，t 代表年度，υ_i 是代表个体固定效应，ω_t 表示时间固定效应，ε_{it}表示服从标准正态分布的随机干扰项。

作为比较，对于(7.3.13)式的估计，我们分别采用差分矩估计(DIF-GMM)和系统矩估计(system GMM)进行估计。同时，为了进一步检验我们的差分矩估计和系统矩估计的稳健性，可以将滞后因变量的 GMM 估计值与固定效应估计值和混合 OLS 的估计值相比。通常来说，混合 OLS (POLS)估计会高估滞后项的系数，而固定效应估计会低估滞后项的系数，如果 GMM 估计值在二者之间，则 GMM 估计是可靠有效的。

三、模型估计结果与稳健性检验

首先，我们仅报告规模经济和当期人力资本对产业国际竞争力影响的差分矩估计和系统据估计的结果。由表7.6的第(1)和第(2)列显示，模型设定都通过了Arellano-Bond二阶序列相关检验和Sargan额外工具变量的有效性检验，因此，模型设定是正确的。同时，我们发现，不管是差分矩估计还是系统矩估计，D_SR系数都显著为正。这说明，规模经济确实能够带来产业国际竞争力的提升。我们知道，技术进步依赖于自身的规模扩大，因此，规模经济在很大程度上决定技术积累的速度，进而影响产业的国际竞争力提升。同时，有规模经济的企业，其本身就是生产有效率的，其平均成本长期递减，因而，规模经济内在地促进产业国际竞争力的提升。正如Krugman(1990)和Bonaccorsi(1992)所实证那样，规模较大的企业比小企业更具出口优势。此外，Krugman(1980，1990)基于韩国等国的经验研究也表明，规模的大小的确在提高产业国际竞争力中发挥了决定性作用。但表7.6的第(1)和第(2)列实证结果显示，当期人力资本系数(H)不显著，当期人力资本并不能引发产业国际竞争力的提升，这说明，人力资本的外部性特征具有滞后性。因此，我们在第(3)和第(4)列引入人力资本滞后1期，检验结果显示，不管是差分矩估计还是系统矩估计，滞后1期人力资本系数都显著为正值。由于人力资本除却作为生产要素之外，人力资本随着时间不断累积和升级并由此产生的更大程度外部性能够有效降低产品的生产成本，提高研发部门的效率，从而能在长期培育产业动态比较优势，促使产业不断向更高级的产业升级和国际竞争力的大幅度提升。从这一层意义上来说，人力资本具有类似学习曲线和研发的动态规模经济效应。

以上我们实证检验了规模经济和人力资本对产业国际竞争力的影响，考虑到人力资本如学习曲线和研发一样具有动态规模经济效应，因此，我们在第(5)和第(6)列引入人力资本和内部规模经济变量的交互项，检验结果显示，模型设定都通过了Arellano-Bond检验和Sargan检验。同时，我们发现，人力资本和内部规模经济变量的交互项系数显著为正值。这表明，人力资本和内部规模经济之间具有互补作用，从而能有助于产业国际竞争力的提升，该结论和理论部分是一致的。这表明，特定企业可以通过事先投资于人力资本培养来降低平均成本，这种做法类似于边际成本下降的静态规模效应。在本章第一节，我们在 Krugman(1987)等人的经典模型基础上构建了一个简单的理论模型，意在说明规模经济的作用如何能在竞争的国际市场上赢得份额。正如 Krugman 所言，这种“保护进口可以促进出口”的观点往往代表一些意在保护自己的人的一种自私的立场。在采取保护国内市场时候，那些受保护的企业可以放心地大规模生产，并在学习曲线在向下移动的时间段里大量销售和收回成本，并且在国内高价销售，而在国外倾销。这表明，保护本国市场给本国企业一个更大的规模经济，于是降低成本成为问题的关键。但是，通过规模经济降低成本的方式并不是唯一的。犹如 Krugman 所提及的学习曲线以及研发的动态规模经济一样，人力资本要素功能及其人力资本的外部性也具有类似的动态规模经济效应。

以上实证分析证实了人力资本具有动态规模经济的效应，接下来，我们检验人力资本是否具有外部规模经济效应。本章第二节的实证检验表明，在产业存在技术外溢但是不完全的条件下，外部规模和内部规模对产业竞争力都有显著的正向作用，这是因为，当存在技术外溢时，各个行业的技术可以渗透、模仿和学习，在技术外溢的过程中提高整个产业的技术水平。我们知道，除却劳动密集型产业的每个行业的人力资本(低技能人力资本)是接近于同质的之外，其人力资本不具有知识的相互传递性，或者说，知识是对等的。但凡资本和技术密集型产业，各个行业的人力资本都具有显著的差异性，因此，产业内每个行业的人力资本具有知识传递可能性。从这个角度来说，如果每个行业的人力资本对其他行业的人力资本产生一定影响，或者人力资本的外部性可以相互作用，在这种情况下，人力资本的外部性就可以产生知识溢出效应，从而产生外部规模经济。为检验这个结论，接下来我们在第(7)和第(8)列引入人力资本与外部规模经济变量的交互项。检验结果显示，模型设定都通过了 Arellano-Bond 检验和 Sargan 检验，因此，模型设定是正确的。我们还发现，不管是差分矩估计还是系统矩估计，人力资本与外部规模经济变量的交互项系数显著为正值，这说明人力资本和外部规模经济之间也具有互补作用，因此，人力资本的外部性所产生知识溢出效应，能产生动态外部规模经济，进而有助于产业国际竞争力的提升。其可能原因是，每个行业的人力资本相互作用所产生的知识溢出效应，在很大程度上引发整个产业的人力资本水平的提高。以上实证分析一致表明，人力资本不仅具有和学习曲线以及研发一样具有动态规模经济，并且人力资本所产生知识溢出效应还具有动态外部规模经济。

接下来我们来检验上述实证结论的稳健性，因此将滞后因变量系数的GMM估计值与固定效应估计值和混合OLS的估计值相比。通常来说，固定效应估计值会低估滞后项的系数，而混合OLS估计会高估滞后项的系数，如果GMM估计值在二者之间，则GMM估计是可靠有效的。表7.6的第(9)和第(10)列报告了固定效应估计结果和混合OLS估计结果，我们发现，固定效应则倾向于低估其滞后因变量系数(0.288)，而混合OLS估计则倾向于高估滞后因变量系数(=0.767)。也就是说，合理的GMM估计值应0.288-0.767之间。很容易看出，除了第(1)和第(3)列之外，其他所有的差分矩估计和系统矩估计都是有效估计。

表 7.6　计量估计结果

变量	(1)DIF	(2)SYS	(3)DIF	(4)SYS	(5)DIF	(6)SYS	(7)DIF	(8)SYS	(9)FE	(10)POLS
L. R	0. 163 *** (0. 023)	0. 492 *** (0. 032)	0. 131 *** (0. 012)	0. 431 *** (0. 035)	0. 564 *** (0. 025)	0. 702 *** (0. 023)	0. 560 *** (0. 026)	0. 653 *** (0. 025)	0. 288 *** (0. 046)	0. 767 *** (0. 035)
D_SR	0. 943 *** (0. 023)	0. 881 *** (0. 037)	0. 981 *** (0. 035)	0. 762 *** (0. 031)	—	—	—	—	0. 814 *** (0. 065)	0. 395 *** (0. 054)
H	-0. 090 (0. 170)	-0. 945 (1. 227)	—	—	—	—	—	—	-0. 709 (0. 657)	-0. 558 (0. 745)
H(-1)	—	—	0. 777 *** (0. 175)	1. 349 * (0. 806)	—	—	—	—	—	—
H(-1) ×D_SR	—	—	—	—	0. 118 ** (0. 049)	0. 369 *** (0. 102)	—	—	0. 395 *** (0. 099)	0. 217 ** (0. 111)
H(-1) ×T_SR	—	—	—	—	—	—	0. 129 *** (0. 037)	0. 316 ** (0. 095)	—	—
R&D	-0. 041 *** (0. 009)	-. 031 ** (0. 009)	—	—	—	—	—	—	—	—
R&D(-1)	—	—	-0. 016 ** (0. 008)	-0. 053 ** (0. 015)	-0. 051 *** (0. 007)	-0. 027 ** (0. 010)	-0. 051 *** (0. 007)	-0. 024 *** (0. 009)	-0. 062 ** (0. 031)	-0. 185 *** (0. 036)
LETI	0. 001 (0. 005)	0. 0001 (0. 010)	-0. 020 *** (0. 005)	-0. 0007 (0. 010)	0. 062 *** (0. 008)	0. 061 ** (0. 017)	0. 061 *** (0. 008)	0. 063 *** (0. 017)	-0. 015 (0. 023)	0. 019 (0. 024)

续表

变量	(1)DIF	(2)SYS	(3)DIF	(4)SYS	(5)DIF	(6)SYS	(7)DIF	(8)SYS	(9)FE	(10)POLS
OPEN	1.259***	0.969***	1.026***	0.655***	3.405***	1.684***	3.385***	1.631***	1.139***	-0.361
	(0.161)	(0.276)	(0.162)	(0.152)	(0.178)	(0.212)	(0.162)	(0.207)	(0.474)	(0.555)
ER	-0.409	-0.412	0.149	-0.406**	4.390***	2.282***	4.361***	2.341***	-0.222	-2.441**
	(0.267)	(0.400)	(0.117)	(0.178)	(0.308)	(0.351)	(0.279)	(0.353)	(0.795)	(0.934)
cons	0.110	-0.084	-2.95***	0.233	-20.36***	-10.91***	-20.194***	-11.223**	-0.302	12.346**
	(1.314)	(1.709)	(0.682)	(0.921)	(1.439)	(1.677)	(1.288)	(1.682)	(3.864)	(4.639)
R^2	—	—	—	—	—	—	—	—	0.869	0.938
F	—	—	—	—	—	—	—	—	151.40	419.00
Waldch2	0.000	0.000	0.000	0.000	0.000	0.000	0.000	0.000	—	—
AR(2)	0.780	0.405	0.509	0.907	0.492	0.851	0.534	0.976	—	—
Hansen	0.691	0.969	0.640	0.974	0.784	0.970	0.763	0.976	—	—
观察值	219	230	198	230	219	251	219	251	230	230

注：括号内为标准差，上标“***”、“**”和“*”分别表示1%、5%和10%置信水平。

四、主要结论

本书通过构建一个简单的模型来分析人力资本、规模经济与产业国际竞争力的内在关系，意在说明人力资本的动态规模经济效应如何引致外向型经济发展方式发生转变。但是，仅仅是基于分析的目的，本书的模型还需要设定一些假设：模型是寡头垄断而不是完全竞争的，假定成本递减而不是报酬不变。但是，规模经济可以不像本书设定那样是静态的。与学习曲线和研发的动态规模经济一样，本书研究发现，人力资本的要素功能及其人力资本的外部性也具有类似的动态规模经济效应。除此之外，人力资本的外部性所产生知识溢出效应，也能产生动态外部规模经济，因此，人力资本的动态内部规模经济和动态外部规模经济共同引致外向型经济发展方式发生转变。

因此，就政策而言，除了根据产业特征有针对性扩大产业规模或者企业规模之外，也要培育人力资本的动态规模经济的功能，在人力资本集中的地区产生知识溢出效应，发挥聚集经济效应。

第八章　人力资本与中国新型外向型经济发展方式的政策建议

本书的前面各章着重讨论了以下几个方面的问题：①实证考察中国外向型产业动态演变的特征化事实，首先从整体上考察我国外向型产业动态演变过程及其面临的困境，然后深入产业特征进一步分析产生原因及产生的内在机制；②研究人力资本对垂直专业化深化与产业全球价值链跃迁的影响，突出产业人力资本水平和人力资本在各个部门之间的合理分布对产业垂直专业化水平、产业在国际产业价值链的位置以及产业技术进步的影响；③将人力资本外部性从静态外延性扩展到动态外延性，从理论和实证两个方面考察人力资本外部性的动态外延性特征如何引发和培育了产业动态比较优势，进而促使产业不断向更高级的产业升级和国际竞争力的大幅度提升；④将适宜技术理论和偏向性技术选择理论结合起来，探讨人力资本、技术选择和外向型产业升级问题，系统地阐述人力资本水平、技术选择和产业升级之间不断匹配的动态过程；⑤构建“自我实现”发展方式模型，通过潜在技术目标的牵引引致人力资本进一步升级和技术水平的跳跃式进步，最终实现外向型经济发展方式的转变；⑥在区分内部规模经济与外部规模经济的基础上，进一步考察人力资本动态规模经济特征。

根据本书的逻辑结构来看，本书主要从产业全球价值链跃迁、动态比较优势转化、外向型产业结构升级、动态规模经济和产业国际竞争力五个维度考察人力资本动态匹配与外向型发展发展方式内在机理，从紧密一致的五个方面刻画我国外向型经济的转变和发展。最后，通过对上述几个方面的研究结论进行总结，基于培育与外向型经济发展新优势相适应的人力资本的角度，本书提出了建立新型外向型经济发展模式的政策建议。

第一节　主要结论和政策建议

一、基于外向型产业动态演进过程的整体考察

本书从整体上考察我国外向型产业动态演进过程及其面临的困境，研究结果表明：第一，改革开放以来，中国通过发挥劳动力、土地等方面的比较优势，在国际产业转移的重大机遇下，积极参与国际垂直专业化分工，已经成为世界公认的制造业大国，但是，中国参与垂直专业化分工还主要在加工、装配等低附加值的环节上。借助于垂直专业化分工，中国的资本和技术密集型产业得到了较快发展，但是，中国资本和技术密集型产业更多的是承担低技术产品生产或高技术产品中的劳动密集型生产环节，垂直专业化的深化并没有引致我国嵌入在全球价值链高附加值环节上，究其根本原因，关键是我国的人力资本水平不能与产业链高附加值环节的技术要求相匹配。因此，要想在国际垂直专业化分工中获得价值回报，逐渐摆脱低附加值、产业链低端的困境，中国要努力提高自己的自主创新能力，通过培育与外向型经济发展新优势相适应的人力资本等途径，通过自主创新逐步跨越垂直专业化分工中的劳动密集型生产环节，并向利润更高的环节迈进。

第二，我国传统劳动密集型产业比较优势和竞争优势都在下降，但是我国技术密集型产业比较优势和竞争优势却在上升，并且，就当前发展态势来看，随着整体的技术进步，我国传统的劳动密集型产业逐渐在转移或升级，而资本或技术密集型产业出现不断发展的趋势。伴随着我国技术密集型产业竞争优势的大幅度提升，我国技术密集型产业竞争优势的逐渐提升将是推动我国产业国际竞争力的主要动力。虽然当前我国传统劳动密集型产业仍然保持着较强的国际竞争力，但随着我国劳动力成本的逐渐提升，我国传统劳动密集型产业将失去其依存的后盾。同时，对于当前已经形成较大生产能力的制造业来说，仅依靠资源价格的低廉已经难以为继了，而应该通过研究开发、技术进步以及与之相匹配人力资本积累完成经

济发展方式的转变。

二、基于外向型经济发展方式的产业特征视角

(1)劳动力规模：劳动力规模对劳动密集型产业的国际竞争力任具有显著的正向作用，但对资本和技术密集型产业却不显著，并且劳动力规模对技术密集型产业的国际竞争力还表现出一定的负向作用。这说明我国制造业劳动力主要还是低技能劳动力构成，高技能劳动力占比还是很小，劳动力的数量不足以提高我国资本密集型产业和技术密集型产业的国际竞争力。因此，相对劳动力规模优势只在短期能收到一时之效，并不能在长期中实现自己的产业向高级产业扩张，从而在国际经济竞争中占据优势地位。因此，只有伴随相应劳动力素质的提高，从而产生持续人力资本积累，中国才能真正意义上建立自己的比较优势。

(2)垂直专业化水平：中国制造业的垂直专业化在继续深化的过程使中国的制造业较好地承接了发达国家技术(资本)密集型产业的劳动密集型生产环节的国际转移。如果中国劳动者具备一定的吸收能力，通过技术溢出效应、产业关联效应和出口渠道效应，垂直专业化分工会促使中国制造业生产效率的提高。因此，这要求中国劳动力要素从数量比较优势转化为质量比较优势，只有这样才能通过积极参与全球垂直专业化分工而与它们先进的技术、研发等因素紧密地结合起来，通过模仿、吸收并逐步转化自主创新的能力，使垂直专业化分工更好地对我国产业国际竞争力发挥作用。

(3)资本劳动比：产业资本劳动比对产业国际竞争力具有显著的正向作用。按照比较优势理论，资本相对于劳动力越丰富产业，越可能生产和出口相对资本密集和技术密集的产品，因此其产业国际竞争力越大。这表明，要使我国产业获得可持续的国际竞争力，内在地需要产业转移和升级。特别是对于一个具有劳动力要素比较优势国家来说，如果仅仅依靠劳动力要素比较优势而不是提高劳动力的质量的话，容易造成对劳动力比较优势的“路径依赖”，使一国锁定在劳动密集型的低端行业。因此，这就内在地要求劳动力素质的提高，通过提高人力资本水平，使我国产业在国际

经济竞争中以及在产业价值链中占据优势地位。

(4)全要素生产率：我国制造业的全要素生产率具有显著提高产业国际竞争力的作用，但是我国制造业的整体劳动力水平与其技术水平不匹配，并且这种不匹配在一定程度上抑制了我国的产业结构优化升级。根据“适宜技术理论”关于技术选择必须和人力资本相匹配的观点，如果要在内生技术的基础上讨论动态比较优势，就不得不引入人力资本匹配问题。

(5)资产投资规模和研发投入规模：具备一定的固定资产投资规模和研发投入规模是一个产业(或产业内的企业)进行研发的条件。当一个产业(或产业内的企业)具备了一定的固定资产投资规模和研发投入规模，且伴随具有研发能力或者具有研发条件的人力资本时，则该产业才能向上发展，根据国际市场的要求，产业结构才能升级，才能获得持续的国际竞争力。

三、基于人力资本与外向型经济发展方式

在上文中，本书从整体上考察我国外向型产业动态演进过程及其面临的困境，并从产业特征角度对这种现状进行了进一步分析，提出了培育与外向型经济发展新优势相适应的人力资本以促成现有外向型发展模式发生转变重要性。接下来，本书将基于产业全球价值链跃迁、动态比较优势转化、外向型产业结构升级和动态规模经济多个维度考察人力资本与外向型发展发展方式内在机理，并提出相应的政策建议。

(1) 基于产业全球价值链跃迁：通过刻画中国对外出口中所包含的国内外价值比重及其变动趋势发现，随着垂直专业化分工的轨迹不断向前发展和垂直分工的范围日益扩展，我国凭借廉价劳动力资源及相应的优惠政策的支持，实现了出口贸易总量的快速增长，但是，我国制造业在对外出口中更多的是承担低技术产品生产或高技术产品中的劳动密集型生产环节，垂直专业化的深化并没有引致我国嵌入在全球价值链高附加值环节上。究其根本原因，关键是我国的人力资本水平不能与产业链高附加值环节的技术要求相匹配。当前，我国以廉价劳动力的比较优势为基础，在日益深入地融入全球化、垂直专业化的过程中，内在地需要不断提高我国人

力资本水平和人力资本积累效率，只有这样才能提高我国对国外技术的吸收能力和自主创新能力，并能在实现本身技术水平显著提升条件下向全球价值链高端跃迁。同时，本书进一步构建了一般均衡理论模型，系统地阐述了产业人力资本水平、人力资本部门匹配对产业垂直专业化水平、产业在国际产业价值链的位置以及产业技术进步的影响。理论模型分析结果也表明，产业人力资本水平的提高和人力资本在各个产业部门的合理匹配不仅有助于产业垂直专业化的向上发展和国际产业链位置的提升，而且有助于产业技术水平的提升。这就内在地要求当前的人力资本发展模式不仅有质要求，而且还需要发展与各个部门技术能力适宜匹配的人力资本结构，比如，技能型人力资本和研发型人力资本。因此，以人力资本结构优化为发展目标，除了通过高等教育和科研机构培养研发型人才之外，还要适应产业结构调整的需要，大力发展职业教育以培育技能型人才。

（2）基于产业动态比较优势：假定一国人力资本结构主要由低技能劳动力和高技能劳动力构成，并且通过分别考察两国低技能劳动力的相对规模和高技能劳动力相对水平对产业比较优势动态演进的影响，研究发现，低技能劳动力相对规模相对来说只存在静态比较优势，而高技能劳动力相对水平则具有动态比较优势。这表明，人力资本结构决定了一个国家中长期的竞争力，过去我们依赖低技能劳动力的成本竞争模式，使得我国一些产业具有短期的国际竞争优势，但是，过多依靠低技能劳动力成本优势获得产业竞争力，容易让给我们产业一直围绕低附加值产业上，从而产生“比较优势陷阱”。同时，本书的模型也表明，相对低技能劳动力规模优势只有可能在短期收到一时之效，要想获得持久的比较优势，需要人力资本结构不断优化，提高高技能劳动力的占比。低技能劳动力和产业结构升级已经不相匹配，实现产业比较优势的动态演变，人力资本结构需要与之动态匹配，以此实现产业结构的不断升级。

同时，本书进一步将人力资本外部性从静态外延性扩展到动态外延性，从理论和实证两个方面考察人力资本外部性的动态外延性特征如何引发和培育产业动态比较优势，进而促使产业不断向更高级的产业升级和国际竞争力的大幅度提升。研究结果发现，人力资本本身存在自我积累和自我升级的"惯性特征，即人力资本在生产过程中也不断提升自己的人力资本水平，在人力资本累积中进一步引致人力资本的自身升级，并由此引致进一步更大程度的外部性。因此，人力资本随着时间不断累积和升级并由此产生的更大程度外部性能够共同有效降低产品的生产成本，提高研发部门的效率，从而能在长期培育产业动态的比较优势，促使产业不断向更高级的产业升级和国际竞争力的大幅度提升，最终在国际经济竞争中占据优势地位。这表明，人力资本政策应该成为各国产业政策特别是发展中国家产业政策的核心部分，其根本方法就是提高人力资本的积累效率，使本国人力资本以高于发达国家的速度增长。因此，政策偏向将以人才战略为路径指向，以赶超技术与人力资本升级赶超为发展目标，通过调整教育结构，把职业教育与普适教育以及专业化人力资本的培育相机结合起来，共同提高劳动力的质量。

(3)基于外向型产业结构升级：基于适宜技术理论和偏向性技术选择理论，本书构建了一个简单的理论模型，分析了人力资本匹配、偏向性技术选择与产业升级之间的内在联系。得出的结论是：一个产业的技术选择需要与这个产业的人力资本水平相匹配，同时和该产业以及整个经济的人均产出、技术进步水平相关。同时，只有当二者合理匹配时，才具有促进产业结构的转化和升级的基础条件。同时，当产业采用偏向性技术进步时，有助于克服"比较优势陷阱"，实现出口贸易的动态升级。因此，只有选择好和偏向性的技术相匹配的人力资本水平时才能形成产业的动态比较优势。因此，人力资本水平、技术选择和产业升级之间其实是一个不断匹配的动态过程。只有当他们之间不断匹配，相互引领才能形成产业的动态比较优势和出口贸易的动态升级，并且引致人力资本水平的不断提高和技术进步。同时，本书研究还表明，产业本身可以树立一个技术目标，即存在一个潜在的技术水平，在这个潜在技术目标的牵引下，通过对初始人力资本的选择和最优的研发投入，引致人力资本进一步升级和技术水平的跳跃式进步，这体现了产业升级过程中有目标的自我选择和没有目标的被动模仿之间的差异。有目标的自我选择是产业史无前例的自主创新过程，尽管需要经历人力资本和研发之间的不断相互作用，不断试错的试验阶段，但是能够实现人力资本的升级和技术的跳跃式进步，从根本意义上实现外向型经济发展方式发生转变。因此，除了以多种方式提升人力资本水平之外，还需要促进人力资本要素与先进技术的动态匹配。其措施是，一方面要依据人力资本水平，选择适宜技术；另一方面，通过创造自主创新的环境和条件，采取政策鼓励和构建自主创新的激励机制，充分利用技术选择与人力资本之间的相互促进关系，持续积累技术能力与人力资本水平，形成以技术引致和人力资本升级互动的传导机制。

(4)基于动态规模经济进一步分析：立足于产业视角，围绕规模经济这一核心思想，在区分内部规模经济与外部规模经济的基础上，本书构建了一个人力资本具有类似于学习曲线和研发的动态规模经济特征模型。研究发现，一方面，产业技术溢出情况不同，内部规模经济和外部规模经济对产业国际竞争力具有不同的作用；另一方面，人力资本的要素功能及其人力资本的外部性也具有类似的动态规模经济效应。除此之外，实证检验结果发现，人力资本的外部性所产生知识溢出效应，也能产生动态外部规模经济，因此，就政策而言，除了根据产业特征有针对性扩大产业规模或者企业规模之外，还要培育人力资本的动态规模经济的功能，在人力资本集中的地区产生知识溢出效应，发挥聚集经济效应。

第二节　不足与展望

本书构建了一个多维度的刻画外向型经济发展的指标体系，从静态和动态两个方面对中国外向型产业演变进行了细致描述，从整体上考察了我国外向型经济发展存在的困境，从产业特征角度对这种现状进行了进一步分析。同时，基于产业全球价值链跃迁、动态比较优势转化、外向型产业结构升级、动态规模经济以及产业国际竞争力五个维度，构造了一个完整"五位一体"模式考察人力资本动态匹配与外向型发展发展方式内在机理，并提出相应的政策建议。虽然本书在整体研究上遵循一个比较完整研究逻辑，从紧密一致的五个方面基于不同的角度进行了较为深入的分析，但是，其中还存在许多需要进一步深入研究和改善的地方。

第一，本书还需要对中国30多年来外向型发展方式的总体效应进行深入分析，从理论和实证两个方面对何以通过“统筹国内外发展和对外开放”的关系以形成新型外向型经济发展模式做出合理的解释。

第二，没有选择部分战略性新型产业（如高端装备制造、生物制药、新能源汽车等）作为案例，讨论如何促成这些产业与全球价值链高端环节相衔接；分析如何利用在次贷危机之后出现的历史机遇期内，引导现有加工贸易行业向国际产业链高端延伸，以提升中国外向型出口行业的综合竞争力等。

第三，理论模型是在一定的假设前提下构建的，尽管本书的理论模型在较大程度上刻画了本书所要研究的问题，但是本书的假设很可能与经济现实存在较大的差异，因此，理论模型还存在许多需要进一步改进和完善的地方。同时，实证部分的检验也存在一定的不足，比如，由于数据可得性的限制，没有进行较全面的分析，还有一些其他隐性控制因素没有考虑到模型中，由此造成了一些估计偏差等。

参考文献

[1]Abel J R, Gabe T M. Human capital and ecnomic activity in urban America[R]. New York: Federal Reserve Bank of New York, 2008: 332.

[2]Acemoglu D. Why Do New Technologies Complement Skills? Directed Technical Change and Wage Inequlity[J]. Querterly Journal of Economics, 1998, 113(4): 1055-1089.

[3]Acemoglu D, Angrist J. How Large are Human-Capital Externalities? Evidence from Compulsory-Schooling Laws[J]. NBER Macroeconomics Annual, 2000, 15(11): 054.

[4]Acemoglu D, Zilibotti F. Productivity Differences[J]. Quarterly Journal of Economics, 2001(116): 563-606.

[5]Acemoglu D. Directed technical change[J]. The Review of Economic, 2002(69): 781-809.

[6]Acemoglu D. Labor-and Capital-Augmenting Technical Change[J]. Journal of the European Economic Association, 2003(1): 1-40.

[7]Acemoglu D, Aghion P, Bursztyn L, et al. The environment and directed technical change[R]. NBER working paper, 2009.

[8]Angel de la Fuente, Domenech R. Human Capital in Growth Regressions: How Much Difference Does Data Quality Make? [J]. Journal of the European Economic Association, 2006(4): 1-36.

[9]Manuel A, Bond S. Some Tests of Specification for Panel Data: Monte Carlo Evidence and an Application to Employment Equations[J]. Review of Economic Studies, 1991(58): 277-297.

[10]Manuel A, Bover O. Another look at the instrumental variable estima-

tion of error-components models[J]. Journal of econometrics, 1995(68): 29-51.

[11]Arndt S W. Globalization and the Open Economy[J]. North American Journal of Economics and Finance, 1997, 8(1).

[12]Atkinson B A, Stiglitz E J. A new view of technological change[J]. The Economic Journal, 1969, 79(315): 573-578.

[13]Azariadis C, Drazen A. Threshold Externalities in Economic Development[J]. Quarterly Journal of Economics, 1990(105): 501-526.

[14]Bela B. The Purchasing-Power Parity Doctrine: A Reappraisal[J]. The Journal of Political Economy, 1964, 72(6): 584-596.

[15]Barro R. Economic growth in a cross-section of countries[J]. Quarterly Journal of Economics, 1991: 407-443.

[16]Barro R J, Lee J W. International Data on Educational attainment: Updates and Implications[R]. CID Working Paper, 2000: 42.

[17]Basu S, Weil D. Appropriate Technology and Growth[J]. Quarterly Journal of Economics, 1998, 113(4): 1025-1054.

[18]Becker G S. Human Capital[M]. New York: Columbia University Press, 1964.

[19]Benhabib J, Spiegel M. The Role of Human Capital in Economic Development: Evidence from Aggregate Cross-country Data[J]. Journal of Monetary Economics, 1994, 34(2): 143-173.

[20]Blundell R W, Bond S R. Initial Conditions and Moment Restrictions in Dynamic Panel Data Models[J]. Journal of Econometrics, 1998(87): 115-143.

[21]Bonaccorsi A. On the relationship between firm size and export intensity[J]. Journal of International Business Studies, 1992, 23(4): 605-635.

[22]Bond S W, Hoeffler A, Temple J. GMM estimation of empirical growth models[J]. International Macroeconomics, Discussion paper series, 2001: 3048.

[23] Eric B W, Kathleen T, Wang P. Factor Accumulation and Trade: Dynamic Comparative Advantage with Endogenous Physical and Human Capital [J]. International Economic Review, 2003, 44(3): 1041 -1060.

[24] Branstetter G L, Feenstra C R. Trade and foreign direct investment in China: a political economy approach[J]. Journal of International Economics, 2002, 58(2): 335 -358.

[25] Bucci A R. Imperfect competition and growth with human capital accumulation[J]. Journal of Political Economy, 2003, 50(4): 417 -439.

[26] Buttner H E, Rosen B. Bank loan officer's perceptions of the characteristics of men, women and successful entrepreneurs[J]. Journal of Business Venturing, 1988, 3(3): 249 -258.

[27] Mondragon C H. Entrepreneurship, Human Capital and Wealth[M]. New York: Routledge, 2007.

[28] Card D, Krueger A. School quality and black-white relative earning: a direct assessment[R]. Princeton University working paper, 1992: 652.

[29] Caselli F, Coleman W. The US structural transformation and regional convergence: A reinterpretation[J]. Journal of Political Economy, 2001,

[30] Castelló A, Doménech R. Human capital inequality and economic growth: some new evidence [J]. The Economic Journal, 2002 (112): 187 -200.

[31] Mulligan C B, Salia-I-Martin X. A Labor-Income Based Measure of the Value of Human Capital: An Application to the States of the United States [R]. NBER Working Paper, 1995: 5018.

[32] Ertur C, Koch W. Growth Technological Interdepence and Spatial Externalities: Theory and Evidence [J]. Journal of Applied Economics, 2007 (22): 1033 -1062.

[33] Chripanhura B. Measures of economic activity and their implications for social well-being[J]. Economic&Labor Market Review, 2010, 4(7): 56 -65.

[34] Chanaron J J, Perrin J. The transfer of research, development and de-

sign to developing countries: Analysis and proposals [J]. Futures, 1987, 19 (5): 503 -512.

[35] Christian M S. Human Capital Accounting in the United States: 1994 to 2006 [R]. Paper presented at the Canadian Economic Association Annual Conference, 2009 -05 -29.

[36] Ciccone A, Papaioannou E. Journal of the European Economic Association, 2007(5): 444 -458.

[37] Colombo L. Technology Adoption with Production Externalities [D]. Bielefeld: Universitat Bielefeld, 2004. http: //bieson. ub. unibielefeld. de/volltexte/2004/611/.

[38] Deardoff V A. Fragmentation in simple trade models [J]. The North American Journal of Economics and Finance, 2001, 12(2): 121 -137.

[39] Dimov D, Shepherd D. Human capital theory and venture capital firms: exploring "home runs" and "strike outs" [J]. Journal of Business Venturing, 2005(20): 1 -21.

[40] Dixit K A, Norman V. Theory of International Trade [M]. Cambridge: Cambridge University Press, 1980.

[41] Wolff D. Technological differences as a source of comparative advantage [J]. The American Economic Review, 1993, 83(2): 431 -435.

[42] Dubini P, Aldrich H. Personal and extended networks are central to the entrepreneurial process [J]. Journal of Business Venturing, 1991.

[43] Dyke L S, Fischer E M, Reuber A R. An inter-industry examination of the impact of owner experience on firm performance [J]. Journal of Small Business Management, 1992, 30(4): 72 -87.

[44] Dornbusch R, Fischer E M, Samuelson A P. Comparative advantage, trade and payments in a Ricardian model with a continuum of goods [J]. The American Economic Review1977, 67(5): 823 -839.

[45] Eisner E W. The educational imagination [M]. New York: Prentice Hall Press, 1985.

[46] Ervik, A. O. Holmoy, E, Hageland, T., 2003, A theory-based measure of the out-put of the education setor[J]. Statistics Norway.

[47] Feenstra C R, Kee L H. Trade liberalisation and export variety: a comparison of Mexico and China[J]. The World Economy, 2007, 30(1): 5-21.

[48] Findlay R. Factor Proportions and Comparative Advantage in the Long Run[J]. Journal of Political Economy, 1970, 78(1): 27-34.

[49] Findlay R, Kierzhowski H. International Trade and Human Capital [J]. Journal of Political Economy, 1983, 91(.6): 957-978.

[50] Fingleton B, Lopez-Bzao E. Empirical Growth Models with Spatial Effects[J]. Papers in Regional Science, 2006, 85(2): 177-219.

[51] Fisher K V. On the evolution of comparative advantage in matching models[J]. Journanl of International Economics, 2004, 64(1): 169-193.

[52] Fleisher B H, Li Z M. Human Capital, Economic Growth, and Regional Inequality in China[J]. Journal of Development Economics, 2010, 92 (2): 215-231.

[53] Florida R, Mellander C, Stolarick K. Inside the black box of regional development-human capital, the creative calss and tolerance[J]. Journal of Economic Geography, 2008(8): 615-649.

[54] Girma S, Greenaway D, Wakelin K. Who benefits from Foreign Direct Investment in the UK? [J]. Scottish Journal of Political Economy, 2001(48): 119-133.

[55] Grossman G, Helpman E. Product Development and International Trade[J]. Journal of Political Economy, 1989, 97(6): 1261-1263.

[56] Grossman G, Helpman E. Comparative Advantage and Long-Run Growth[J]. American Economic Review, 1990, 80(4): 796-815.

[57] Grossman G. Explaining Japan's innovation and trade: a model of quality competition and dynamic and comparative advantage[J]. BOJ Monetary and Economic Studies, 1990, 8(2).

[58] Grossman G M, Giovanni M. Diversity and trade[J]. The American

Economic Review, 2000, 90(5): 1255 - 1275.

[59] Grossman G M, Helpman E. Outsourcing in the Global Economy[R]. NBER Working Paper, 2002: 8728.

[60] Hansen B E. Threshold effects in non-dynamic panels: Estimation, testing and inference[J]. Journal of Econometrics, 1999(93): 345 - 368.

[61] Hatch N W, Dyer J H. Human Capital and learning as a Source of Sustainable Competitive Advantage[J]. Strategic Management Journal, 2004, 25(12): 1155 - 1178.

[62] Heckman J, Klenow P. Human capital policy[R]. University of Chicago mimeo.

[63] Helpman E, Krugman P. Market Structure and Foreign Trade[M]. Cambridge: MIT Press, 1985.

[64] Helpman E. Imperfect competition and international trade: Evidence from fourteen industrial countries[J]. Journal of the Japanesse and international economies, 1987, 1(1): 62 - 81.

[65] Henry C, Hill F, Leitch C. Entrepreneurship education and training: can entrepreneurship be taught? [J]. Education + Training, 2005, 47(2): 98 - 111.

[66] Hummels D, Levinsohn J. Product differentiation as a source of comparative advantage? [J]. The American Economic Review, 1993, 83(2): 445 - 449.

[67] Hummels D, Ishii J, Yi M K. The nature and growth of vertical specialization in world trade[J]. Journal of International Economics, 2001, 54(1): 75 - 96.

[68] Imbriani C, Reganati F. Spillovers internazionalidi efficienza nel settore manifatturiero italiano[J]. Economia Internazionale, 1997, 50(4): 583 - 595.

[69] Ibrahaim A B, Soufani K. Entrepreneurship Education and Training in Canada: A Critical Assessment, Education&Training, 2002, 44(8 - 9):

421 -45.

[70] Jeon Y. Regional Income Inequality in Post-1978 China: A Kaldorian Spatial Econometric Approach[EB/OL]. http://repositories. cdlib. org/cgirs/mgi/mgi - 17.

[71] Jones R W, Kierzkowski H. International fragmentation and the new economic geography[J]. The North American Journa of Economics and Finance, 2004(4): 1 -20.

[72] Jorgenson D W, Fraumeni B M. The Accumulation of Human and Non-Human Capital 1948—1984[R]. Harvard Institute of Economic Research Discussion Paper Series, 1988,

[73] Jorgenson D W, Fraumeni B M. Investment in Education and U. S. Economic Growth[J]. Scandinavian Journal of Economics, 1992(94): 51 -70.

[74] Kendrick J W. Total Capital and Economic Growth[J]. Atlantic Economic Journal, 1994, 22(1): 56 -89.

[75] Klenow P, Rodrigue-Clare A. The neoclassical revival in growth economics: Has it gone too far? [J]. NBER Macroeconomics Annual, 1997: 73 -114.

[76] Krugman P. Increasing Returns, Monopolistic Competition and International Trade[J]. Journal of International Economics, 1979(9): 469 -479.

[77] Krugman P R. Scale Economies Product Differentiation and the Pattern of Trade[J]. American Economic Review, 1980, 70(5): 950 -959.

[78] Krugman P. The Narrow Moving Band, the Dutch Disease, and the Com-petitive Consequences of Mrs Thatcher: Notes on Trade in the Presence of Dynamic Scale Economies[J]. Journal of Development Economic, 1987, 27(1): 41 -55.

[79] Krugman P R. Target Zones and Exchange Rate Dynamics[R]. NBER Working Paper Series, 1988: 2841.

[80] Krugman P R. Rethinking International Trade[M]. Cambridge: MIT

Press, 1990.

[81]Krueger A, Lindahl M. Education for Growth: Why and for Whom? Journal of Ecnomomic Literature[J]. American Economic Association, 2001, 39(4): 1101-1136.

[82]Landesmann M A, Strehrer R. Convergence Patterns and Switchovers in Comparative Advantage[J]. Structure Change and Economic Dynamics, 2001, 12(4): 399-423.

[83]Lau L J, Jamison DT, Louat F F. Education and productivity in developing countries: An aggregate production function approach[R]. Working Paper Series, 1991: 612.

[84]Laroche, M, M. Mérette, 2000, Measuring human capital in Canada. May.

[85]Levine R, Renelt D. A sensitivity analysis of cross-country growth regressions[J]. American Econmic Review, 1992, 82(4): 942-963.

[86]Liu G, Greaker M. Measuring the stock of human capital for Norway-A lifetime labour income approach[J]. Statistics Norway, 2009(12).

[87]Lopez-Bazo E, Vaya E, Artis M. Regional Externalities and Growth: Evidence from European Regions[J]. Journal of Regional Science, 2004, 44(1): 43-73.

[88]Lucas R E. On the Mechanics of Economic Development[J]. Journal of Monetary Economics, 1988(22): 3-42.

[89]Lucas R E. Making a Miracle[J]. Econometrica, 1993(61): 251-272.

[90]Machlup F. The Production and Distribution of Knowledge in the United States, Princeton: Princeton University Press, 1962.

[91]Mankiw G, Romer D, Weil D. A Contribution to the Empirics of Economic Growth[J]. Quarterly Journal of Economics, 1992, 107(2): 407-436.

[92]Moretti E. Estimating the social return to higher education: evidence from longitudinal and repeated cross-sectional data[J]. Jounal of Econometrics, 2004(121): 175-221.

[93]Nehru V, Swanson E, Dubey A. A new database on human capital stock in development and industrial countries: Sources, methodology and results [J]. Journal of development Economics, 1995(46): 379 -401.

[94] OECD. The Well-being of Nations: The Role of Human and Social Capital[R]. Paris, 2001.

[95] Ohlin B G. Interregional and international trade [M]. Cambridge: Harvard University Press, 1933.

[96] Oniki H, Uzawa H. Pattern of Trade and Investment in a Dynamic Model of International Trade [J]. Review of Economic Studies, 1965, 32 (89): 15 -38.

[97]Papageorgiou C. Human Capital as a Facilitator of Innovation and Imitation in Economic Growth: Further Evidence from Cross Country Regressions [R]. Louisiana State University Working Paper, 1999: 98 -16.

[98]Petrakis P E, Stamatakis D. Growth and Educational Levels: a Comparative Analysis[J]. Economics of Education Review, 2002, 21(5): 513 -521.

[99]Pereira S A. What level of education matters most for growth? Evidence from Portugal[J]. Economics of Education Review, 2009(28): 67 -73.

[100]Porter M E. The Competitive Advantage of Nations[M]. New York: The Free Press, 1990.

[101] James P, Redding S. Evolving Pattern of International Trade[J]. Review of International Economics, 2000, 8(3): 373 -396.

[102]Rajan R, Zingales L. Which Capitalism: Lessons from the east Asian Crisis[J]. Journal of Applied Corporate Finance, 1998(11): 40 -48.

[103]Rauch J E. Productivity gains from geographic concentration of human capital: evidence from the cities [J]. Journal of Urban Economics, NBER Working Papers, 1993: 3905.

[104]Redding S. Dynamic Comparative Advantage and the Welfare Effects of Trade[J]. Oxford Economic Papers, 1999, 51(1): 15 -39.

[105]Redding S. Specialization Dynamics[J]. Journal of International E-

conomics, 2002, 58(2): 299 - 334.

[106] Robinson R. Factor proportions and comparative advantage: Part I [J]. The Quarterly Journal of Economics, 1956(70): 169 - 192.

[107] Romer P M. Increasing Returns and Long-Run Growth[J]. Journal of Political Economy, 1986(94): 1002 - 1037.

[108] Romer D. Comments and discussion[R]. // Brainard W C, Perry G L. Brookings papers on economic activity[C]. Washington DC: The Brookings Institution, 1989: 117 - 125.

[109] Romer P. Endogenous Technological Change[J]. Journal of Political Economy, 1990, 98(5): 71 - 102.

[110] Rosenthal S, Strange W C. The Attenuation of Human Capital Externalities[J]. Journal of Urban Economics, 2008, 64(2): 373 - 389.

[111] Schultz W. Capital Formation by Education[J]. Journal of Political Economy, 1960, 68(6): 571 - 583.

[112] Schultz W. Investment in Human Capital[J]. American Ecnomic Review, 1961, 51(1): 1 - 17.

[113] Schultz W. Waiting for the unicorn: poems and lyrics of China's last dynasty[M]. Bloomington: Indiana University Press, 1986: 1644 - 1911.

[114] Soukiazis E, Antunes M. Foreign trade, human capital and economic growth: An empirical approach for the European Union countries[J]. The Journal of International Trade, 2012(21): 3 - 24.

[115] Souitaris V, Zerbinati V, A1-Laham A. Do entrepreneurship programmes raise enttrepreneurial intentions of science and engineering students? The effect of learning inspiration and resources[J]. Journal of Business Venturing, 2007, 22(4): 566 - 591.

[116] Sternberg J R, Jordan J. A handbook of wisdom: Psychological perspectives[M]. Cambridge: Cambridge University Press, 2005.

[117] Tybout J R. Internal returns to scale as a source of comparative advantage: the evidence[J]. The American Economic Review, 1993, 83(5):

440 - 444.

[118]Ucbasaran D, Westhead P, Wright M. Opportunity identification and pursuit: does an entrepreneur's human capital matter? [J]. Small Business Economics, 2008(30): 153 - 173.

[119]Vandenbussche J, Aghion P, Meghir C. Growth Distance to Frontier and Composition of Human Capital[J]. Journal of Economic Growth, 2006, 11(2): 97 - 127.

[120] Vernon R. International investment and international trade in the product cycle[J]. Quarterly Journal of Economics,, 1966(80): 190 - 207.

[121] World Bank. Total GDP, World Bank [EB/OL]. Washington DC, 2005.

www. Siteresources. worldbank. org/datastatistics/Resources/GDP. pdf.

[122]Yang X, Borland J. A microeconomic mechanism for economic growth [J]. Journal of Political Econmy, 1991(3): 460 - 482.

[123]Alwyn Y. Learning by Doing and the Dynamic Effects of Interna-tional Trade[J]. Quarterly Journal of Economics, 1991, 106(2): 369 - 405.

[124]Alwyn Y. Invention and Bounded Learning by Doing[J]. Journal of Political Economy, 1993, 101(3): 443 - 472.

[125]Alwyn Y. Have the Chinese Provinces Become Integrated Under Reform[J]. China Economic Review, 2000(13): 116 - 133.

[26]蔡昉，都阳．中国地区经济增长的趋同与差异——对西部开发战略的启示[J]．经济研究，2000(10): 30 - 37.

[127]蔡昉，王德文．比较优势差异、变化及其对地区差距的影响[J]．中国社会科学，2002(5): 41 - 54.

[128]蔡昉，王德文，王美艳．工业竞争力与比较优势——WTO 框架下提高我国工业竞争力的方向[J]．管理世界，2003(2): 58 - 63.

[129]蔡昉．人口转变、人口红利与刘易斯转折点[J]．经济研究，2010(4): 4 - 12.

[130]蔡昉．中国的人口红利还能持续多久[J]．经济学动态，2011

(6)：3－7.

[131]陈晓光，龚六堂．经济结构变化与经济增长[J]．经济学(季刊)，2005(4).

[132]陈浩．人力资本对经济增长影响的结构分析[J]．数量经济技术经济研究，2007(8)：59－68.

[133]陈飞翔，林善波．规模经济、动态比较优势与产业升级——基于门限回归的实证研究[J]．上海管理科学，2013(4)：64－68.

[134]陈虹，章国荣．中国服务贸易国际竞争力的实证分析[J]．管理世界，2010(10)：13－23.

[135]盛斌，马涛．中国工业部门垂直专业化与国内技术含量的关系研究[J]．世界经济研究，2008(8)：61－67.

[136]代谦，别朝霞．人力资本、动态比较优势与发展中国家产业结构升级[J]．世界经济，2006(11)：70－86.

[137]代谦，别朝霞．FDI、人力资本积累与经济增长[J]．经济研究，2006(4).

[138]邓路．FDI 溢出、出口导向效应与创新效率[J]．财经科学，2009(7)：95－101.

[139]丁栋虹，刘志彪．从人力资本到异质性人力资本[J]．生产力研究，1999(3).

[140]丁栋虹．从人力资本到异质型人力资本与同质型人力资本[J]．理论前沿，2001(3).

[141]杜朝晖．从比较优势到动态比较优势—兼论比较优势理论应用于发展中国家的缺陷[J]．经济纵横，2003(8)：29－33.

[142]傅晓霞，吴利学．技术差距、创新环境与企业自主研发强度[J]．世界经济，2012(7).

[143]高远东，花拥军．异质型人力资本对经济增长作用的空间计量实证分析[J]．经济科学，2012(1)：39－50.

[144]韩民春，徐姗．国外动态比较优势理论的演进[J]．国外社会科学，2009(3)：46－52.

[145]侯风云，张凤兵．农村人力资本投资及外溢与城乡差距实证研究[J]．财经研究，2007(8)：118－131.

[146]黄文正．人力资本积累、动态比较优势与发展中国家经济增长[D]．长春：东北财经大学，2010.

[147]黄先海，韦畅．中国制造业出口垂直专业化程度的测度与分析[J]．管理世界，2007(4)：58－59.

[148]洪银兴．从比较优势到竞争优势—兼论国际贸易的比较理论理论的缺陷[J]．经济研究，1997(6)：20－26.

[149]洪银兴．产品创新与新增长周期[J]．经济学动态，2009(10)：22－24.

[150]胡鞍钢．从人口大国到人力资本大国：1980—2000 年[J]．中国人口科学，2002(5).

[151]胡永远，刘志勇．不同类型人力资本对经济增长的影响[J]．人口与经济，2004(2)：55－58.

[152]华萍．不同教育水平对全要素生产率增长的影响——来自中国省份的实证研究[J]．经济学(季刊)，2005(1)：147－167.

[153]江小涓．中国的外资经济对增长、结构升级和竞争力的贡献[J]．中国社会科学，2002(6)：4－14.

[154]江三良．企业家人力资本持续供给的制度化与企业持续成长[J]．经济管理，2006(12).

[155]蒋瑛，谭新生．利用外商直接投资与中国外贸竞争力[J]．世界经济，2004(7)：51－54.

[156]姜雨，沈志渔．技术选择与人力资本的动态适配及其政策含义[J]．经济管理，2012(7).

[157]焦斌龙．中国人力资本存量估算：1978—2007[J]．经济学家，2010(9)：27－33

[158]金碚．高技术在中国产业发展中的地位和作用[J]．中国工业经济，2003(12)：5－10.

[159]金碚，李钢，陈志．加入 WTO 以来中国制造业国际竞争力的实

证分析[J]．中国工业经济，2006(10)：5－14.

[160]柯清美．对外向型经济战略决策的若干思考[J]．三明师专学报(社会科学专辑)，1995(1).

[161]赖明勇．出口导向经济增长(ELG)的经验研究：综述与评论[J]．世界经济，2002(2)：43－49.

[162]梁昭．国家经济持续增长的主要因素分析[J]．世界经济，2000(7)：50－57.

[163]李海峥，梁玲，B. Fraumeni、刘智强、王小军，中国人力资本测度与指数构建[J]．经济研究，2010(8)：42－54.

[164]李平．中国金融发展与外贸结构优化相关性研究[D]．苏州：苏州大学，2008.

[165]李春顶．，出口贸易、FDI 与我国企业的国际化路径选择——新—新贸易理论模型扩展及我国分行业企业数据的实证研究[J]．南开经济研究，2009(2)：15－28.

[166]李练军．江西出口贸易与经济增长相关分析及对策[J]．商业研究，200(2).

[167]李钢，董敏杰，金碚．比较优势与竞争优势是对立的吗？——基于中国制造业的实证研究[J]．财贸经济，2009(9).

[168]李钢，刘吉超．入世十年中国产业国际竞争力的实证分析[J]．财贸经济，2012(8)：88－96.

[169]林毅夫．自生能力，经济转型与新古典经济学的反思[J]．经济研究，2002(12).

[170]林毅夫，李永军．比较优势、竞争优势与发展中国家的经济发展[J]．管理世界，2003(7)：21－28.

[171]林毅夫，张鹏飞．适宜技术、技术选择和发展中国家的经济增长[J]．经济学(季刊)，2006(3)：985－1006.

[172]林善波，陈飞翔．动态比较优势与经济增长——基于东部地区11 省市的面板数据分析[J]．国际贸易问题，2011(6)：12－20.

[173]刘萍萍．创业企业家的人力资本管理激励[J]．西北农林科技大

学学报(社会科学版)，2006(4).

[174]刘智勇，胡永远，易先忠．异质型人力资本对技术进步的影响研究[J]．财经理论与实践，2006(2)：96－99.

[175]龙翠红．人力资本对中国农村经济增长作用的实证分析[J]．农业技术经济，2008(1)：50－56.

[176]陆大道．空间结构理论与区域发展[J]．科学，1989(4).

[177]陆铭，陈钊，万广华．因患寡而患不均——中国的收入差距、投资、教育和增长的相互影响[J]．经济研究，2005(12)：4－14.

[178]马颖，陈金锟．规模经济、市场结构与中国产业国际竞争力[J]．产业竞争力，2011(3)：30－38.

[179]马常娥．动态比较优势与我国对外贸易的可持续发展[J]．当代经济研究，2010(5)：11－15.

[180]马红旗，陈仲常．我国制造业垂直专业化生产与全球价值链升级的关系——基于全球价值链治理视角[J]．南方经济，2012(9)：83－90.

[181]毛凯军，李纪珍，吴贵生．我国产业集群“外向型”技术学习模式研究[J]．中国软科学，2007(7)：128－135.

[182]彭国华．我国地区全要素生产率与人力资本构成[J]．中国工业经济，2007(2).

[183]钱士茹，凌飞，顾敏．企业家人力资本供给的机理——基于苏浙皖企业家调研的实证分析[J]．华东经济管理，2007(1).

[184]钱雪亚，刘杰．中国人力资本水平实证研究[J]．统计研究，2004(3)：39－45.

[185]钱雪亚．中国人力资本水平再估算：1995—2005[J]．统计研究，2008(12)：5－12.

[186]沈坤荣，耿强．外国直接投资的外溢效应分析[J]．金融研究，2000(3)：103－110.

[187]孙洛平，孙海琳．产业集群的分工优势[J]．经济学动态，2004(6)：54－57.

[188]童伟伟，张建民．中国对美出口的国内外价值含量分解研究[J]．国际贸易问题，2013(5)：55－66.

[189]谭裕华，冯邦彦．动态比较优势研究新进展[J]．经济学动态，2008(4)：84－89.

[190]唐东波．市场规模、交易成本与垂直专业化分工——来自中国工业行业的证据[J]．金融研究，2013(5).

[191]万广华，陆铭，陈钊．全球化与地区间收入差距：来自中国的证据[J]．中国社会科学，2005(3)：17－26.

[192]王德劲，向蓉美．我国人力资本存量估算[J]．统计与决策，2006(10)：100－102.

[193]王美艳．城市劳动力市场上的就业机会与工资差异——外来劳动力就业与报酬研究[J]．中国社会科学，2005(5)：36－46.

[194]王弟海．健康人力资本、经济增长和贫困陷阱[J]．经济研究，2012(6)：143－156.

[195]王金营．人力资本与经济增长理论与实证[M]．北京：中国财政经济出版社 2001，.

[196]王小鲁，樊纲．我国工业增长的可持续性[M]．北京：经济科学出版社，2000.

[197]吴崎右．对我国发展外向型经济的思考[J]．经济与管理，2002(11)：6－7.

[198]巫强，刘志彪．中国沿海地区出口奇迹的发生机制分析[J]．经济研究，2009(6)：83－93.

[199]武俊奎，比较优势理论的动态属性与产业政策[J]．价格月刊，2009(5)：12－13.

[200]魏江，许庆瑞．企业技术能力作用于创新效益的经济控制模型研究[J]．数量经济技术经济研究，1997(9)：42－45.

[201]魏江，叶波．企业集群的创新集成：集群学习与挤压效应[J]．中国软科学，2002(12)：38－42.

[202]魏下海，李树培．人力资本、人力资本结构与区域经济增

长——基于分位数回归方法的经验研究[J]. 财贸研究，2009(5)：15－24.

[203]徐瑛，陈秀山，刘凤良. 中国技术进步贡献率的度量与分解[J]. 经济研究，2006(8)：93－103.

[204]项松林. 异质性企业、偏向性技术变迁与动态比较优势[J]. 中国经济问题，2013(9).

[205]谢建国. 外商直接投资与中国的出口竞争力——一个中国的经验研究[J]. 世界经济研究，2003(7)：34－39.

[206]邢斐，张建华. 外商技术转移对我国自主研发的影响[J]. 经济研究，2009(6)：94－104.

[207]严善平. 城市劳动力市场中的人员流动及其决定机制——兼析大城市的新二元结构[J]. 管理世界，2006(8).

[208]杨东峰，殷成志，史永亮. 从沿海开发区到外向型工业新城——1990年代以来我国沿海大城市开发区到新城转型发展现象探讨[J]. 城市发展研究，2006(11).

[209]杨建芳，龚六堂，张庆华. 人力资本形成及其对经济增长的影响——一个包含教育和健康投入的内生增长模型及其检验[J]. 管理世界，2006(5)：10－17.

[210]郁婷. 企业家人力资本的形成途径及其制度安排[J]. 商业时代，2006(34)：49－50.

[211]余长林. 人力资本投资结构及其经济增长效应——基于扩展MRW模型的内生增长理论与实证研究[J]. 数量经济技术研究，2006(12)：117－125.

[212]岳书敬. 我国省级区域人力资本的综合评价与动态分析[J]. 现代管理科学，2008(4)：36－37.

[213]张海荣. 我国外向型经济遭遇绿色壁垒的博弈分析及对策[J]. 商业研究，2007(6)：54－57.

[214]张小蒂，孙景蔚. 基于垂直专业化分工的中国产业国际竞争力分析[J]. 世界经济，2006(5)：12－22.

[215]张帆．中国的物质资本和人力资本估算[J]．经济研究，2000(8)：65－71.

[216]张杰，李勇，刘志彪．出口促进中国企业生产率提高吗？——来自中国本土制造业企业的经验证据：1999—2003[J]．管理世界，2009(12)：11－26.

[217]张杰，李勇，刘志彪．外包与技术转移：基于发展中国家异质性模仿的分析[J]．经济学(季刊)，2010(4)：1261－1286.

[218]郑海涛，任若恩．多边比较下的中国制造业国际竞争力研究：1980—2004[J]．经济研究，2005(12)：77－89.

[219]郑浩．贫困陷阱：风险、人力资本传递和脆弱性[D]．武汉：武汉大学，2012.

[220]邹薇．论竞争力的源泉：从外生比较优势到内生比较优势[J]．武汉大学学报(社会科学版)，2002(1)：35－47.

[221]邹薇，代谦．技术模仿、人力资本积累与经济赶超[J]．中国社会科学，2003(5)：26－38.

[222]邹薇，代谦．适宜技术、人力资本积累与长期增长[J]．南大商学评论，2004(2).

[223]钟昌标．国内区际分工和贸易与国际竞争力[J]．中国社会科学，2002(1)：94－100.

[224]左大培．外向型经济刍议[J]．经济学动态，2002(7)：79－84.

[225]詹晓宁，葛顺奇．出口竞争力与跨国公司FDI的作用[J]．世界经济，2002(11)：19－25.

[226]朱平芳，徐大丰．中国城市人力资本的估算[J]．经济研究，2007(9)：85－95.

索　引